옛 그림으로 본 조선 ❶ ─ 금강

옛 그림으로 본 조선 ① —금강

천하에 기이한, 나라 안에 제일가는 명산

최열 지음

혜화1117

책을 펴내며

신성한 땅, 금강의 기운

"옛부터 뱀과 범이 없어 밤길을 거리낌없이 다니니 이것은 천하에 기이한 일이다. 당연히 나라 안에 제일가는 명산이라 할 수 있다. 그러니 고려에 태어나기를 원한다는 말이 어찌 헛말이랴."[1]

위대한 인문지리학자 청담 이중환은 『택리지』에서 금강산을 이렇게 이야기했다. 나는 고려, 다시 말해 한국에서 태어났지만 지금 금강에 갈 수 없다. 다만 이르기를 금강산과 지리산, 한라산 세 곳을 묶어 삼신산이라 하므로[2] 금강산이 아닌 나머지 두 곳에 갈 수 있음에 깊은 위로를 삼을 따름이다.

금강은 신성한 땅이다. 사람이 감히 다가설 수 없는 기운이 맴도는 곳, 오직 한순간만을 허락하는 땅이다. 돌에서 비롯한 봉우리와 냇물, 그 위에 자라난 풀과 나무와 꽃들이 성대한 곳, 그곳에서 숨 쉬는 생명은 기쁨도 분노도 사랑도 슬픔도 없다. 그곳은 금기의 땅, 아무도 본 적 없는 신의 성스러움이 가득하다.

그 신성은 여러 모습으로 드러난다. 구름 사이 산신이며 천상의 신선 또는 강림한 선녀의 아름다운 자태인가 하면 맑은 땅 정토의 부처와 보살의 눈부신 장엄이기도 하다. 하지만 그 모든 이름들은 오직 하나, 자연의 다른 형상일 뿐이다.

자연은 속세의 기운이 더럽히기 전의 상태다. 인간이 개입하는 순간 그것은 인공으로 바뀐다. 그러므로 모든 신성한 것들은 인간 이전의 것이고 따라서 그것은 무위無爲의 세계다. 인간이 무한 욕망으로 땅을 파헤치자 자연은 금기의 땅을 설정했다. 들판은 내어주고 산과 숲은 감추었다. 인간이 없는 산과 숲은 수도 없는 산짐승, 갖가지 새와 물고기, 나무와 풀과 꽃의 천국이었다. 사람들은 그곳을 침범하지 못했다. 오직 들판에 마을을 만들고 숲과 시내가 나눠주는 음식으로 살림을 일구었다.

일제강점기에 포식자가 출현했다. 금강산을 관광 지구로 지정하더니 곰과 사슴, 노루를 토벌해 그 종자마저 말렸다. 위험을 제거한다지만 누가 누구를 위험에 빠뜨린 걸까. 관광 열풍이 불었고 이어서는 한국전쟁의 참화로 숱한 상처를 입었다. 전쟁이 끝난 뒤 '금강산관리위원회'를 설치하고 「금강산관리보호에 관한 규정」을 제정해 자연과 그 속에 살아가는 동식물을 지키려는 노력을 했다니 그나마 다행이다.

옛사람들은 하늘과 사람이 하나라는 천인합일과 만 가지 사물이 같다는 만물일제 사상을 머리만이 아니라 몸으로 실천하며 살았다. 인간도 자연과 하나이며, 자연은 갈등과 대립이 아닌 조화와 통일의 세세이기 때문에 그러하다. 부디 언젠가의 금강에서 그러한 세계를 마주하길 바란다면 지나친 욕심일까.

지난 수십 년 동안 금강산을 그린 옛 그림을 보았다. 처음에는 유람객의 시선이었다. 보고 또 보면서 어느덧 내가 그림을 통해 산속으로 들어가고 있음을 깨달았다. 그림은 금강으로 들어가는 문이었고 그 안쪽에는 봉우리와 계곡과 숲, 냇물과 폭포와 못이 살아 있었다. 그 안에서 나는 꿈을 꾸었고 그 꿈 안에서 마치 신성한 땅, 그곳에 가닿은 듯했다.

이 책을 무엇이라 말할 수 있을까. 철든 뒤부터 조선의 실경화를 들여다보며 살아온 한 서생이 옛 그림이라는 창을 넘나들며 지금은 쉽게 가닿지 못하는 그곳을 찾으며 그리워한 기록이라고 하면 어떨까. 옛 그림 속 금강은 오늘의 풍경과 일치하지 않는 곳이 제법 있을 것이다. 그렇지만 세상에 떠도는 사진들을 보자니 옛 그림 속 풍경은 거의 그대로인 듯하다. 도시를 그린 옛 그림은 그렇지 않다. 이를테면 몇 해 전 펴낸 『옛 그림으로 본 서울』에 담은 옛 그림들 가운데 오늘날과 같은 풍경은 단 한 곳도 없다. 도시는 인간의 무늬, 자연은 천연의 무늬인 까닭이다. 이 책을 쓰며 천연의 무늬를 온전히 바라보기를 원했으나 인간의 무늬를 헤아리는 인문의 시선을 온전히 벗어날 수는 없었다. 내가 가진 이 인간 중심주의의 한계 너머 금강이 품은 자연의 신성함을 옛 그림을 통해 독자들이 느낄 수 있다면 더없는 보람이겠다.

이 책은 많은 저작들이 그러하듯 최초의 기록자와 선행 연구자의 노고에 빚지고 있다. 그분들의 업적에 대한 존경과 깊은 감사의 뜻을 여기에 밝힌다. 본문에 수록한 옛 그림들의 소장처를 비롯한 기본 정보는 물론 지역명 및 위치에 대한 서술을 최신의 것으로 확인하고, 정확한 서술을 위해 최선을 다했지만 옛 그림을 수집하고 공부해온 시기가 워낙 오래된 데다 옛 그림이 제작된 시기와 오늘날의 지역명 및 위치에 대한 정보의 차이가 크고 사실 관계가 복잡하여 뜻하지 않은 오류의 가능성을 완전히 배제할 수 없음을 또한 밝힌다. 이와 관련한 잘못이 있다면 모두 나의 탓이다. 이후에도 이에 대한 연구를 계속해나갈 것이며 그렇게 하여 새롭게 확인한 사실에 대하여는 추후 수정 및 보완할 것을 약속한다.

2024년 5월
시경루詩境樓에서
최열

특별히 감사의 말씀을 전할 분들이 있다. 이 책에 사용한 옛 그림의 작가와 후손, 소장처와 소장가 여러분이다. 그 이름을 하나하나 적어둠으로써 깊은 감사의 뜻을 전한다. 지금껏 확인한 곳은 간송미술관, 강릉오죽헌시립박물관, 건국대박물관, 고려대박물관, 관동대박물관, 국립광주박물관, 국립중앙박물관, 삼성미술관리움, 서울대규장각, 서울대박물관, 서울역사박물관, 선문대박물관, 성균관대박물관, 왜관수도원, 이화여대박물관, 일민미술관, 평양 조선미술박물관, 호암미술관, 홍익대박물관이다.

미처 확인하지 못한 곳이 있다면 알려주시기 바란다. 개인 소장품을 국공립박물관에 기증하신 손세기·손창근 부자, 이건희·이재용 부자, 수정 박병래, 동원 이홍근을 비롯한 이들에게 찬사를 보낸다. 문화예술 유산은 개인이 아닌 모두의 소유였을 때 그 가치가 더욱 빛날 수 있음을 보여주었다. 또한 개인 소장가들께도 감사 드린다.

이 책에서는 실경 그림 가운데 속화俗畵, 다시 말해 민화라고 부르는 작자 미상의 작품은 일부만을 다루었다. 그 까닭은 우선 이런 그림들이 실제의 형태와 많이 다르기도 하고, 책에 실을 만한 도판을 구하기 어려웠기 때문이기도 하다. 그런 이유로 다루지 못한 그림이 여럿 있음을 밝혀둔다.

'옛 그림으로 본' 연작을 시작한 때가 엊그제 같은데 서울에서 제주를 돌아 금강과 강원과 경기·충청·전라·경상에 이르렀다. 책을 읽고 공감해주신 독자 여러분에게 감사를 드린다. 읽어주신 덕분에 계속해서 쓸 수 있었다. 책을 보시고 추천해주신 분들에게 그동안 변변한 감사의 말조차 전하지 못했다. 이제야 비로소 인사를 드린다. 글에서 글로, 입에서 입으로 전해지는 힘이 여기까지 이르게 했다. 처음부터 함께한 디자이너 김명선 님의 노고를 기억한다. 끝으로 출판사 '혜화1117'이 아니었다면 불가능했을 일이니, 편집자이자 대표인 이현화 님에게도 같은 마음을 전한다.

차례

책을 펴내며 | 신성한 땅, 금강의 기운 004

**서장
그리운 그곳,
우리 금강산**
013

천하에 둘도 없는 금강 016

금강을 그리다 028

금강을 그린 화가들, 다녀온 인물들 068

**01
한양을 떠나
금강을 향하여**
081

옛사람들의 금강 가는 길 084

내금강, 외금강, 해금강으로 나누는 금강 | 조선시대 금강산 유람 경로 | 길 안내는 누가, 먹고 자는 건 어떻게?

옛 그림 따라 떠나는 금강 유람의 첫 순간 093

한양을 떠나 경기도 포천을 거쳐 강원도 피금정까지 | 피금정을 떠나 맥판을 거쳐 회양 땅에 이르다 | 아아, 드디어 단발령에 이르러 금강을 마주하다

02
내금강, 우아미의 향연
119

만천 구역, 내금강의 시작점 122

내금강의 기운이 모이다 | 장안사, 단발령 넘어 처음 마주하는 절집 | 울음소리 들리는 못, 명연담과 인정미 넘치는 삼불암 | 백화암을 거쳐 표훈사를 지나 | 천일대에서 금강을 바라보다, 양지바른 절집 정양사를 거쳐 전망 좋은 헐성루에 이르다

만폭 구역, 내금강 남북의 중간 지점 168

금강대를 거쳐 만폭동, 그 1만 개의 폭포로 | 만폭팔담의 시작, 청룡담부터 보덕굴까지 | 푸른 물결에 감도는 물안개 벽하담, 눈꽃 잔치 분설담, 만폭팔담의 보석 진주담

백운대 구역, 내금강의 한복판 201

설옥동에 펼쳐지는 바위들의 절경 | 백운동의 마하연과 백운대 | 화개동에서 만나는 묘길상

명경대 구역, 내금강의 남쪽 217

기이하고 아름다운 바위들 세상, 백천동 명경대 | 수렴폭을 품은 수렴동, 수천 개의 바위 탑을 품은 백탑동 | 영원암을 품은 영원동

망군대 구역, 명경대와 만폭 사이 243

망군대에서 내금강을 한눈에 바라보다 | 혈망봉, 연꽃이 물에서 튀어나온 것처럼

태상 구역, 내금강의 북서쪽 250

태상천 따라 원통암까지, 원통동 | 수미동은 원통암 지나 수미암까지 | 진불암, 한가하게 노니는 곳

비로봉 구역, 금강의 주봉이며 으뜸 262

하늘 밖을 보여주는 봉우리 | 비로봉을 그린 단 한 사람

03
외금강, 강경한 장엄미
271

백정봉 구역, 외금강의 가장 북쪽 276
조물주가 미리 만들어본 금강의 모형 | 그림을 찾지 못한 선창 구역과 천불동 구역

만물상 구역, 금강제일승 281
땅과 하늘의 만물을 숨겨놓은 곳 | 봉우리에 얽힌 신선 세계의 타임머신

구룡연 구역, 깊은 계곡 속 절정의 승경 298
금강 제일의 폭포 여럿을 품다 | 신계사가 있어 신계동 | 화가들이 특히 사랑한 옥류동 | 구룡폭이 있어 구룡동

선하 구역, 외금강의 계곡 더 깊이 349
칼끝처럼 날카로운 집선봉을 품은 곳

발연 구역, 외금강이 품은 연못 354
언덕 사이로 쏟아지는 물길이 만든 세 개의 연못 | 무지개다리 건너 마주하는 달리는 폭포, 치폭

송림 구역, 외금강의 남쪽 368
백천교를 건너 소나무 숲을 지나다 | 드디어 마주하는 십이폭포의 장대함

은선대 구역, 외금강의 깊고 깊고 깊은 곳 380
은선대를 품고 있어 은선대 구역 | 이 구역의 오랜 절집, 유점사 | 불정대와 효운동 | 효운동의 빼어난 전망대, 은선대 그리고 칠보대 | 연못, 전망대, 봉우리를 즐기다

**04
해금강,
기이한 절경의
바다**
401

총석정 구역, 총석을 중심으로 펼쳐지는 절경 404

가장 북쪽 시중대부터 시작하다 | 통천 금강의 환선정과 숱한 섬들의 조화, 그리고 금란굴까지 | 금강으로 가는 문암, 용공동구 | 까마득한 독벼랑, 옹천

삼일포 구역, 금강산이 한눈에 보이다 443

해산정, 절경의 전망대 | 동귀암, 해돋이의 명소

해금강 구역, 그 끝없는 신비로움 452

일찍이 볼 수 없던 이곳만의 해돋이 | 명승으로 꼽히는 기암괴석들, 문암·능파대 | 빼놓을 수 없는 승경, 대호정·칠성암·영랑호·현종암 그리고 감호

부록

'옛 그림으로 본' 연작을 마치며 496

주註 501

주요 참고문헌 507

인명 색인 513

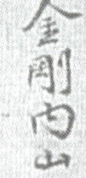

일러두기

1. 이 책은 국내에서 금강산을 그린 실경화를 집대성한 최초의 저술이자, 미술사학자 최열이 30여 년 동안 가까이 이어온 조선 실경화 연구의 집성이다.

2. 본문에 나오는 작품명은 홑꺾쇠표(〈 〉), 화첩과 도첩 및 병풍명은 겹꺾쇠표(《 》), 시문이나 논문 제목은 홑낫표(「 」), 문헌과 책자 제목은 겹낫표(『 』), 전시와 간접 인용문 또는 강조하고 싶은 내용 등은 작은 따옴표(' ')로 표시하였다.

3. 본문에 수록한 도판의 기본 정보는 아래와 같은 순서로 정리하였다.

    작가명, 작품명, 화첩명, 크기(세로×가로, cm), 재질, 시기, 소장처

    조선시대의 작품명은 대부분 작가가 지은 것이 아닌, 뒷날 연구자에 의한 것이 많다. 이 책에서는 기존 작품명을 따르긴 하되 일부는 그 의미가 잘 드러나도록 저자가 다시 붙였다. 이외 관련 정보가 밝혀지지 않았거나 정확하지 않은 경우 항목을 생략하였다. 부분을 넣을 때는 크기를 생략하였다.

4. 주요 지명과 인물의 한자 및 생몰년 등을 밝힐 때는 가급적 최초 노출 시 병기하였으나 필요한 경우 더 적합한 곳에 병기를 하기도 하였다.

5. 같은 그림의 세부도를 같은 페이지에 배치한 경우 별도의 표시는 생략하였다. 다만 다른 그림의 세부도를 넣은 경우에는 일부임을 표시하였다. 해당 장에 실린 그림을 함께 모아 디자인한 각 장 표제지를 비롯하여 디자인 요소로 이미지를 활용한 경우 별도의 표시는 생략하였다.

6. 고전 문집을 직접 참고하거나 인용한 경우 그 출처를 밝혀 주석으로 제시해두었으나, 그밖에 참고한 문헌 및 자료 등은 '주요 참고문헌'의 목록으로 따로 정리하였다. 본문에 언급 및 인용한 고전 문헌 번역문의 경우 기본적으로는 주석과 참고문헌 등의 번역문을 참고하였으나 해당 번역을 그대로 옮기지 않고 재구성을 한 것도 있음을 밝힌다. 이런 경우 본뜻에 어긋나지 않도록 유의하였다.

7. 고지도를 제외한 지도는 오늘날의 지도를 참고하여 저자가 직접 손으로 그린 것을 편집 과정에서 새롭게 작업하여 배치하였다. 본문의 이해를 돕기 위해 기존 지도의 주요 위치를 참조하되 본문에 언급한 관련 지명을 추가 표시한 것으로, 대략의 위치를 파악하기 위한 용도임을 밝힌다.

서장

그리운 그곳,
우리 금강산

1531년 5월 금화현감으로 재직 중인 장인을 모시고 금강산에 들어간 동주東洲 성제원成悌元, 1506-1559이 비로봉 등정을 하루 앞둔 날 진불암에 도착해 그날밤을 보냈다. 비로봉은 금강산에서 가장 높은 최고봉이다. 진불암의 슬기롭고 연로한 승려들은 다음 날 비로봉 정상에 오르겠다는 현감 일행을 보고 흐리고 비 뿌리는데 갈 수 없다면서 유람객 중 정상에 오른 이도 거의 없고 또 길도 찾을 수 없다고 했다. 성제원은 서운하고 또 침울한 기분에 빠졌지만 다음처럼 간절히 다짐했다.

> "하늘이여, 하늘이여, 저 억센 구름을 가져가서 내가 한 번 통쾌하게 올라가 내려다 보게 하여 풍진에 더럽혀진 나의 눈을 크게 씻도록 해주시오."[1]

아침에 눈을 떠보니 하늘이 씻은 듯 푸르렀다. 신기한 일이다. 막힘없이 유람하던 그 맑은 선비 성제원은 세속에서 금강산이 빼어나다는 말을 들었지만 정작 이렇게 와보니 그 기묘한 형상이 어찌 이처럼 지극할 수 있느냐고 탄식하며 다음과 같은 옛사람의 말을 떠올렸다.

> "들어서 좋아하는 것보다 보고서 즐기는 것이 낫다."[2]

그렇다. 듣지 않는 것보다 듣는 것이 낫고, 보는 것이 듣는 것보다 나은 법이다. 여행이란 그런 것이다. 끝내 비로봉에 올랐다가 내려오는 길에 영랑봉에서 기다리고 있던 승려 계공戒空이 어떠했느냐 물었다. 답은 아주 간명했다.

"나도 없고 남도 없더이다."³

그 말이 어떠한가. 과연 우리 인생과 같지 않은가. 금강에는 모든 것이 있었겠으나 또 아무것도 없었던가보다. 모든 것이면서 또 모든 것이 아닌 것. 금강은 옛사람 성제원에게 그런 곳이었나보다.

천하에 둘도 없는
금강

"내가 본 바와 들은 바를 참고하면 금강산 1만 2천봉은 순전히 돌 봉우리, 돌 구렁, 돌 내, 돌 폭포이다. 봉우리, 묏부리, 구렁, 샘, 못, 폭포가 모두 돌이 맺혀서 된 것이다. 이 산의 다른 이름이 개골皆骨인 것은 한 치의 흙도 없는 까닭이다. 이에 만 길 산꼭대기와 백 길 못까지 온통 하나의 돌이니 이것은 천하에 둘도 없는 것이다."[4]

모두가 즐겨 읽는 인문지리학의 고전 『택리지』의 저자 청담淸潭 이중환李重煥, 1690-1756은 금강산을 이렇게 묘사했다. 천하에 둘도 없는 이 금강산은 허약한 편마암이 바람과 비에 씻겨 내려가고 강고한 화강암이 삐죽하게 솟아나 이루어졌다. 가로로 쪼개지면 넓은 판처럼 생긴 틈새인 판상절리板狀節理가 되고, 세로로 쪼개지면 기둥처럼 생긴 틈새라고 해서 주상절리柱狀節理가 된다. 바닥의 바위는 틈이 없어 아주 넓은 너럭바위인 반석盤石이 되었고 바다에서는 물결에 씻겨나감에 따라 고리처럼 둥근 환상절리環狀節理가 되었다. 지구의 온갖 기이한 풍경에 관한 정보들이 쏟아지는 오늘날에도 금강산의 기이함은 여전히 둘도 없다. 천하가 이렇게 넓고 신기한 풍경은 끝도 없는데도 여전히 홀로 아름다우니 참으로 신기하다.

행정 구역을 기준으로 금강은 1952년 군사분계선 이북의 인제군, 양구군, 회양군을 합하여 만든 금강군과 고성군 및 통천군 일대에 전개되어 있다. 지도를 펼쳐놓고 보면 고성군은 동해안을 따라 남북으로 길쭉하고 금강군도 고성군 서쪽에 붙어 남북으로 길다. 통천군도 고성군 북쪽의 해안선을 따라 남북으로 무척 길다. 금강산 북쪽은 백두대간의 분수령이 휘돌 듯 감싸고 내려오는 곳에서 시작한다. 사람으로 치면 분수령은 한 번 크게 꺾어지면서 흘러내리는 척추 뼈의 시작 지점이다. 그 바로 아래쪽 드넓은 터전을 차지한 금강산의 자리는 심장이 있어야 할 그곳이다. 지형은 더욱 견고하고 지세는 더욱 강렬하여 아, 과연 이곳이 조선의 심장임을 절로 깨우친다.

금강은 외금강, 내금강, 해금강으로 구성되어 있다. 이 가운데 내금강과 외금강을 구분하는 기준은 중앙 최고봉인 비로봉이다. 비로봉 서쪽 지역 일대를 내금강, 동쪽 지역 일대를 외금강이라고 부르며 해금강은 동해안 일대를 가리킨다.

그 형태와 질감을 사람에 비교해보면 내금강은 우아하고 외금강은 강경하며 해금강은 장렬하다. 내금강은 두텁고 깊은 힘을, 외금강은 튼튼하고 억센 힘을, 해금강은 전쟁터의 격렬함을 갖추었으므로 그렇게 비유한다. 1984년 사회과학원역사연구소가 편찬한 『금강산의 역사와 문화』는 내금강은 무드럽고 다성나삼한 여성미, 외금강은 억세고 강력한 남성미라는 소문을 소개했다. 물론 이 특징도 전체가 그렇다는 것일 뿐 세부를 보면 뒤섞여 있다는 말도 덧붙이길 잊지 않았다.[5]

그러나 1830년 어린 나이에 여자의 신분으로 금강산과 설악산을 유람한 김금원金錦園, 1817-1853은 유람을 다녀온 지 20년이 지난 뒤인 1850년 탈고한 「호동서락기」에서 내금강은 '높고 험준하며 흰빛이 많고 푸른빛이 적다'고 쓰고 외금강은 '온화하며 푸른빛이 많고 흰빛이 적다'고 묘사했다. 또 해금강은 '기이한데 푸른빛과 흰빛이 영롱하다'고 했다. 다시 말해 내금강이 강경하고 외금강이 우아하다는

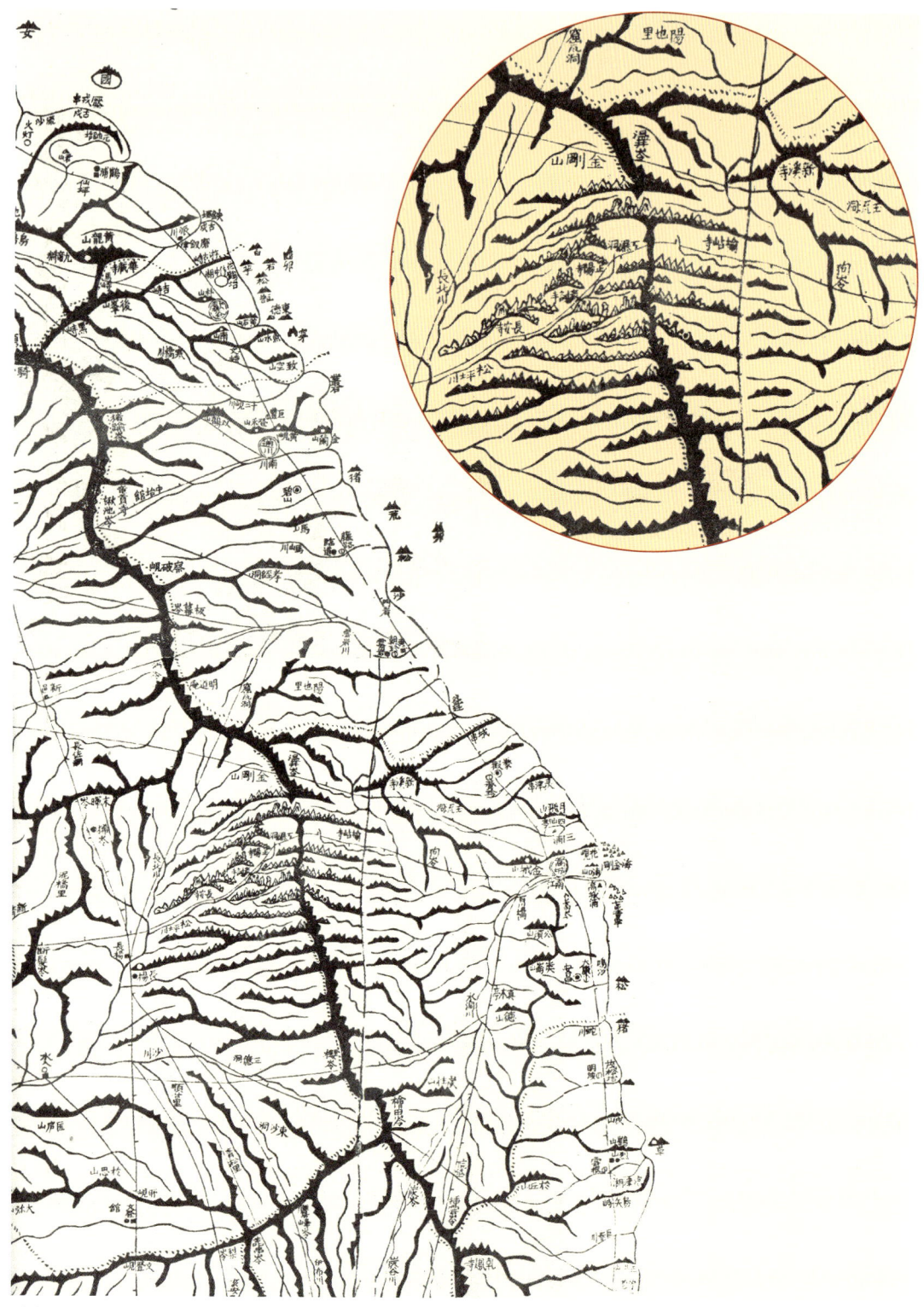

김정호, 『대동여지도』 부분, 종이, 670×380, 전책 22권, 1861, 국립중앙박물관.

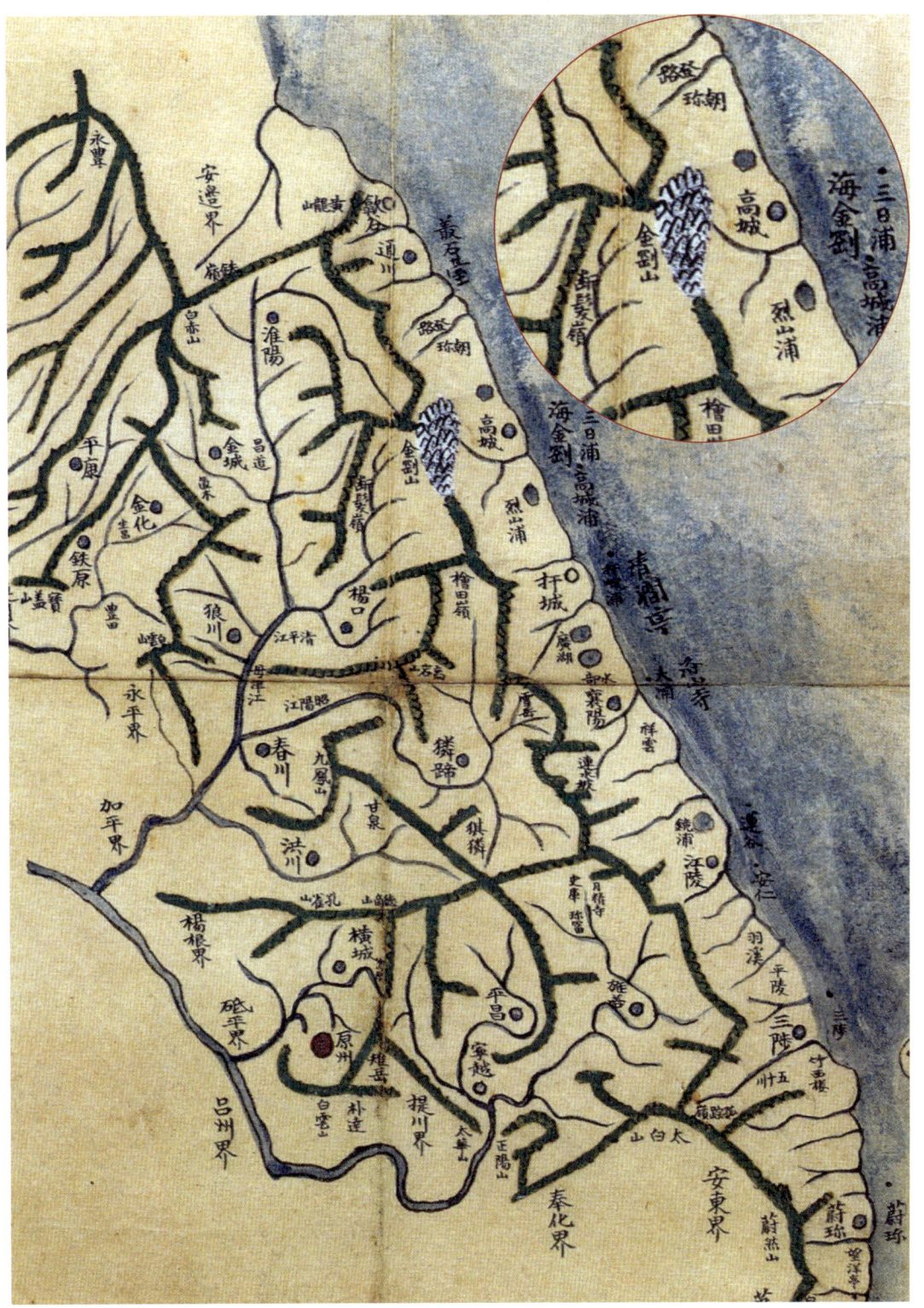

미상, 「강원도」 부분, 『조선지도』, 39.3×25.7, 종이, 19세기 전반, 이찬 기증, 서울역사박물관.

1933년 조선총독부 철도국에서 제작한 금강산 전경.

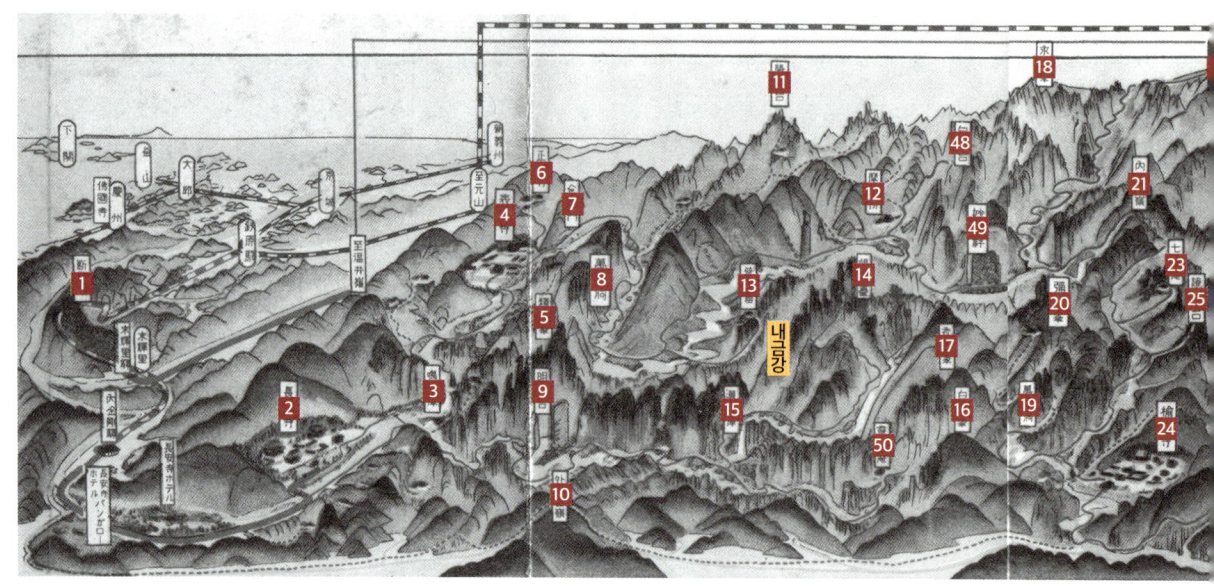

*주요 지명
1. 단발령 2. 장안사 3. 명연당 4. 표훈사 5. 석가봉 6. 정양사 7. 금강문 8. 만폭동 9. 명연담 10. 외무재령
11. 강선대 12. 마하연 13. 보덕굴 14. 망군대 15. 연화담 16. 백마봉 17. 향로봉 18. 영랑봉 19. 만경동 20. 미륵봉
21. 내무재령 22. 비로봉 23. 칠보암 24. 유점사 25. 은선대 26. 개잔령 27. 상팔담 28. 구룡연 29. 송림사 30. 백천교
31. 채하봉 32. 옥류봉 33. 집선봉 34. 신계사 35. 영랑호 36. 육화대 37. 한하계 38. 만물상 39. 삼일포 40. 총석정
41. 금강문 42. 해만물상 43. 송도 44. 구만물상 45.온정리 46. 구성동 47. 십이폭 48. 백운대 49. 묘길상 50.영원암

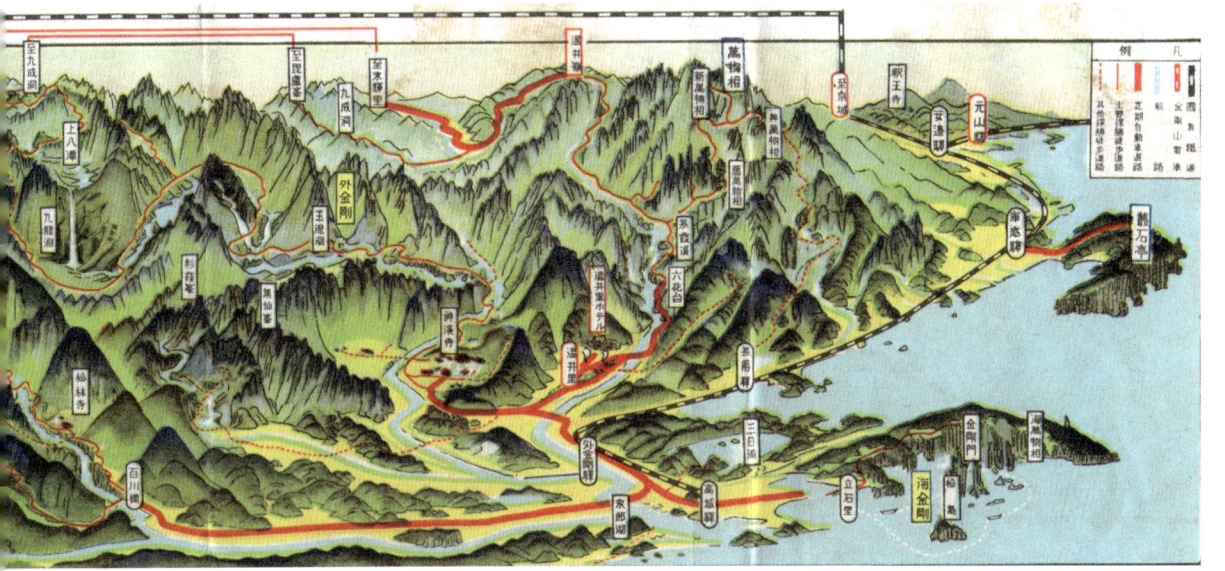

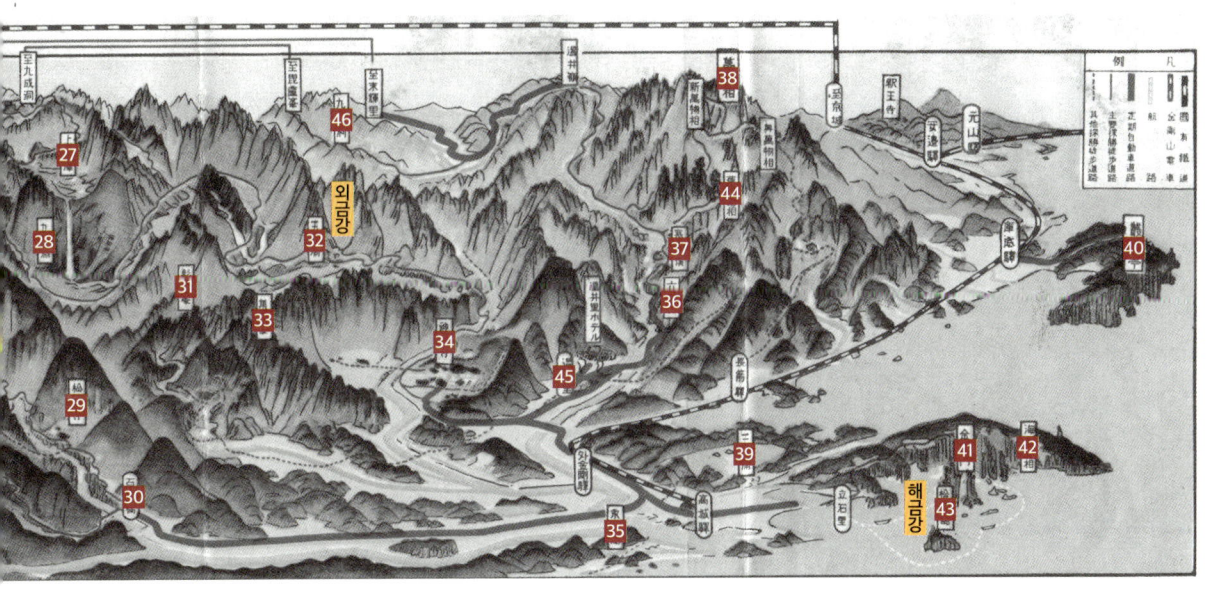

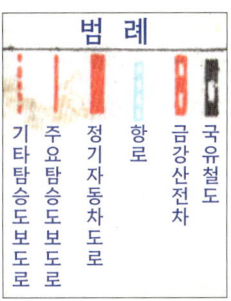

것이다. 이처럼 자신이 본 그만큼을 특징으로 규정하는 것은 자연스러운 일이다.

김금원은 아주 흥미로운 사실을 또 기록해두었다. 금강산이 모두 '숲과 바위와 물로 가득하므로 마땅히 호랑이나 표범이 있을 듯하지만 예부터 그런 걱정이 없었다'는 게다. 그래서 김금원은 '이 또한 땅의 신령이 꾸짖음으로 하여 이처럼 이름난 산악을 보호하고 있기 때문 아닌가 한다'[6]고 썼다.

신라 진평왕 때 거열랑居烈郎, 실처랑實處郎, 보동랑寶同郎 세 화랑이 풍악으로 유람을 떠나려 했다. 풍악은 금강의 다른 이름이다. 이때 하늘에서 혜성이 심대성心大星을 침범하는 변고가 일어 출발치 못했다. 이에 승려 융천사가「혜성가」를 지어 불렀더니 변고가 사라졌다. 게다가 약탈을 일삼던 왜적도 철수하자 진평왕은 화랑의 유람을 허락했다. 일연의『삼국유사』에 나오는 이야기다.[7] 금강산은 물론이고 해금강을 포괄하는 삼일포, 그리고 삼일포 안에 자리한 사선정에는 신라 화랑과의 이야기가 얽혀 있다.

화랑의 유람은 단지 즐기는 일만이 아니었다. 유희와 수련이 균형잡힌 놀이와 배움의 터전이었다. 김부식은『삼국사기』에서 화랑을 가리켜 도의를 연마하고 가락을 즐겼으며 멀리까지 나아가 산수를 즐긴다는 뜻으로 유오산수遊娛山水라고 하였다.[8] 그러니까 화랑의 금강 유람은 배움과 놀이의 길이었다.

금강산의 이름은 주로 금강金剛, 봉래蓬萊, 풍악楓嶽, 개골皆骨 네 가지로 불렀다. 금강은 하얀 눈이 녹아내리는 봄날에 강철같이 굳세다고 하여 붙인 이름이다. 봉래는 계곡마다 무성한 나무들이 자라나는 여름날 초록빛 쑥이나 명아주 풀 같다 하여 부르는 이름이다. 풍악은 온갖 잎들이 붉게 물드는 가을날의 산악이라고 해서 생긴 이름이다. 개골은 잎들이 지자 속살을 드러내는 겨울날 바위와 절벽이 모두 뼈처럼 생겼다 하여 빗댄 이름이다. 그 밖에도 선산仙山이니 상악霜嶽 같은 이름으로도 불렀다. 선산은 신선이 머무는 곳이라는 뜻이고 상악이란 서리 내리는 험한 산이라는 뜻이다. 여기에 동쪽으로는 바다가 출렁이는 해악海嶽이 즐비하고 그 아래 남쪽으로 눈 내리는 설악이 아름답게 버티고 있다.

금강이란 이름은 최해崔瀣, 1287-1340의 문집『졸고천백』拙藁千百에 '풍악이라 부르는 이 산을 중들은 금강산이라고 한다'에서 나온다. 그러니까 신라에서는 풍악이라고 부르다가 고려시대에 들어와 금강이라 부른 것이다. 불교를 국가 종교로 채택한 고려였으므로 이때 불가의 낱말인 금강은 승려들 사이에 보편화되었다.

불가의 경전『화엄경』의 담무갈보살曇無竭菩薩은 바다 한가운데 있는 금강산에 머물며 1만 2천 명을 거느리고 항상 설법을 베푸는 보살이다.『화엄경』에 등장하는 담무갈과 같은지 의문이 있으나 중국 남조시대 승려 담무갈은 420년에 수도승 25명을 모아 인도를 다녀왔으며 그때 가져온 경전을 중국어로 번역한 고승이다.

조선시대 아름다운 시편을 남긴 난설헌蘭雪軒 허초희許楚姬, 1562-1590는『난설헌집』중 우연한 느낌이란 뜻의 시편「감우」感遇에서 금강산에 오르는 꿈을 꾸었다고 했다. 맨발로 용을 타고 부용봉芙蓉峰에 이르니 푸른 옥지팡이 짚은 신선이 맞이해주었다며 그때 본 경치를 다음처럼 노래했다.

"아래로 동해물을 내려다보니
한 잔의 물처럼 고요히 보였네
꽃 아래서 봉황이 피리를 불고
달빛이 황금 술항아리를 비춰주었지"[9]

오늘날까지도 잘 알려진 금강에 관한 기록은 고려시대의 탁월한 문인 근재謹齋 안축安軸, 1287-1348이『근재집』謹齋集에 실어둔「관동별곡」이다. 여기서 그는 금강의 두 얼굴을 보여준다. 먼저 아름다운 자연이다.

"아! 세상천지 이런 경치 없구나

옥비녀와 구슬 신발 3천 명의 무리
아! 또 오실 날은 언제인가"

다음은 그 땅에 살아가는 사람들의 슬픔이다.

"뼈 같은 봉우리는 칼과 창처럼 빛나는데
이곳 스님은 불공 마치고 하릴 없이 앉아 있다
어찌하여 산 아래 생민들은
자꾸만 쳐다보며 콧등 찡그리며 가는 것일까"[10]

대부분의 문인들에게 금강은 아름다운 곳이었다. 고려시대의 탁월한 문인 가정稼亭 이곡李穀, 1298-1351은 「금강산 정양암」에서 다음처럼 노래했다.

"이 산은 괴이하고도 기이하여
시인과 화가를 수심 겹게 만든다
가장 높은 곳에 다시 오르고 싶으나
다리 힘이 아직 쇠하지 않았을 때를 놓쳤네"[11]

목은牧隱 이색李穡, 1328-1396은 이곡의 아들로 위대한 문인이다. 그도 『목은시고』 중 「금강산가」에서 아버지의 뒤를 이어 금강을 노래했다. 인도에서 불상이 떠밀려와 금강에 봉안되었다는 전설을 전하고서 우리나라 사람들은 젖먹이조차 불경을 외운다고 한 뒤 다음처럼 읊었다.

"늙은이 그 누군들 극락왕생 구하지 않을 것인가

> 이 산을 세 번 오르면 삼악도三惡道를 면한다는데
> 이 말을 금강처럼 견고히 믿으나
> 금강처럼 파괴되지 않는 것은 나의 본성인 아성我性뿐
> 세계가 사라진다 해도 금강산은 허공 중에 감춰져 있으리라"[12]

고려시대 말기에 이르러서 금강산 유람은 하나의 신앙이었다. 유람을 하고 나면 죽어서 겪어야 할 세 가지 무서운 길인 지옥도, 축생도, 아귀도인 삼악도를 겪지 않을 수 있다는 것이다. 이러한 불가의 믿음과 더불어 이색은 명산 유람의 목적을 다음과 같이 썼다.

> "내가 산을 유람하려는 것은 다만 고적이나 찾고 세속의 흉금이나 떨쳐 버리자는 것이 아니다. 장차 내가 머물러야 하는 곳에 머물려는 것이다."[13]

명산을 유람하면서조차 속세의 명성과 권세에 미련을 둔 채 머뭇거리는 태도의 부끄러움을 지적하면서 명산 유람이란 참으로 마땅히 머물러야 할 곳에 머무는 지오지이止吾止耳임을 천명한 것이다. 조선시대에 들어와 금강은 유가 사상에 물들기 시작했다. 유가의 문인들이 유람하면서 일어난 일이다. 관점과 시선의 변화는 이루 말할 수 없을 만큼 풍요롭고 다채로웠다. 관직에 나가지 않고 평생 학문에 탐닉하며 살아간 문인 식산息山 이만부李萬敷, 1664-1732는 「금강산기」에서 '쇠약하고 나이 들어 불만 덩어리를 풀 수 없을 때에야 금강에 들어가고보니 신기神氣가 맑고 왕성하여 가슴속이 확 트인다'고 감탄했다. 그리고 다음처럼 썼다.

> "하늘이 나에게 내려주신 복이 적은 것이 아니며 이는 사람의 힘으로 미치는 바가 아님을 알았다."[14]

이렇게 깨우친 이만부는 꿈을 꾸면서도 자신의 영혼이 금강으로 날아들어가는 것을 느꼈는데 그럼에도 다음과 같이 경계했다.

"비록 그렇다고 해도 산과 물을 보는데 나름대로 하나의 길이 있다. 산수를 보는 것은 좋지만 그 산수의 종從이 되어서는 안 된다는 것이다."[15]

내금강과 외금강 가운데 어느 쪽이 더욱 우월할까. 숱한 유람록을 펼쳐 보면 내금강을 더욱 많이 다루고 있어 역시 내금강에 눈길이 가지만 꼭 그런 것만은 아니다. 유람객 가운데 내금강보다 외금강에 매혹을 느끼는 이들도 상당했다.

1850년 무렵 금강산 유람을 한 문인 어당梧堂 이상수李象秀, 1820-1882는 「동행산수기」東行山水記에서 '외금강 산세는 내용이 더욱 깊고 복잡하여 대개 내금강을 앞지르고 있지만 지금껏 묻혀 있다'고 단정했다. 그 까닭은 '서울서 유람 온 양반들이 내금강에서 이미 피로한 까닭에 고개 넘어 외금강에 와서는 얼치기로 지나가버리기 때문'이라는 것이다.[16] 여기에 더하여 이상수는 '산수가 이름나는 것은 귀인과 세도가의 힘을 받지 않을 수 없다'고 했다. '행세하는 사람에게 달려 있는 것'이라는 뜻이다. 멋진 말이다. 그러니까 풍경의 우월은 사람이 결정하는 것이지 이미 정해져 있는 게 아니라는 말이기도 하다. 그런 이상수가 보기에 금강은 어떠했을까.

"금강도 단점이 있다. 가까이에서는 온화하고 촉촉한 윤윤溫潤의 기운이 없고 멀리서는 자태가 아름답지 못하다. 그건 돌로 몸체를 갖춰 오직 굳세고 엄격하기만 한 때문이다. 또 산의 생김새가 번잡스런 가지와 빽빽한 잎사귀로 이루어졌기 때문에 단조로운 하나의 꽃판으로 된 도봉산이나 삼각산과도 같지 않다. 다만 밝고 수려할 뿐이다."[17]

그런데 유점사를 나와 해안의 고성읍 가까이에 왔을 때 이상수의 눈에 보이는 금강은 표정이 달라졌다.

"유점사를 나와 동쪽으로 가다보면 금강이 숨어서 보이지 않다가 고성읍을 15리 앞두고서 다시 나타나는데 빛나는 것이 진기한 그릇을 펼쳐놓은 것같이 찬란하였다."[18]

이어서 그 끝없는 변화를 두고 '금기둥이 하늘에 다투고 옥련화가 허공에 난만하게 피어 빛이 눈을 찌르고 향기를 풍긴다'면서 내금강의 '헐성루와 내원통에서조차 이런 전망이 없었다'고 했다. 이상수가 알려주는 금강산 감상법은 다음과 같다.

"가까이서는 그의 골격骨格을 보는 것이고 멀리서는 그 신리神理를 본다. 그렇게 하면 전후와 좌우의 자태가 같지 않은 것이 보인다."[19]

골격은 사실이고 신리는 논리다. 사실은 세부의 형상에 존재하는 것이고 논리는 세부를 종합하여 전체의 구조와 질서를 파악함으로써 세워지는 것이다. 그러니까 세부와 전체를 아울러 보고 느끼며 생각하라는 권고인 셈이다. 이어 이상수는 이렇게 하지 않는다면 '금강을 유람하고서도 금강을 잃은 것이다'는 말로 맺었다. 실로 그러하다.

이상수보다 200년 전에 이미 농암農巖 김창협金昌協, 1651-1708은 「동유기」東遊記에서 '금강산은 안에서 볼 때는 단지 그 기이하게 빼어나고 깎은 듯 솟아서 여러 산 가운데 뛰어나다고만 생각했을 뿐 그 웅대한 몸체에 대해서는 오히려 다 파악하지 못했다'고 지적했다. 오히려 밖으로 나와 고성읍 가까이 도달하고서야 '층층이 포개지고 첩첩이 쌓인 봉우리들이 빙둘러 있는 몸체가 보였다'는 것이다.[20]

금강을 그리다

금강 전경 가운데 내금강을 소재로 삼은 가장 오래된 작품은 고려시대 때 제작한 목판 양면 〈아미타여래 구존도九尊圖〉 뒷면에 새겨진 노영魯英의 〈고려 태조 담무갈보살 예배도〉다. 태조太祖 왕건王建, 877-943이 엎드려 담무갈보살에게 예배하는 모습을 담았는데 화면을 위아래로 나누어 상단에는 금강산과 담무갈보살 및 8대보살과 태조 왕건을, 하단에는 지장보살과 그 양옆에서 예배를 올리는 두 사람을 배치했다. 화면 속 비중을 생각하면 주인공은 담무갈보살과 지장보살이다. 하지만 구성을 보면 금강산에 간 고려 태조의 예배 행위가 주제임이 뚜렷하다. 왕건을 포함한 세 명의 세속인을 세 곳에 나누어 배치하였고 또 화면 전체의 바탕을 금강산으로 가득 채웠으니 말이다.

먼저 금강산을 보면 화면 왼쪽 상단의 비로봉을 위시하여 돌을 깎은 듯한 골산이 구름 사이로 곳곳에 보인다. 화가 노영은 한두 차례 꺾어지는 봉우리와 더불어 빠른 속도로 내리치는 바위 기둥 형태를 아주 멋지게 연출했다. 재료 또한 검정으로 흑칠을 한 목판 위에 황금빛 금물을 사용했다. 그래서인지 작품은 화려하고 또 우아한 기품을 절로 풍긴다. 특히 봉우리나 바위 기둥을 형상화하는 날렵한 기법은 물론 화면 전체를 활용하는 구도가 뛰어나다. 노영 자신은 예상치 못했겠지만 〈고려 태조 담무갈보살 예배도〉는 이후로 금강 전경의 원형이 되었다.

1932년 금강산 월출봉에서 커다란 돌함 하나가 발견되었다. 그 속에는 태조 太祖 이성계 李成桂, 1335-1408를 비롯한 승려와 세속인들이 발원한 사리 기구가 들어 있었다. 그 가운데 〈팔각원당형감〉과 〈은제도금사리감〉은 눈여겨볼 만하다. 비록 이성계를 새기거나 금강산 실경을 배경에 깔지는 않았으나 이러한 사리 기구는 조선 태조 이성계 또한 고려 태조 왕건의 전통을 계승하여 금강산에 뜻을 의탁했다는 증거가 되기 때문이다. 다시 말해 왕국을 창설한 군주가 자신의 꿈을 다름아닌 금강산에서 발원했음을 확인한 셈이다. 게다가 그 형태도 아름다워 금강산이 탄생시킨 뛰어난 예술품이라는 데 이견이 있을 수 없다. 은제 판에 날카로운 도구로 홈을 파고 그 위에 금물을 칠한 여래 如來는 모두 세속의 사람들과 같은 표정과 몸집을 하고 있다. 그런 까닭에 더욱 친근하고 평안하다.

김금원은 「호동서락기」에서 '살아 있는 것들의 갖가지 모습과 빛깔이 같은 건 하나도 없다'고 했다. 사람만 해도 남녀가 다르고 재주와 지식도 다르며 빈부와 귀천 또한 모두 다르고 물도 만 갈래로 흐르다가 하나로 모이지만 결국 천 개의 물결, 만 개의 구비로 달라지며 산은 더욱 그렇다는 것이다.

"산은 하나지만 결국 만 가지로 흩어져 백 가지, 천 가지 모습으로 달라진다."[21]

그는 또 이렇게 글을 남겼다.

"금강산은 층층이 겹친 산과 첩첩이 쌓인 봉우리가 구름까지 닿아 사시사철 눈빛을 띠고 있어 봉우리마다 빼어나다. 이름난 곳의 아름다운 경치를 칭찬

노영, 〈고려 태조 담무갈보살 예배도〉,
《아미타여래구존도》 뒷면, 22.5×13, 나무, 금칠,
1307, 국립중앙박물관.

이성계 발원, 〈팔각원당형감〉 및 〈은제도금사리감〉, 전체 높이 19.8, 국립중앙박물관.

할 때 반드시 신선 세계의 경치니 그림같은 경치라 한다. 나는 신선 세계가 어떤지 모르지만 그림같은 경치라고 한다면 비록 뛰어난 화가라고 해도 결코 그대로 그려낼 수 없을 것이다."[22]

세상 사물이 모두 다르다고 여긴 김금원이었으므로 금강산이야말로 더욱 그림으로 그릴 수 없다고 여기는 건 자연스러운 일이었을 게다. 그런 산이라면 어찌 그림으로 그려낼 수 있을까. 김금원보다 500년 전 고려시대의 문인 가정 이곡 또한 「동유기」에서 '보는 것이 소문보다 못한 법'인데 금강산을 보고 나니 '실로 소문보다 나았다'고 감탄하고서 다음처럼 썼다.

"비록 화가의 교묘한 재주와 시인의 능란한 솜씨가 있다 해도 도저히 그 모습을 똑같이 그려낼 수 없을 것이다."[23]

그럼에도 불구하고 많은 화가들이 그 불가능에 도전했다. 조선 실경의 창시자인 겸재謙齋 정선鄭敾, 1676-1759은 1711년, 1712년, 1747년 세 차례에 걸쳐 금강·관동 승경 유람을 했다. 그가 그린 금강 전도는 무려 여덟 점에 이르는데, 가장 이른 시기에 그린 것이 36세 때인 1711년 유람을 다녀와 그린 《신묘년풍악도첩》에 실린 〈금강내산총도〉이고, 가장 늦은 시기에 그린 것이 77세가 되는 1752년 무렵에 그린 〈금강전도〉다. 그리고 보면 정선은 평생 금강산을 그려왔다고 해도 지나침이 없다. 그릴 때마다 끊임없이 변화를 시도했다는 것도 놀랍다. 마지막에 그린 〈금강전도〉는 규모도 가장 크지만 타원 구도를 완결했다는 점을 주목해야 한다. 타원형 안에 흠잡을 데 없는 금강의 완전체를 이룩했다.

정선의 세 차례 금강산 여행 중 첫 번째 여행은 1711년 가을에 떠났다. 백석白石이란 인물과 함께였다. 백석이 누구인지는 지금껏 알려지지 않았다. 이 여행에 대해 같은 해 8월 금강산 여행을 떠난 삼연三淵 김창흡金昌翕, 1653-1722과 연관시키려는 마음이 앞선 몇 연구자들은 여러 가지 추론을 내놓았다. 그러다 보니 백석을 가리켜 삼연 주변 인물 가운데 한 사람이라고 했다. 물론 아무런 근거도 없는 짐작일 뿐이다.

이때 그린《신묘년풍악도첩》중〈금강내산총도〉는 내금강을 한덩어리로 구성한 최초의 실험이다. 눈여겨볼 곳은 먼저 위와 아래의 배치다. 1만 2천 봉 가운데 가장 높은 비로봉을 최상단 중앙에 두고 계곡의 가장 낮은 곳에 자리한 다리인 비홍교를 최하단에 두었다. 다음 왼쪽과 오른쪽의 배치다. 화면 왼쪽은 흙으로 이루어진 육산肉山으로 채우고 오른쪽은 바위로 이루어진 골산骨山을 펼쳐놓았다. 그렇게 하고 보니 짜임새가 생겼다. 하지만 이런 모습은 실제로 보이는 형상이 아니다. 화가가 곳곳을 관찰한 뒤 종합해 다시 만들어낸 모습이다. 실제로〈금강내산총도〉를 보면 곳곳에 작은 글씨로 지명을 써넣은 것을 볼 수 있다. 마치 지도를 그리듯 봉우리와 계곡과 사찰을 배치하고 그것들을 연결시키는 작업을 통해 금강산을 하나의 거대한 덩어리로 묶어낼 수 있었던 게다. 이후로도 겸재 정선은 거듭 되풀이해 그려나가는 변주 과정을 통해 진화를 꾀함으로써 결국 겸재 유형을 완성해 나아갔다.

〈금강내산총도〉 이후 20여 년이 흐른 1730년대에 그린〈금강전도〉와〈풍악내산총람〉은 육산이 골산을 포위하듯 감싸고 있다. 그로부터 10년 뒤인 1747년 세 번째 사생 여행 때 그린《해악전신첩》중〈금강내산〉은 봉긋하게 솟아오른 봉분의 형태가 무척 곱다. 물론 육산이 골산을 받쳐주는 겸재 유형을 벗어난 건 아니다.

1750년대에 이르면 겸재 유형은 자유자재로 변신을 거듭한다. 부채에 그린〈금강내산〉은 처음으로 색채를 버리고 오직 먹만으로 형상화한 기이한 걸작이다. 또한 반원형의 부채 화폭이라는 조건에 맞춰 구름이 부풀어오르는 듯 골산이 치솟아 오르는 구도는 감탄을 자아낸다.

또한 그는 마지막으로 사실에 충실하면서도 마음껏 위치를 바꿔 하나의 덩

정선, 〈금강내산총도〉, 《신묘년풍악도첩》, 36×37.5, 비단, 1711, 국립중앙박물관.

정선, 〈금강전도〉, 28.5×34, 비단, 1734년경, 고려대박물관.

정선, 〈풍악내산총람〉, 100.8×73.8, 비단, 1738, 간송미술관.

정선, 〈금강내산〉, 《해악전신첩》, 32.5×49.5, 비단, 1747, 간송미술관.

정선, 〈금강내산〉, 28.2×80.5, 종이 선면, 1750년경, 간송미술관.

어리로 만들기로 했다. 1750년 무렵에 그린 〈금강내산전도〉는 1711년 이후 40년을 거듭해온 겸재 유형을 마감하는 결산이다.

여기에서 멈추지 않고 그는 또다시 혼신을 다해 최후의 걸작을 향해 붓을 움직였다. 1752년 무렵에 그린 〈금강전도〉가 그것이다. 정선은 주역 철학자였다. 사물의 질서와 우주의 원리를 통찰해온 그가 최후의 일격을 가했다. 첫째, 완전한 우주를 상징하는 원형으로 집약했다. 둘째, 최상단에 우뚝 솟은 비로봉과 최하단에 구멍 뚫린 비홍교를 대비시키면서 동시에 바위산인 골산의 밝음과 흙산인 육산의 어두움을 대비시키는 방식으로 음양과 오행의 운행 원리를 구사했다. 셋째, 선묘와 채색을 한치의 망설임도 없이 구사하는 원숙한 경지를 자유자재로이 과시하고 있다. 겸재 유형의 완성에 이른 것이다.

덧붙여둘 말이 있다. 화폭 상단 하늘에 자리잡은 화제에 대해서다.

"1만 2천 봉 개골산을 누군가의 뜻에 따라 진짜 얼굴로 그렸을까
중향봉衆香峰이 동해 밖으로 떠오르니 쌓인 기운 온 세계에 서리네
몇 송이 연꽃 흰빛 드날리고 반쪽 숲 소나무와 잣나무 현관玄關을 가린다.
비록 지금 밟고 다닌다 해도 어찌 베갯머리에서 마음껏 보는 것과 같을까.
갑인년 겨울에 제하다."[24]

갑인甲寅년은 1734년 또는 1794년을 가리킨다. 정선이 1759년에 별세했으므로 사람들은 당연히 갑인년을 1734년이라고 보았고 따라서 〈금강전도〉는 1734년에 그린 것이라고 했다. 연구자 최완수가 방대한 저작 『겸재 정선』에서 새로운 사실을 밝히기 전까지[25]의 일이다. 최완수는 이 화제가 정선이 쓴 게 아니라고 지적했다. 정선 사후 1794년에 누군가가 써넣은 것이라는 게다. 당연히 이 제화시는 필체의 게으름과 어리석음만으로도 정선이 쓴 게 아님을 알 수 있다. 구도

정선, 〈금강내산전도〉, 33×54.3, 비단, 1750년경, 왜관수도원.

정선, 〈금강전도〉, 130.7×59, 종이, 1752년경, 호암미술관.

의 짜임새를 기준으로 보더라도 화제시의 위치와 행간 구성이 기괴하다. 작가라면 상상조차 할 수 없는 해괴한 화제시를 쓴 것인데 그렇게 써넣은 결과 타원형으로 이루어진 완전한 세계를 방해하는 장애물이 되고 말았다.

'연객'烟客은 안개 손님 또는 안개 나그네란 뜻을 지닌 낱말이다. 그 뜻 그대로 자유로운 영혼을 지닌 채 국토를 떠돌던 화가 연객 허필許佖, 1708-1768은 경탄을 자아내는 금강 전경을 그렸다. 정선보다 한 세대 늦게 태어난 허필은 1764년 한 점의 그림을 그렸는데 〈헐성루 망 만이천봉〉이다. 그 성품 그대로 격식에 얽매이지 않은 채 붓 가는 대로 자유로이 사물을 묘사했다. 하지만 그림을 요청한 주문자의 뜻에 따라 경물 한 가지 한 가지를 세심하게 묘사했다. 또한 구도를 치밀하게 계산해 구획했다. 상단 하늘에는 길고 긴 화제를 쓰고 화폭 중단은 바위 기둥 1만 2천 개를 펼쳐놓았으며 화폭 하단은 흙산을 옆으로 길게 깔아놓아 층층의 선율을 부여했다. 상단에 길게 쓴 화제의 첫 문장은 다음과 같다.

> "금강은 수미산과 어깨를 나란히 할 만큼 천하의 으뜸이다. 예로부터 시인이 읊을 수 없고 화가가 그려낼 수 없었다. 그런데 내가 감히 당돌하게 '봉우리는 모두 흰 바위이고, 나무들은 모두 단풍이네'라고 말하였고 또 이 화폭에 붓을 대 '해악전신도'를 만들어 금강의 보살인 담무갈이 의아해 하는 것도 회피하지 않으려 한다."[26]

두려움 없이 도전했고 그 결과 누구도 하지 못한 수평 구도와 격의 없는 필치로 멋진 신세계를 이루어냈다. 흙산과 계곡과 돌기둥 사이사이로 붉은 색칠한 절집들을 배치함으로써 아기자기한 재미가 상당하고 또한 얼핏 사람과 귀신의 형상으로 보이는 바위 기둥은 분명 일부러 그렇게 했을 것이어서 그 표정을 읽는 흥미

허필, 〈헐성루 망 만이천봉〉, 29.1×47.2, 비단, 1764, 개인.

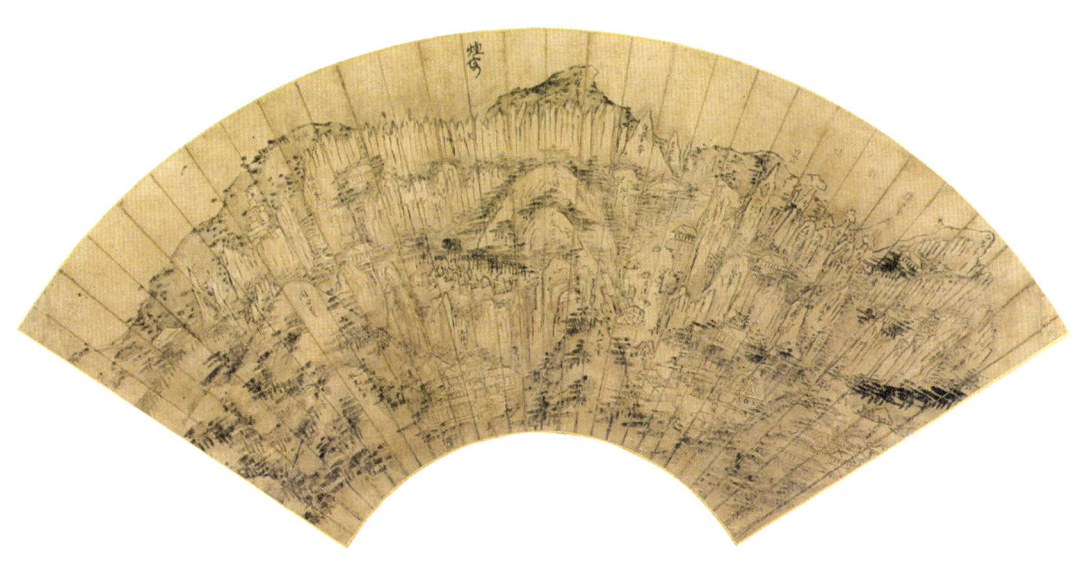

허필, 〈금강전도〉, 21.8×58.8, 종이, 1744, 고려대박물관.

가 상당하다. 또한 드물게도 장안사에 탑을 그려넣은 게 특별하다. 고려대박물관 소장품으로 부채에 그린 〈금강전도〉는 산과 바위뿐 아니라 그에 못지않게 절집의 규모를 키울대로 키운 것이 색다른 감흥을 준다.

자유로움을 누리는 데 있어 조선 제일이라 할 호생관毫生館 최북崔北, 1712-1786 은 누구와도 비교할 수 없을 금강전도를 두 점이나 남겨놓았다. 평양 조선미술박 물관에 소장되어 있는 〈금강전도〉는 실물을 본 적은 없지만 도판만으로도 마주하 는 즐거움이 크다. 크게 흙산과 돌산을 나누고 그 경계에 반듯한 계곡과 숲 그리고 절집을 배치해 처음 보는 도상을 선물하고 있다. 이뿐만 아니라 돌산을 구역별로 나누어 그 사이를 넓힌 뒤 흰구름을 흘림으로써 신비로움을 더한다. 부채에 그린 〈금강총도〉도 돌산의 크기와 규모를 절제하고 그 사이를 더욱 강조함으로써 여유 로운 아름다움을 연출해내고 있다.

도화서 화원 서암西巖 김유성金有聲, 1725-?도 금강을 그렸다. 그가 그린 〈금강 산〉은 일본 시즈오카靜岡 현 세이켄지淸見寺 소장품으로, 화폭 왼쪽 상단에 써둔 화 제 '갑신춘甲申春 조선국서암사朝鮮國西巖寫'로 보아 1764년 통신사행의 일원으로 일 본에 갔을 때 현지에서 일본인에게 직접 그려준 것이다. 경물에도 작은 글씨로 지 명을 꼼꼼히 써넣었고 맨 아래 정양사의 경우에도 자부심 넘치는 자태로 묘사했 다. 매우 반듯하고 날렵한 아름다움이 넘친다.

화원 명가인 개성김씨 가문의 적자이자 당대 제일의 화원 복헌復軒 김응환金 應煥, 1742-1789은 1772년 봄날, 후배 화원인 단원檀園 김홍도金弘道, 1745-1805에게 금 강산을 그려 건넸다. 〈금강전도〉다. 김응환이 이 그림을 김홍도에게 왜 그려주었 는지, 또 김응환은 김홍도보다 먼저 금강산 사생 여행을 다녀온 바 있는지 궁금증 을 불러일으킨다. 화폭 오른쪽 상단에 '방사倣寫 금강전도金剛全圖'라고 써놓았으므 로 누군가가 그린 걸 보고 따라 그렸음을 알 수 있고, 아직 금강산을 가기 전의 일 인 것 또한 알 수 있다.

최북, 〈금강전도〉, 19×26, 종이, 1779, 평양 조선미술박물관.

최북(전), 〈금강총도〉, 26×72, 종이, 1779, 평양 조선미술박물관.

김유성, 〈금강산〉, 165.7×69.9, 종이, 1764, 일본 세이켄지.

김응환, 〈금강전도〉, 22.3×35.2, 종이, 1772, 개인.

연구자들은 김응환이 보고 따라 그린 대상을 정선의 금강전도라고 짐작한다. 게다가 정선의 화풍을 따랐다고 한 다음, '짜임새가 부족하고 또 겸재의 수준을 뛰어넘지 못했다'고 평가절하한다. 그럴까? 그렇지 않다. 정선의 작품을 따랐다고는 해도 김응환의 그림은 돌산이 화폭을 넓게 차지하고 있어 오히려 흙산을 감싸는 형국이다. 화폭 하단의 장안사 가람 배치도 정선의 것과는 사뭇 다르다. 화풍도 꼭 같지 않다. 돌산을 부드럽고 연하게 하여 어둡고 무거운 흙산으로부터 부챗살처럼 퍼져나가는 멋도 부렸다. 또 비로봉을 수평으로 길고 둥근 덩어리로 형상화하였으며 오히려 그 아래 향로봉을 수직으로 솟아오르게 해 변화감을 크게 살렸다. 이처럼 김응환 식으로 변화시킴으로써 시원스런 쾌감을 성취하는 데 이르렀다.

지우재之又齋 정수영鄭遂榮, 1743-1831은 탁월한 지리학자 농포자農圃子 정상기鄭尙驥, 1678-1752의 손자로 태어나 평생 벼슬에 나가지 않고 전국을 떠돌며 예인의 삶을 살아간 인물이다. 조선에 다시없을 걸작이자 회화사의 혁명인 《해산첩》이 탄생한 때는 1799년이다. 두 해 전인 1797년 가을, 손위의 벗 헌적軒適 여춘영呂春永, 1734-1812과 더불어 금강산을 여행할 때 버드나무 숯인 유탄으로 그려온 밑그림을 바탕삼아 그렸다.

《해산첩》은 모두 18점인데 그 가운데 〈금강전경〉은 감동의 물결이 출렁대는 작품이다. 거꾸로 선 삼각형 구도다. 맨 아래 꼭짓점에 정수영과 여춘영 그리고 동자까지 세 사람이 보인다. 그림은 이곳에서 부챗살이 뻗어나가듯 펼쳐지는데 화폭 상단에 이르러 수평선에 봉우리들이 잘려나간 것처럼 직선의 구름이 갑자기 등장한다. 경탄을 자아내는 이 같은 표현은 우연이 아니다. 정수영이 이 그림을 그리며 쓴 화제는 다음과 같다.

"북쪽에서 남쪽까지 어느 게 비로봉인지, 중향성인지, 어느 게 가섭봉인지,

정수영, 〈금강전경〉, 《해산첩》, 37.2×62, 종이, 1799, 동원 이홍근 기증, 국립중앙박물관.

| 묘길상 | 비로봉 | 중향성 | 보덕굴 | 향로봉 |
| 헐성루 | | (표훈사) | | 만폭동 |

이방운, 〈금강산도〉 57.6×148.2, 종이, 18세기, 호암미술관.

운대　　삼불암　　　　명경대　　　　　　장안사　　　　　　만천교　　　선유봉　　　　단발령

혈망봉인지 알 수 없고 또 정확히 가리키는 이가 없다. 구름이 끼지 않았더라도 내가 어떻게 구별할 수 있을 건가. 보이는 것은 겨우 산허리와 등성이 아래뿐이다. 아는 이가 이것을 본다면 충분히 알 수 있을 듯하므로 바라본 풍경을 버드나무 숲으로 대강 그려 아는 이가 보고 일러주기를 바란다."[27]

꺾어내리치는 필선으로 산봉우리를 그렸다. 또 옅은 먹과 푸른색을 칠한 다음, 붉은색 점을 찍었다. 그러고 보니 천자만홍의 가을이 온 산을 뒤덮어 비로소 붉게 타오르는 풍악이 되었다. 그렇게 해서 18세기가 끝나가던 1799년 회화사의 황금 시대를 장식하는 가장 화사한 걸작이 탄생했다. 회화사의 혁명이었다. 다시는 이 같은 작품이 탄생하지 못했다.

자유로운 생애라면 연객 허필이나 지우재 정수영 못지않은 기야箕野 이방운 李昉運, 1761-1822이후이 있다. 호암미술관 소장품인 〈금강산도〉는 옆으로 펼쳐놓은 장대한 규모의 대작이다. 연객 허필이 이룩해놓은 수평 구도를 따랐다. 위로는 하늘과 바위 기둥인 뼈의 골산을, 아래로는 숲으로 덮인 흙의 육산을 배치하고 그 사이에는 계곡과 절집과 다리와 부도와 불상을 아로새겼다. 또 아주 작은 글씨로 숱한 지명을 써넣었는데 하단의 글씨 중에 '정양사'는 쓰지 않았고 '표훈사'는 지워졌다.

이방운의 〈금강산도〉가 지닌 특별한 점은 부도와 탑을 다채롭게 그려넣었다는 데 있다. 먼저 단발령 바로 위에 아담한 부도부터 시작해 삼불암 바로 앞에 귀여운 부도와 표훈사 마당에 잘생긴 탑을 세운 것이다. 이전까지 허필 이외에 누구도 탑을 이처럼 두드러지게 그린 이는 없었다.

정선의 타원 구도와 대비되는 이방운의 수평 구도는 금강산을 보는 두 개의 시선을 상징한다. 세상과 단절된 하나의 소우주로서 완성체인 정선의 타원 구도가 강건하고 우아하다면 이 세상 끝까지 전개되어나갈 풍경으로서 자연계인 이방운의 수평 구도는 아득하고 유장하다.

금강산을 그릴 목적을 지닌 화가는 유탄이나 먹과 붓, 종이를 충분히 준비한다. 현장에 도착한 화가는 사방을 관찰하고 난 뒤 구상을 한 다음 드디어 종이를 펼쳐놓고 유탄 또는 붓을 들어 형상을 묘사한다. 이것이 바로 밑그림인 초본草本이다.

대량의 초본으로는 《해동명산도》가 있다. 10번부터 60번까지 무려 51점으로 구성한 이 화첩은 그러니까 누락된 1번부터 9번까지를 생각하면 모두 60점이 실린 셈인데 60번 이후도 있을 가능성이 있으므로 최소 60점짜리라고 보아도 될 듯하다. 《해동명산도》는 《금강사군첩》이라고도 하는 김홍도의 《해산도첩》과 지명과 구성, 구도와 형상이 거의 같아서 김홍도가 금강산 사생 여행 당시 그린 초본을 모은 것으로 본다. 김홍도는 1788년 정조의 명으로 금강, 관동 사생 여행을 다녀왔다. 스승인 표암 강세황, 선배 복헌 김응환 등도 함께 한 이 유람길에서 김홍도는 승경지마다 밑그림인 초본을 그렸고 귀경한 이후 이를 바탕 삼아 작품을 완성했다. 《해동명산도》의 초본과 《해산도첩》에 실린 그림은 얼마나 같고 얼마나 다를까.

예를 들어 《해동명산도》 중 〈만물초〉는 《해산도첩》 중 〈만물초〉와 거의 같다. 다만 《해동명산도》 중 〈만물초〉는 오직 먹선 한 가지로 경물의 생김생김을 자상하게 묘사해놓은 사실 설명본이며 《해산도첩》 중 〈만물초〉는 지형지물에 담채를 입혀 잘 다듬어 세련된 모습으로 승화시킨 예술품이다. 그러니까 앞의 것은 초본이고 뒤의 것은 귀경해 한양의 작업실에서 초본을 보고 또 당시의 기억을 되살려 그려나간 작품이다. 이때는 재료와 도구의 제한이 없으므로 종이 대신 비단을 화폭으로 쓰면서 먹도 새로 갈고 붓도 가장 마음에 드는 것을 골라 사용했을 것이다.

《해동명산도》와 같은 대량의 초본첩이 달리 전해오는 경우는 거의 없다. 정선의 경우도 없긴 마찬가지다. 화가가 초본을 그리기 위해 따로 준비를 했다거나 현장에서 그리던 중 바람에 종이가 날아갔다거나 비에 적셔 망쳤다거나 하는 등의 기록도 본 적이 없다. 한양에 돌아와서 초본대로 그렸다거나 변형을 해 그렸다는

김홍도(전), 〈만물초〉, 《해동명산도》, 21.5×30.5, 종이, 1788, 국립중앙박물관.

김홍도, 〈만물초〉, 《해산도첩》, 30.4×43.7, 비단, 1788, 개인.

이건필, 〈금강산경내외전면〉, 54×25,
비단, 19세기, 홍익대박물관.

이야기 역시 남겨두지 않았다. 오로지 추론할 따름이다. 그러나 당연히 누구라도 현장 사생의 결과물인 초본을 제작하지 않았을 리 없다. 오직 기억에 의존해서만 그림을 그리는 일은 거의 불가능한 까닭이다. 언젠가 기록이 나타나길 기다린다.

그런데 또 기억에만 의존해서 그린 화가가 아주 없지는 않았다. 김홍도보다 거의 한 세기 뒤에 태어난 석범石帆 이건필李建弼, 1830-1872이후은 오직 기억에 따라 금강 전경을 그렸다. 〈금강산경내외전면〉이 그것이다. 보았던 세 장면을 화폭에 조합했다. 상단에는 구름 흐르는 하늘을, 중단에는 금강의 숱한 기암괴석을, 하단에는 대규모 사찰을 배치했다. 상단에는 '금강산경내외전면'金剛山景內外全面이라는 화제를 써놓았다. 내금강과 외금강을 합해 전경도를 그린 작품임을 밝혀놓은 것이다. 화폭 중단의 기암괴석은 내금강을 상징하는 것이고 하단의 사찰은 아마도 외금강을 대표하는 유점사일 것이다. 구름 흐르는 하늘을 포함해 세 가지 경물을 그려놓고 이것이야말로 금강산의 전체를 표상한다고 내세웠다. 다른 그림들과 달리 추상과 조합이 흥미로운 작품이다.

지금까지는 명성을 갖춘 사족 또는 중인 계급의 전문 화가들이 여행객의 시선으로 관찰해 그린, 이른바 중앙 화풍 또는 주류 화풍에 의한 작품들을 살폈다. 지금부터는 그린 이가 누구인지 알 수 없는, 향촌 화풍이나 지역 화풍 또는 변방 화풍에 의한 작품들을 살피기로 하자.

국립중앙박물관 소장품인 《금강산 10폭 병풍》은 내금강, 외금강, 해금강을 하나로 그렸다. 구성이 뒤섞인 것은 병풍으로 장황을 할 때 순서를 잘못 배치해버린 까닭이다.

우선 계곡을 따라 나뉘는 구역의 위치를 연결시키려다보니 내금강이 있어야 할 제7폭에 외금강 만물상 구역을 끼워넣었다. 또한 외금강 구룡연 구역은 제1폭과 제10폭으로 떼어놓았는데 이 둘을 연결하면 내금강—외금강—해금강이 하나의 고리처럼 잘 연결되어 있음을 알 수 있다. 이처럼 뒤섞여 있음에도 불구하고 각 폭을 자연스럽게 연결시켜 그렸음을 보면 금강산의 구성을 환히 알고 있는 작가의 작품이 분명하다. 제1폭은 신계사와 다리가 돋보이고 제2폭은 삼일포가 두드러져 보인다. 여백이 많기로는 제3폭의 총석정과 제4폭의 단발령이다. 총석정은 푸른 바다를, 단발령은 구름 바다를 여백으로 설정해 쾌적하다. 제6폭은 화폭 중앙을 차지하고 있는 긴 만폭팔담이 땅을 가르는 듯 신기하다. 경물이 두드러진 작품을 고른다면 제10폭의 구룡폭이다. 화폭 전체를 압도하는 폭포의 흐름이 장엄하다.

개인 소장품으로《금강산도 10폭 병풍》은 색채 없이 오직 먹 한 가지만으로 묘사한 작품이다. 화폭 대부분을 1만 2천 개의 뾰족한 바위 기둥인 골산으로 채우고 최하단은 나무와 숲을 품는 흙의 산인 토산으로 채웠다. 무엇보다도 골산을 모두 서 있는 사람의 형상으로 묘사했다는 사실이 경탄을 자아낸다.

역시 개인 소장품으로 1862년 7월에 관허자觀虛子란 인물이 그린《금강전후팔경총도》는 전에 본 적 없는 구성법을 사용했다는 점에서 금강산 회화사상 매우 귀중한 작품이다. 화폭을 펼치면 가로 길이가 2미터 73센티미터에 이른다. 너무 길어서 여섯 폭으로 나누었다. 화폭 왼쪽 제6폭 상단에 '금강 전후팔경 총도'라는 제목을 쓴 뒤 '임술지추칠월'壬戌之秋七月이라고 했다. 임술년은 18세기에 1742년, 19세기에는 1802년과 1862년 두 번이다. 20세기의 작품이라면 1922년이다. 여기서는 19세기 후반인 1862년을 채택하는데 비단의 재질이나 채색 안료를 분석하지 못한 조건에서 임의로 그렇게 하였다.

재미있는 것은 제6폭 중단의 추지령楸芝嶺과 상단의 첫 시작인 통천 총석곶叢石串이 연결되는 지점이다. 상중하 3단 구도를 채택해 각각의 경물을 배치하는 설정으로 구성 방식에서 매우 독창성이 넘치는 작품이다. 상단은 해금강을 아우르는 관동십경, 중단은 외금강의 극히 일부와 내금강의 중심부, 하단은 내금강의 서쪽

제10폭 외금강 구룡연 구역

• 주요 지명
청련암
백련암
구룡폭

제9폭 내금강 만천 구역

• 주요 지명
정양사
표훈사
삼불암

제8폭 내금강 비로봉 구역

• 주요 지명
비로봉

제7폭 외금강 만물상 구역

• 주요 지명
만물초
온정각

제6폭 내금강 만폭 구역

• 주요 지명
월출봉
혈망봉
보덕굴
만폭팔담
흑룡담
비파담
벽파담
분설담
진주담

미상, 《금강산 10폭 병풍》, 113.8×347.4, 종이, 19세기, 국립중앙박물관.

| 제5폭 내금강 만전 十억 | 제4폭 단발령 망 금강 | 제3폭 해금강 총석정 구역 | 제2폭 해금강 삼일포 구역 | 제1폭 외금강 구룡연 구역 |

- 주요 지명
  망군대
  장안사

- 주요 지명
  단발령

- 주요 지명
  사선대
  총석정
  금란굴
  통헌암

- 주요 지명
  해금강
  동귀암
  서구암
  해산정
  삼일포

- 주요 지명
  옥류동
  금강문
  사선정
  보광암
  신계사

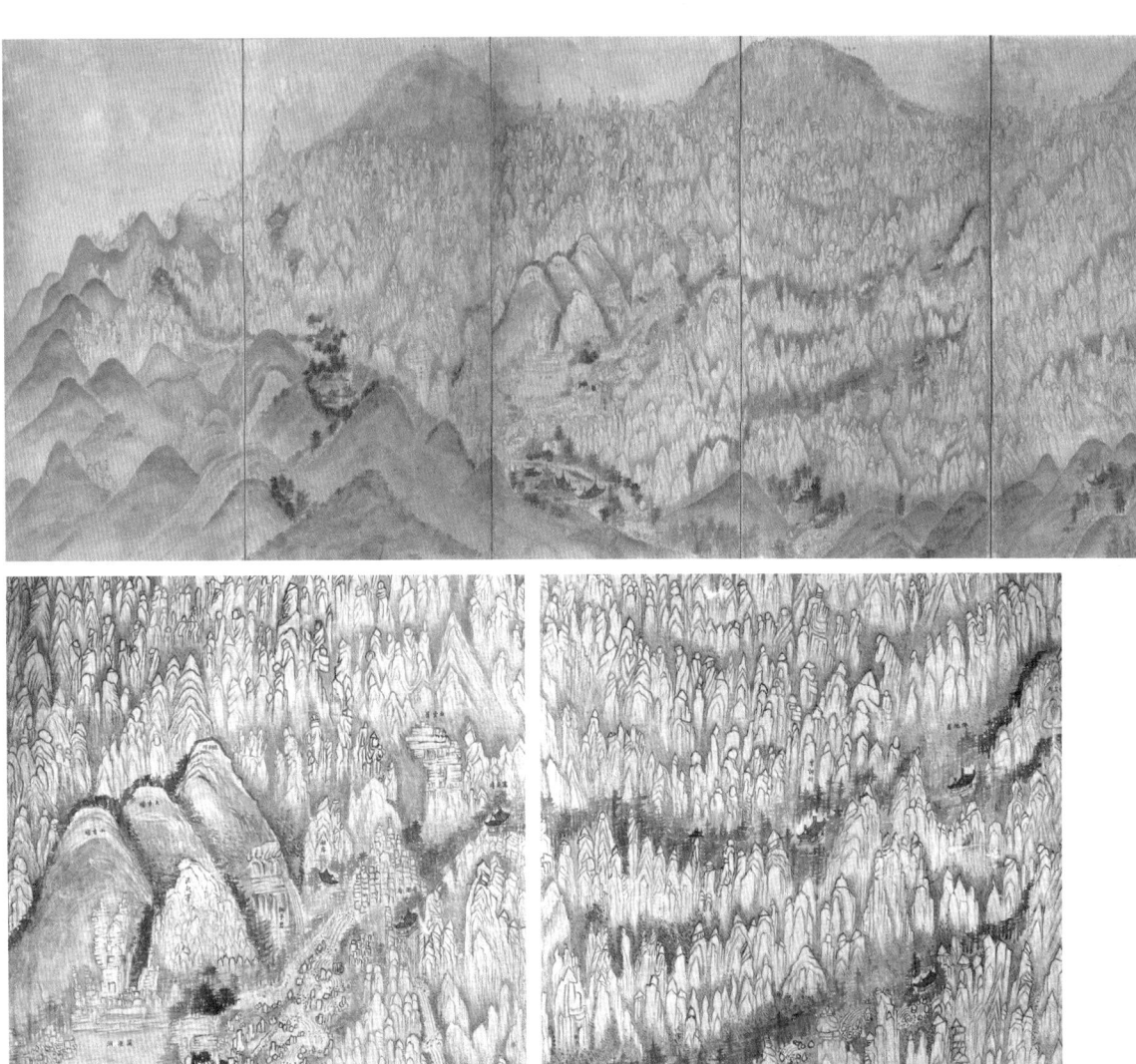

미상, 《금강산도 10폭 병풍》, 123.2×593.5, 종이, 19세기, 개인.

제6폭 　　　　　　　제5폭 　　　　　　　제4폭

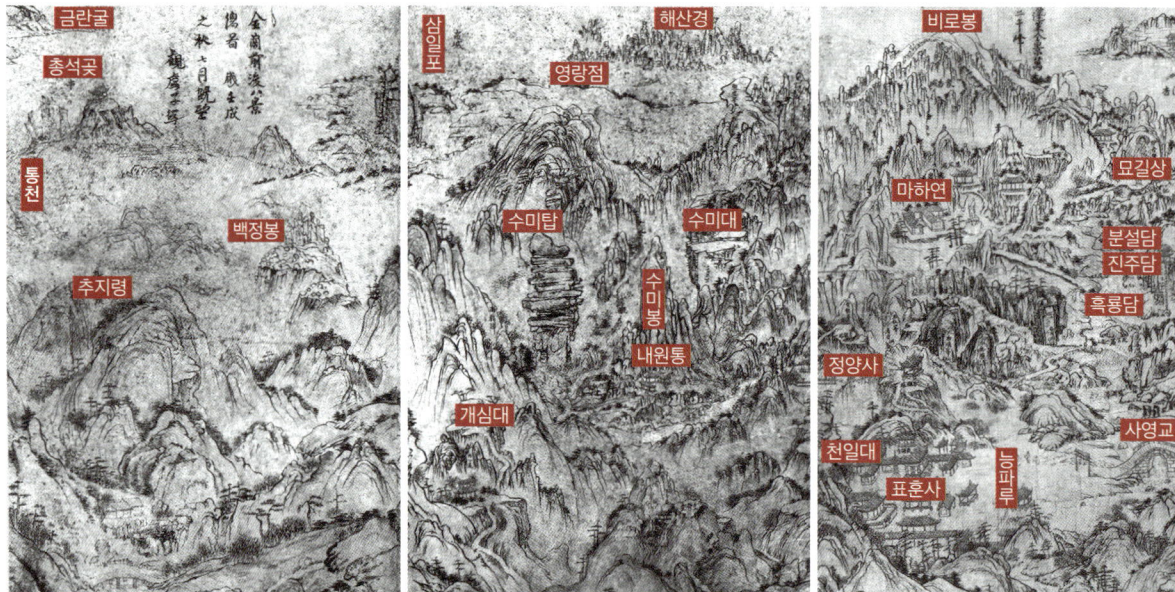

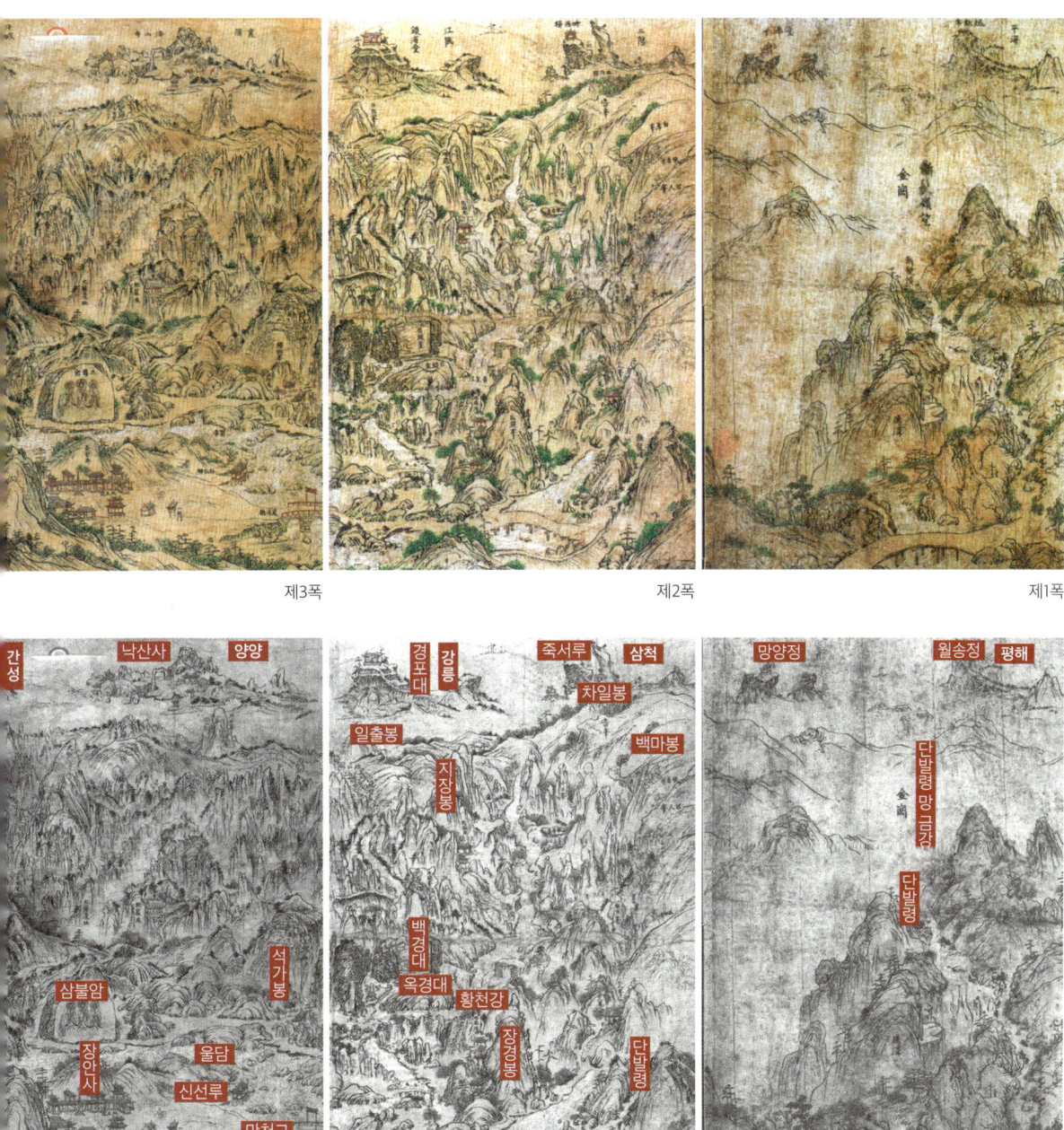

관허자, 《금강전후팔경총도》, 67×273, 비단, 1862, 개인.

제8폭 총석정

제7폭 구룡폭

제6폭 금강문

제5폭 비로봉

제4폭 보덕암　　　　제3폭 삼불암·표훈사·정양사　　　　제2폭 장안사　　　　제1폭 단발령

미상, 《금강산도 8폭 병풍》, 각 77.9×33.5, 종이, 19세기, 개인.

미상, 〈지옥문〉,《금강산 8폭 병풍》, 82.5×44.5, 종이, 19세기, 호암미술관.

미상, 〈진불암〉,《금강산 8폭 병풍》, 82.5×44.5, 종이, 19세기, 호암미술관.

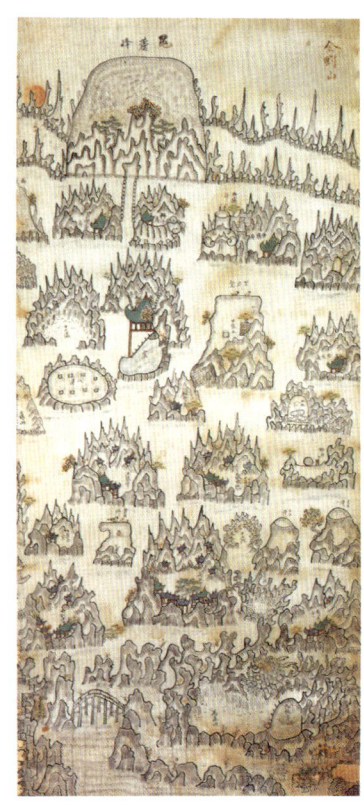

미상, 〈금강산도〉, 126.2×56, 종이, 19세기, 호암미술관.

일대를 그렸다.

개인 소장품인 《금강산도 8폭 병풍》은 맨 오른쪽 제1폭에 단발령으로부터 장안사, 삼불암·표훈사·정양사, 보덕암, 비로봉, 금강문, 구룡폭을 거쳐 마지막 제8폭은 총석정으로 끝을 맺었다. 깔끔하고 단아한 필법과 채색을 구사하여 안정감 넘치는 아름다움을 연출한 이 작품은 지역 혹은 변방 화풍의 빼어난 수작이다.

호암미술관 소장 《금강산 8폭 병풍》 중 〈지옥문〉과 〈진불암〉 두 폭은 여러 가지 경물을 이리저리 조합하는 구성 방식과 사물의 형태에 따라 그 필법과 채색을 달리하여 미묘한 율동감을 드러낸 수작이다.

역시 호암미술관 소장품인 〈금강산도〉는 실제 생김새와 무관한 형태를 열거해놓은 작품이다. 각각의 경물을 한덩어리로 만들고 사방 연속무늬처럼 차곡차곡 배열하는 방식을 취해 내금강의 전모를 한눈에 볼 수 있도록 했다. 최상단에 가장 높은 비로봉을, 최하단에 만폭동과 구룡담을 배치했다. 화폭 중앙에는 아래부터 백천동, 장안사, 표훈사로 시작해 도솔암, 사자암에 이르기까지 늘어놓았다. 바위는 먹선과 담채로 감싸놓았고 건물은 초록 지붕에 빨간 기둥을 선택해 눈부시다. 경물들 곳곳에 각양각색의 나무들도 눈에 띄고 지팡이를 든 사람들도 여러 가지 자세를 취한 채 움직이고 있어 활기가 넘친다.

금강을 그린 화가들, 다녀온 인물들

이 책은 조선시대 금강산을 유람한 이들이 남긴 글과 그림에 빚지고 있다. 본문에 필요한 대로 그들의 유람 경위에 대해 밝혀두긴 하였으나, 읽기 전 미리 파악을 해두면 가늠을 하는 데 도움이 될 듯하여 책에 등장하는 주요 인물들에 대해 밝혀둔다. 순서는 경중이 아닌 가나다 순에 따랐다. 각 인물 옆의 이미지는 초상화가 있는 경우에는 초상화를, 본문에 실린 그림 가운데 그린 이로 추정되는 인물이 있다면 그 부분을 실었다. 그 외에는 본문에 실린 그림 가운데 그린 이의 그림 한 점의 일부를 실었고, 관련 그림이 없는 경우는 생략하였다.

강세황 姜世晃, 1713-1791 — 1

아호는 표암豹菴. 76살 때인 1788년 9월 금강산을 포함한 관동 유람을 다녀왔다. 당대의 도화서 화원 복헌 김응환, 단원 김홍도를 대동했는데 김응환과 김홍도는 관동 일대의 승경을 그려오라는 정조의 명을 받은 처지였다. 여기에 막내아들 강빈도 함께 했는데 그는 김홍도와 동갑내기 친구였다. 마침 첫째 아들 강인이 금강산 초입 지역인 회양부사로 재임하고 있었으므로 유람의 조건은 완벽했다. 이때의 결실로 그는 기행문 「유금강산기」와 더불어 6점의 실경화를 묶은 《풍악장유첩》과 〈피금정〉을 남겼다. 강세황은 18세기 미술사의 새로운 시대를 열어간 거장으로 비평과 창작을 겸전한 당대 절정의 화가이자 비평가였다. 특히 그 문하에서 단원 김홍도와 자하 신위를 배출했다.

2 — 김금원 金錦園, 1817-1853

어린 나이에 여자의 신분으로 여행을 실행한 김금원은 의지와 열정으로 넘치는 인물이었다. 1830년 3월 원주를 출발해, 제천·단양을 거쳐 금강산과 설악산을 유람했다. 여행한 지 20년이 흐른 1850년 「호동서락기」를 탈고했다. 여행을 다녀온 이후 기생으로 지내다 김덕희의 소실이 되었다. 거기에 그치지 않고 그는 한양에서 같은

처지의 여성 부용 김운초, 경산 김경춘, 박죽서 그리고 화가 죽향과
더불어 삼호정시사를 결성, 문예 활동을 펼쳤다.

3 김시습 金時習, 1435-1493

아호는 매월당梅月堂. 1460년 봄 한양을 출발해 가을까지
금강산과 설악산, 오대산과 관동 땅을 유람했으며 여행기
「유관동록」을 남겼다. 「유관동록」은 산문 여행기가 아니라 모두 경물을 읊은
시편이다. 백세의 스승으로 추앙 받아 마땅한 생육신의 한 사람으로 평생 국토를
유람하였고 숱한 시편을 읊었으며『금오신화』를 저술했다. 그가 남긴『매월당집』은
남효온의『추강집』과 더불어 영원한 고전이다.

4 김유성 金有聲, 1725-?

아호는 서암西巖. 39살 이전에 금강산 유람을
다녀온 듯하다. 도화서 화원 화가로 39살
때인 1763년 제10회 통신사로 일본에 갔을 때
현지에서 금강산과 관동 승경을 그려주었기에
그렇게 보고 있다. 그때 그린〈금강산〉이
일본 시스오가 현 세이켄시에 소장되어
있다. 통신사행 때 부산의 화가 탁지 변박과
동행했으며 일본에서는 남화의 대가 이케노
다이가와 교유했다. 남아 있는 작품도 많지
않고 기록이 없어 행적도 알
수 없지만 탁월한
기량을 발휘한
실경화가였다.

5 김윤겸 金允謙, 1711-1775

아호는 진재眞宰. 46살 때인 1756년, 58살
때인 1768년 두 차례에 걸쳐 금강산 및 관동
유람을 다녀 온 듯하다. 국립중앙박물관
소장품으로 선면화인〈진주담〉이 1756년
작이고 화첩《봉래도권》은 1768년 작이기
때문이다. 조선후기 집권 250년을 누린
명문세가 장동김문의 서자로 태어나
1764년부터 1770년까지 7년 동안 사재감 주부
및 소촌찰방을 역임했을 뿐 생애 내내 국토
유람을 그치지 않았다. 이를 통해 전국 각지의
숱한 실경을 그렸으며 모든 작품이 한결같이
전에 없는 기법과 감각으로 신실경의 세계를
구현해낸 걸작이다.

6 김응환 金應煥, 1742-1789

아호는 복헌復軒. 1788년 9월부터 금강산을 포함한 관동 유람을 다녀왔다. 이때 일행은 선배로 당대 예원의 총수 표암 강세황과 후배로 천재 화원 단원 김홍도 그리고 강세황의 막내아들이자 김홍도의 벗 강빈이 함께 했다. 김응환이 여기에 낀 까닭은 친분 관계도 있겠으나 일찍이 1772년 김응환이 누군가의 금강산 그림을 모사한 〈금강전도〉를 김홍도에게 선물로 주었던 때부터 시작한다. 그뒤 1788년 강세황, 김홍도와 함께 유람하고서 그린 김응환의 방대한 화첩《해악전도첩》이 전해온다. 김응환은 개성김씨 화원 명문가를 일군 도화서 화원으로 조카 김득신, 김석신, 김양신과 사위 이명기, 장한종이 모두 저명한 화가다.

7 김창협 金昌協, 1651-1708

아호는 농암農巖. 1671년 8월 11일 한양을 출발해 금강산을 유람하고 9월 11일 한양에 돌아왔다. 이때의 여행기「동유기」를 남겼다. 조선후기 250년을 집권한 명문세가인 장동김문 출신으로 이른바 육창 형제의 둘째다. 아버지가 사사를 당한 이후 관직에서 물러난 뒤 다시는 출사하지 않았다. 퇴계 이황과 율곡 이이의 학문을 절충하여 18세기 철학의 새로운 단계를 제시하였다.

8 김하종 金夏鍾, 1793-1875년 이후

아호는 유재蕤齋. 1815년 금강산 유람을 다녀왔다. 그뒤 1865년에 한 차례 더 다녀왔는지는 알 수 없다. 국립중앙박물관 소장품으로 1815년에 그린 화첩《해산도첩》, 개인 소장품으로 1865년에 그린 화첩 《풍악권》이 전해온다.《해산도첩》과《풍악권》은 무려 50년 차이를 두고 그린 것인데 구도는 거의 같지만 수법이 완연 다르다. 김하종은 개성김씨 화원 명문가 출신의 긍재 김득신의 셋째 아들이며 형 김건종, 김수종이 모두 화원이다. 19세기 도화서 화원 세계를 휩쓴 단원화풍을 계승한 적장자였으나 만년에 온전히 자신만의 화풍을 확립해 거장의 반열에 올라섰다.

9 김홍도 金弘道, 1745-1805

아호는 단원 檀園. 44살 때인 1788년 정조의 명으로 관동 승경 사생 여행을 다녀왔다. 스승 표암 강세황, 선배 복헌 김응환과 벗 강빈이 함께 했다. 이때 김홍도는 승경지마다 밑그림인 초본을 그렸고 귀경한 이후 이를 바탕 삼아 작품을 완성했다. 초본은 지금 《해동명산도》라는 화첩으로 묶여 국립중앙박물관 소장품으로 전해오고 또 완성본은 《해산도첩》 혹은 《금강사군첩》이라는 화첩으로 묶여 개인 소장품으로 전해오고 있다. 김홍도는 경기도 안산 단원에서 태어나 스승 강세황으로부터 배운 뒤 상경하여 정조의 눈에 들어 왕의 화가로 군림하였다. 조선 오백 년 역사상 가장 뛰어난 기량을 과시한 천재로서 산수화에서 의경은 물론 실경화 분야에서 새로운 시대를 열었다. 이뿐만 아니라 초상을 제외한 인물화의 거의 모든 분야, 다시 말해 신선도·고사화·평생도·기록화·춘의도에서 전무후무한 걸작을 즐비하게 탄생시킨 최대의 거장이다.

10 남효온 南孝溫, 1454-1492

아호는 추강 秋江. 1485년 4월 15일 한양을 출발해 윤4월 20일 온정리를 떠나 귀경했다. 이때의 여행기 「유금강산기」는 매월당 김시습의 「동유기」와 더불어 가장 널리 읽히는 금강산 여행기의 고전이다. 남효온은 죽림칠현을 자처한 생육신의 한 사람으로 세상을 떠난 뒤 부관참시를 당했다. 문집 『추강집』은 김시습의 『매월당집』과 더불어 영원한 고전이다.

11 성제원 成悌元, 1506-1559

아호는 동주 東洲. 1531년 5월 8일 금화를 출발해 금강산을 유람하고 25일 금화에 도착했다. 금화현감 재직 중인 장인을 만나러 갔다가 함께 금강산을 여행했으며 이때 「유금강록」을 남겼다. 1519년 기묘사화를 목격하면서 관직 진출의 꿈을 포기하고 평생 학문에 탐닉했다. 만년에 천거되어 보은현감만을 지냈지만 임기를 마친 뒤 다시 은일의 삶을 보냈다.

12

세조 世祖, 1417-1468

세종의 둘째아들로 수양대군으로도 익숙하다. 1466년 3월 16일 세조와 왕비, 세자가 모두 한양을 출발하여 금강산 유람을 마치고 윤3월 24일 한양에 도착했다. 그 기록은 『세조실록』에 실려 있고 이를 발췌하여 「어가동순록」으로 정리했다. 세조는 어린 조카 단종과 단종비 정순왕후를 폐위시킨 뒤 스스로 즉위했으며 끝내 단종을 사사했다. 왕권 강화와 더불어 불안한 정국을 수습한 이후 국정 운영 기반인 법전을 편찬하고 관제 개혁, 국방 강화, 직전제 실시와 같은 업적을 이루었다.

13

심동윤 沈東潤, 1759-1825년 이후

아호는 백운白雲. 1822년 64살의 나이에 양양부사로 부임해 금강산 일부와 관동 승경을 유람했다. 이때 그린 실경을 묶은 것이《백운화첩》으로 관동대박물관에 소장되어 있다. 경기도 수원에서 생활하다가 50대 이후 관직에 나갔고 여러 관직을 전전하던 중 때마침 양양부사가 되어 자신만의 화풍을 개발하여 이채로운 실경을 여러 점 그렸다. 1818년 늦은 나이에 출사하여 예조좌랑, 병조정랑을 거쳐 1824년 부사과를 끝으로 이후 행적은 묘연하다.

14

심사정 沈師正, 1707-1769

아호는 현재玄齋. 1738년 8월 이창효 일가와 함께 금강 유람을 다녀왔고 1754년 아버지 3년상을 마치고 또 한 번 다녀왔다. 별도의 화첩으로 묶어 오는 건 없지만 〈장안사〉, 〈보덕굴〉, 〈만폭동〉을 비롯 금강산을 소재로 하는 작품이 여러 곳에 소장되어 있다. 한양 일대의 실경을 그린 〈경구팔경도〉가 여러 점 전해온다. 소론당파 명문 세가였지만 할아버지의 영조 시해 미수 사건으로 가문이 몰락하여 아버지와 더불어 평생 화가로 살아갔다. 개성에 넘치는 호방한 필법과 화사한 색채로 타의 추종을 불허하는 독자한 걸작을 즐비하게 남겼다. 겸재 정선과 더불어 18세기 회화의 황금 시대를 수놓은 쌍벽으로 군림한 거장이다.

15
안중식 安中植, 1861-1919

아호는 심전心田. 1918년 7월 손병희, 권동진, 오세창과 더불어 금강산 여행을 다녀왔다. 3·1민족해방운동을 7개월 앞두고 그 주역과 함께 한 여행이었다. 유람보다는 결속을 다지며 거사를 구상하는 일정이었고 따라서 안중식이 이때 금강을 그린 그림은 〈명경대 망 왕자성〉만이 전해온다. 왕자성은 나라 잃은 신라의 마의태자가 국권 회복을 꿈꾸던 터전이었다. 젊은 날 사회운동가로 맹활약을 해온 안중식은 일제강점 이후 미술문화에 전념하여 서화협회를 조직하고 숱한 제자를 배출했다. 20세기 6대가, 10대가가 모두 심전 문하에서 나왔다. 정교하고 화려하며 안정감에 넘치는 그의 화풍은 20세기 초 고전 형식을 완성한 시대 양식의 전범이다.

16
엄치욱 嚴致郁, 1770년 무렵-?

아호는 관호觀湖. 언제 누구와 금강산 여행을 다녀왔는지 알 수 없다. 〈구룡폭〉, 〈묘길상〉과 같은 금강 실경이 국립중앙박물관 소장품으로 전해온다. 기록이 드물어 생애를 알 수 없지만 충청도 단양팔경은 물론 그가 살던 한양 실경도 전해오고 있다. 1795년 화성 성역에 동원되었을 때 훈련도감 소속이었고 다음 해에는 화성성역의궤청 화사, 1804년 인정전 영건도감 의궤 제작 때는 방외화원으로 참가하였다. 도화서 화원으로 나가지 않은 화가였으며 단원 김홍도의 화풍을 따르는 19세기 단원화풍계보에 속한다.

17
윤제홍 尹濟弘, 1764-1845년 이후

아호는 학산鶴山. 1796년 전후 시기에 관동 승경을 유람한 듯하다. 1795년 9월부터 1798년 6월 사이 강원도 인제군 기린찰방을 재임했을 때의 일이 아닌가 싶다. 다만 강원도 흡곡 앞바다에 솟은 천도를 그린 작품이 개인 소장품으로 1844년에 성첩한 《학산구구옹첩》에 포함되어 있으므로 그의 유람 시기는 정확한 게 아니다. 윤제홍은 단양팔경은 물론 제주도 실경을 비롯 다양한 실경을 남겼다.

무엇보다도 손가락에 먹을 묻혀 그리는 지두화가 드문데 윤제홍은 그 지두화가의 생애를 살았으며 그로 말미암아 당대의 으뜸이라는 칭호를 얻었다. 19세기 미술사가 다양성의 시대로 나아갈 수 있었던 그로 말미암은 덕분이다. 거장 중의 거장이었다.

18 이건필 李建弼, 1830-1872년 이후

아호는 석범石帆. 언제 누구와 금강산 여행을 다녀왔는지 알 수 없다. 홍익대박물관 소장품으로 〈금강산경내외전면〉이 전해오고 있다. 평안도 암행어사, 제주도 안핵사를 거쳐 형조참판에 이르렀으며 1872년 사행단 부사로 청나라에 다녀왔다. 그 이후 행적은 알 수 없다. 서화에 뛰어나 묘향산 극락전이며 석왕사 편액 글씨를 남겼고 초상과 화조화에도 기량을 발휘했다.

19 이곡 李穀, 1298-1351

아호는 가정稼亭. 1349년 8월 14일 송도에서 출발해 금강산을 유람하고 9월 21일 울진 월송에서 송도로 출발했다. 이때 「동유기」를 남겼다. 원나라를 오가며 두 나라에서 모두 역량을 인정받은 관료이자 학자였으며 「죽부인전」을 비롯한 숱한 시편을 남겼다. 그의 아들 목은 이색은 조선 초 성리학 부흥의 길을 연 최대의 학자로 성장했다.

20 이만부 李萬敷, 1664-1732

아호는 식산息山. 1727년 무렵 금강산을 유람했다. 특히 「금강산기」, 「금강산총기」, 「우서금강산기후」 등 세 편의 여행기를 남겼지만 일시를 밝히지 않아 자세한 내역은 알 수 없다. 식산 이만부는 어린 시절 아버지가 북청 유배를 떠났을 때 모시고 함께 다녀온 이후 관직 진출을 포기했다. 학문과 제자를 육성하면서 34살 때인 1697년 경상도 상주로 이주했으며 1727년 금강산 여행을 다녀왔다. 공재 윤두서, 옥동 이서와 어울리며 서화를 논평하기를 즐겼다.

이방운 李昉運, 1761-1822년 이후   21

아호는 기야箕野. 언제 누구와 금강산 여행을 다녀왔는지 알 수 없다. 호암미술관 소장품으로 〈금강산도〉가 있는데 내금강 전체를 한 화폭에 담은 대작이다. 평양을 뜻하는 기야 이외에도 20개나 되는 아호를 사용했는데 기야箕埜, 기로箕老, 기옹箕翁을 사용한 것으로 미루어 평양 출신이 아닌가 싶다. 현재 심사정의 먼 친척인데 심사정과 마찬가지로 평생 관직에 나가지 않은 채 그림에 탐닉하며 생애를 보냈다. 국민대박물관 소장품으로 단양 일대를 그린 화첩《사군강삼선수석》은 19세기 실경의 새로운 단계를 여는 걸작으로 가득하다. 1802년 가을 청풍부사와 함께 한 유람길에 그린 작품이다. 심사정, 강세황과 같은 이들의 뒤를 이어 소략하고 산뜻한 감각으로 개성에 넘치는 화풍을 구사하였다.

22
이상수 李象秀, 1820-1882

아호는 어당峿堂. 1850년 무렵 3월에 한양을 출발해 금강산 유람을 하고 4월에 귀경하였다. 이 때 「동행산수기」를 남겼다. 충청도 출신으로 어린 시절 상경해 출사했으나 하급 관료를 역임한 이후 다시는 나가지 않은 채 낙향해 회인과 공주에 거주하며 제자를 양성하고 학문에 힘썼다.

이의성 李義聲, 1775-1833   23

아호는 청류淸流. 1825년 7월부터 1830년 7월까지 강원도 흡곡현감으로 재임하는 중 1826년 금강산, 1828년과 1829년 두 차례 설악산을 포함한 관동 승경을 유람했다. 1826년에는 신임 강원도 관찰사 홍경모, 1828년에는 후임 관찰사 정원용, 1829년에는 신임 강원도 관찰사 이기연과 함께였다. 1826년 무렵에 그린 화첩《산수화첩》이 개인 소장품으로 전해오고 있다. 20점의 실경이 경쾌하고 시원하며 유려하고 곱다. 구도는 모두 단원 김홍도의《해산도첩》과 같지만 필법과 색채는 자신의 방식으로 바꿔 전혀 다른 세계를 연출하는 데 성공했다. 안동 일대를 소재로 하는 〈하외도 10폭 병풍〉도 국립중앙박물관에 전해온다. 서얼 출신으로 하급 관직을 전전하면서 1833년 온양군수 재임 중 별세했다.

24
이이 李珥, 1536-1584

아호는 율곡栗谷. 강릉에서 태어나 8살 때 경기도 파주로 이주해 수련했으며 13살 때 진사 초시에 합격했다. 19살 때인 1554년 3월부터 다음 해 봄까지 한 해 동안 금강산에 들어가 수련을 하면서 곳곳을 기행하였다. 마하연에서 시작해 여러 사찰과 암자를 다니며 수련과 유람을 거듭했다. 이때 장편시「풍악행」을 남겼다. 성리학의 주기론을 정립한 율곡 이이는 퇴계 이황과 더불어 성리학의 양대 산맥을 이루었다. 짧은 생을 살았으나 탁월한 관료이자 위대한 학자였으며 뒷날 기호학파의 비조로 추숭되었다.

25
이인문 李寅文, 1745-1824년 이후

아호는 고송유수관古松流水館. 언제 누구와 금강산 여행을 다녀왔는지 알 수 없다. 여러 점의 금강과 관동 승경 실경화가 전해오고 있다. 중인 가문에서 태어나 도화서 화원이 되어 단원 김홍도와 더불어 친교하며 쌍벽의 명성을 얻었다. 친가 쪽으로 임득명, 외가 쪽으로 김홍도가 먼 친척이다. 심사정의 빠르고 강렬한 선묘와 화사한 색채를 계승하여 청정하고 세련된 화법으로 개성 어린 양식을 구축했다. 당대 예원의 맹주 자하 신위는 이인문을 묘수妙手라 하였고 중인 예원의 중심인물인 마성린은 이인문을 명가名家라 일렀다.

26
이인상 李麟祥, 1710-1760

아호는 능호관凌壺觀. 1737년 가을에 강원도 인제현감 임안세 일행과 함께 금강산 유람을 다녀왔다. 이때 그린〈은선대〉가 간송미술관,〈옥류동〉이 개인 소장품으로 전해온다. 국립중앙박물관 소장품으로 1752년에 그린〈구룡연〉은 가느다란 선묘만으로 마치 거미줄 펼친 듯한 기법을 구사했는데 15년 전 유람의 기억을 되살린 추억의 실경개념화다. 이렇듯 누구도 하지 않은 필법을 구사하여 극단의 개성화풍에 이른 특별한 화가다. 서얼 출신으로 평생 하급 관료를 전전하면서 국토 유람을 즐긴 강직하고 소탈한 인물이며 당파성을 확고히 견지한 이념형 인간이었다.

27

이정귀 李廷龜, 1564-1635

아호는 월사月沙. 1603년 8월 1일 한양을 출발해 함흥에서의 임무를 마친 뒤 25일부터 단 사흘의 금강산을 유람하고 8월 30일 표훈사를 출발해 귀경했다. 예조판서로서 오랑캐의 침입을 수습하는 직임을 맡았다가 오랑캐가 물러갔다는 소식을 듣고 곧장 내금강으로 들어갔다. 이때 「유금강산기」를 남겼다. 월사 이정귀는 문장 명문가에서 출생하여 임진왜란 때 최고의 외교관으로 활약하였고 이후 좌의정을 역임하였을 뿐 아니라 관각 문학의 거장으로 명성을 떨쳤다.

28

정선 鄭敾, 1676-1759

아호는 겸재謙齋. 1711년, 1712년, 1747년 세 차례에 걸쳐 금강, 관동 승경 유람을 했다. 첫 유람 길은 누군지 알 수 없는 백석 일행과 함께했고 다음 해에는 금화현감으로 재직 중인 사천 이병연과 동행했으며 1747년엔 누군지 알 수 없는 송애 일행과 함께 했다. 국립중앙박물관 소장품인 화첩《신묘년풍악도첩》은 1711년, 간송미술관 소장품인 화첩 《해악전신첩》은 1747년에 그렸다. 이때 밑그림인 초본을 그렸을 것으로 짐작하는데 전해오는 초본은 없다. 세 차례나 유람한 만큼 특정 시기와 무관하게 여러 해에 걸쳐 금강, 관동의 실경을 많이 그렸다. 특히 금강산의 전체 풍경을 한 화폭에 담는 금강전경도를 오랜 기간 여러 차례에 걸쳐 그렸고 각 시대마다 변화된 모습을 보여주고 있다. 그 가운데 1752년에 그린 호암미술관 소장품인 〈금강전도〉는 금강산을 소우주로 구성한 타원형 전도라는 점과 숙성된 선묘와 세련된 채색, 완벽한 구도에 도달한 최고의 걸작이다. 몰락한 양반가 출신으로 출사해 하급 관직 및 지방 수령직을 전전하면서 국토를 사생해 나가는 가운데 조선 실경의 비조로 우뚝 섰다. 힘찬 필선과 농묵, 담채를 자유자재로 구사하는 가운데 짙고 넓은 필법을 결합시켜 오직 정선만의 겸재 양식을 이룩했다. 사후 '동방산수의 종장' 다시 말해 조선실경의 창시자란 영광스런 칭호를 얻은 18세기 제일의 거장이다.

29

정수영 鄭遂榮, 1743-1831

아호는 지우재之又齋. 1797년 가을, 1803년 9월 두 차례에 걸쳐 금강·관동 승경 유람을 다녀왔다. 첫 번째 유람은 친구 여춘영과 함께했다. 이때 밑그림인 초본을 바탕 삼아 두 해 뒤인 1799년에 그린 화첩《해산첩》은 동원 이홍근이 기증하여 지금 국립중앙박물관에 소장되어 있다.《동국지도》를 제작한 지리학자 정상기의 증손자로 자라난 정수영은 표암 강세황의 경쾌하고 자유로운 화풍을 계승하여 스스로 개발한 기법을 숙성시켜 아무도 도달하지 못한 경지에 이르렀다. 평생 관직에 나가지 않은 채 국토를 유람하며 숱한 실경을 그렸다. 국립중앙박물관 소장품인 화첩《한임강명승도권》은 1796-1797년 사이에 한강과 임진강을 선상 유람하며 그린 특별한 작품으로《해산첩》과 더불어 조선실경만이 아니라 회화사의 영원한 걸작이다.

30

정충엽 鄭忠燁, 1725-1800년 이후

아호는 이곡梨谷. 언제 누구와 금강, 관동 승경 유람을 다녀왔는지 알 수 없다. 간송미술관 소장품으로〈헐성루 망 만이천봉〉과 개인 소장품으로〈명연〉과 같은 작품이 전해온다. 표암 강세황을 따른 표암 집단의 일원으로 종7품 내의원침의를 역임한 의원 가문의 중인 출신이며 서화에 탐닉했는데 전해오는 작품이 많지 않다.

31

정황 鄭榥, 1737-1800

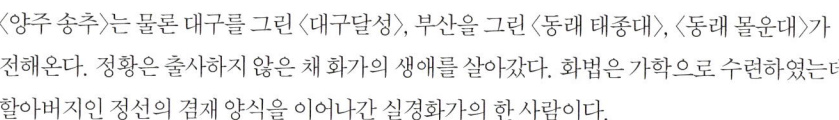

아호는 손암巽菴. 언제 누구와 금강산 유람을 다녀왔는지 알 수 없다. 개인 소장품으로〈장안사〉,〈보덕굴〉과 같은 작품이 전해온다. 겸재 정선의 큰아들 정만교의 아들이다. 한양 백악산을 그린〈대은암〉이며〈양주 송추〉는 물론 대구를 그린〈대구달성〉, 부산을 그린〈동래 태종대〉,〈동래 몰운대〉가 전해온다. 정황은 출사하지 않은 채 화가의 생애를 살아갔다. 화법은 가학으로 수련하였는데 할아버지인 정선의 겸재 양식을 이어나간 실경화가의 한 사람이다.

32
최북 崔北, 1712-1786

아호는 호생관毫生館. 1742년 금강과 관동 승경유람을 다녀왔다. 유람 직후 자신의 이름을 식埴에서 북北, 자는 칠칠七七로 바꿨는데 깨우친 바 있어 인생의 전환점으로 삼은 듯하다. 국립광주박물관에 〈표훈사〉, 평양 조선미술박물관에 1779년 작인 〈금강전도〉, 〈금강총도〉, 개인 소장품으로 언제 그린 것인지 알 수 없는 〈헐성루 망 금강〉이 전해온다. 10대 때 현재 심사정에게 나아가 그림을 배웠고 1747년 화가 이성린과 함께 통신사행에 선발되어 일본에 다녀왔다. 1786년 중인 예원 최대시사인 송석원시사에 참여했다. 성격이 괴팍하고 천성이 오만하여 많은 일화를 남겼지만 성호 이익의 칭송을 얻었다. 당대의 문인 신광하의 기록에 따르면 시장에 그림을 내다팔며 생계를 이어나가는 등 불우한 생애를 견딘 자유인이었다.

33
허균 許筠, 1569-1618

아호는 교산蛟山. 연대를 알 수 없지만 금강산을 유람한 이후 여행기 「풍악기행」을 남겼다. 강릉의 명문가 양천허씨 가문 출신으로 관동 승경을 무대로 자라났다. 임진왜란 당시 세자 광해군의 분조에 가담했고 이후 외교관으로 활약했으며 신분과 계급을 초월하는 행적을 전개해 반역죄로 끝내 처형당했다. 그는 시대를 앞선 개혁 사상가이며 그가 남긴 숱한 저술은 조선 문예의 역사를 일변시킨 고전이 되었고 그 이름은 역사상 가장 위대한 대문호로 남았다.

34 허필 許佖, 1708-1768

아호는 연객烟客. 1744년 금강, 관동 승경 유람을 다녀왔다. 이때 그린 선면화 〈금강전도〉가 고려대박물관에 전해온다. 그 뒤에도 1759년 〈묘길상〉, 1764년 〈헐성루 망 만이천봉〉을 그렸다. 1735년 진사시에 입격해 성균관 유생 시절 모두가 허필의 선면화가 아니면 손에 쥐질 않을 정도로 인기가 드높았다. 관직에 나아가지 않은 채 평생 가난했으나 긍지와 기개가 드높은 처사였다. 안산에 자주 내려가 성호 이익, 표암 강세황을 비롯한 이들과 어울렸으며 탁월한 시서화삼절로 칭송 받은 자유인이었다.

01

한양을 떠나 금강을 향하여

조선의 철학자 농암 김창협은 금강산을 유람한 뒤 이를 기록한 「동유기」東遊記는 이렇게 시작한다.

> "어린 시절부터 금강산 이름을 들을 때마다 한 번 유람하길 원했다. 이토록 동경하면서도 생각해보면 금강산은 마치 하늘 위에 있는 별세계처럼 사람마다 갈 수 있는 데가 아닌 것만 같았다."

그 별세계를 향해 한양을 출발한 게 1671년 8월 11일이었다. 행낭에는 당나라의 시선집 몇 권과 여행기인 『와유록』을 챙겼다. 그는 그 당시 일반적인 유람 경로를 따라 단발령을 넘어 내금강 곳곳을 다니다가 내무재령을 넘어 외금강 은선대 구역의 유점사를 거쳐 백천교로 나가 해금강의 삼일포에서 해안선을 타고 총석정을 만난 뒤 금강산 최북단 백정봉 구역의 추지령을 넘어 회양 땅으로 들어와 9월 12일 비로소 한양으로 돌아왔다. 약 한 달여에 걸친 대장정이었다. 유람을 다니는 동안 그의 소감은 어땠을까.

> "어제는 내가 금강산을 보고 '반평생 본 산들은 모두 흙더미요 돌무더기일뿐'이라고 하였더니, 지금 또 여기 총석정을 보고 '반평생 본 물들은 다 도랑물에 소발자국에 찬 물일 뿐'임을 깨달았다."

금강산에서 머지 않은 강원 강릉에서 태어난 사상가 율곡栗谷 이이李珥, 1536-1584 또한 금강산 여행을 원했다. '이름만 들어도 사모했고, 꿈에

서도 금강산을 보았다'고 고백했을 만큼 간절한 소망을 품었다. 결국 1554년 3월부터 다음 해 3월까지 꼬박 한 해 동안 금강산에 들어가 살았던 그는 감격에 겨워 장편시 「풍악행」을 남겼다. 그는 금강산이야 말로 '물은 천지의 피가 되었고, 흙은 하늘과 땅의 살이 되었다. 흰 뼈가 쌓이고 쌓인 곳에는 저절로 높은 산이 만들어졌으니, 맑고 고운 기운이 모인 산'이라고 썼다. 그리고 단 두 문장으로 금강산을 정의했다.

"이 산은 하늘에서 떨어져 온 것으로, 세속에서 생겨난 산이
　아니라네"

그때나 지금이나 금강산은 무려 1만 2천 봉우리가 솟아올라 그 사이로 흐르는 계곡은 헤아릴 수 없다. 그 속을 떠도는 유람객은 세상에 없는 것을 보는 행운을 누릴 수 있다. 그러나 우리는 갈 수 없다. 그러나 우리는 갈 수 있다. 옛사람들이 남겨놓은 그림을 통해서 그러하다. 그 첫걸음은 한양에서 금강까지 우선 출발하는 것이다.

옛사람들의
금강 가는 길

내금강, 외금강, 해금강으로 나누는 금강

　금강은 크게 내금강, 외금강, 해금강으로 나눈다. 이 가운데 내금강과 외금강을 구분하는 기준은 중앙 최고봉인 비로봉이며 비로봉 서쪽 지역 일대를 내금강, 동쪽 지역 일대를 외금강이라고 부르며 해금강은 동해안 일대를 가리킨다는 것은 앞서 말한 바 있다. 이는 다시 몇몇 구역으로 나뉜다. 내금강은 크게 만천 구역·만폭 구역·태상 구역·명경대 구역·망군대 구역·백운대 구역·비로봉 구역·구성 구역 등 여덟 개 구역으로 이루어져 있고, 외금강은 백정봉 구역·선창 구역·천불동 구역·온정 구역·수정봉 구역·만물상 구역·구룡연 구역·선하 구역·발연소 구역·송림 구역·은선대 구역 등 모두 11개 구역으로 이루어져 있다. 마지막 해금강 구역은 총석정 구역·삼일포 구역·해금강 구역으로 이루어져 있다.

　20세기 말부터 21세기 초까지 약 10여 년 동안 남한 주민에게 개방했던 금강산 관광 당시 주요 경로는 동해안의 고성군 온정리에서 시작하는 것이었다. 그러니까 동쪽 외금강에서 서쪽 내금강으로 향했다. 하지만 고려 때 개성 사람과 조

* 금강의 구성

영역	구역명
내금강(8구역)	만천 구역, 만폭 구역, 태상 구역, 명경대 구역, 망군대 구역, 백운대 구역, 비로봉 구역, 구성 구역.
외금강(11구역)	백정봉 구역, 선창 구역, 천불동 구역, 온정 구역, 수정봉 구역, 만물상 구역, 구룡연 구역, 선하 구역, 발연소 구역, 송림 구역, 은선대 구역.
해금강(3구역)	총석정 구역, 삼일포 구역, 해금강 구역.

- 외금강의 온정 구역을 제외하여 10개 구역, 해금강의 총석정 구역 및 삼일포 구역을 제외하여 1개 구역으로 분류하기도 한다.
- 내금강의 구성 구역, 외금강의 선창 구역·천불동 구역은 실경화가 전해오지 않는다.

선 때 한양 사람들이 향했던 금강산 유람 경로는 그 반대였다. 개성 또는 한양에서 출발해 금강산을 향해 나아갔기 때문에 대체로 금강의 서쪽 끝에 있는 단발령을 넘어 동쪽 외금강을 향했다.

조선시대 한양 사람들이 금강산으로 가는 길은 경기도 포천을 지나 강원도 철원에 들어서 금화, 평강, 금성, 창도, 회양을 거쳐 단발령에 이르는 것이었다. 명문세가의 자제였던 위대한 철학자 농암 김창협은 1671년 총 31일 동안 금강산 유람을 다녀왔는데, 그는 이때의 기록을 비교적 상세하게 남겼고, 여러 차례 금강을 다녀온 겸재 정선은 승경지마다 그림을 남겨두었다.

조선시대 금강산 유람 경로

금강산 유람을 다녀온 농암 김창협은 자신의 여정을 비교적 상세히 기록했다. 오늘날까지 금강산 여행기 가운데 고전으로 알려진 그의 기록, 즉 「동유기」에 드러난 유람 경로는 대략 다음과 같다.

한양 → 포천 화적연 → 철원 삼부연 → 금성 피금정 → 단발령 → 금강 말휘리 → 장안사·극락암·백천동·삼일암·울연·백화암·표훈사·천일대·정양사·헐성루·천불암·수미봉·향로암·만폭동·금강대·보덕굴·진주담·벽하담·마하연·은선대·유점사·백천교 → 고성 해산정 → 칠성암 → 삼일포 → 통천군 → 옹천 → 문암 → 통천읍 → 총석정 → 통천읍 → 용공사 → 추지령 → 회양

1671년 8월 11일 아침 김창협은 부모에게 인사를 마친 뒤 한양을 출발해 동대문을 나가 축석령祝石嶺을 넘었다. 그날 하늘은 높고 바람은 맑은데 구릉과 들판이 고요했다. 축석령은 지금 포천시 소흘읍 이동교리인데 축석령굴을 뚫어놓았고 구리포천고속도로가 뻗어나간다. 이곳에서 하룻밤을 보낸 뒤 12일 김창협은 포천 양문리 역참에서 점심을 먹고 떠나 저녁에 철원 풍전 역참에 도착했다. 오늘날 철원공설운동장 앞길이다. 다음 날인 13일에는 길을 재촉해 어느덧 김화 생창리 역참에 도착해 점심 식사를 마치고 또 부지런히 걸어 금성읍에 이르러 그곳 현령과 저녁을 어울렸다. 이곳은 북한 땅이어서 지금은 어찌 변했는지 알 수 없다. 다음 날 창도군 역참에서 점심, 저녁에는 회양 땅인 산안읍 역참에 도착해 밤을 보냈다.

금강 일대를 많이 그린 겸재 정선의 1711년 금강산 유람 경로는 다음과 같다. 괄호 안은 추정이다.

한양 → 포천 화적연 → 철원 삼부연 → 금화 화강백전·수태사동구 → 평강 정자연 → 금성 피금정 → 창도 맥판 → 단발령 → 금강 말휘리 → 장안사·백천동 명경대·정양사·표훈사·만폭동·보덕굴·비로봉·혈망봉·불정대·구룡연·백천교 → 고성읍 해산정 → 칠성암 → 해금강 → 삼일포 → 문암 → 통천군 → 옹천 → 천불암 → 총석정 → 흡곡현 → 시중대 (→ 용공사 → 추지령 → 회양)

길 안내는 누가, 먹고 자는 건 어떻게?

금강산 유람은 인력과 예산 없이 할 수 없는 일이다. 현지에서 동원하는 인력은 거의 대부분 해당 구역마다의 승려였다. 그 승려를 지로승指路僧 또는 남여승藍輿僧이라고 불렀다. 지로승은 경로를 가리키는 안내역이고 남여승은 가마꾼이다. 남여藍輿는 작고 가벼운 가마다. 이들은 각 사찰에 배치되어 다른 구역으로 넘어갈 때까지만 수행했다. 그 경계는 고개다. 이를테면 내금강에서 외금강의 유점사로 넘어가는 고개인 내무재령內霧在嶺이라 부르는 내수점內水岾 또는 안문점鴈門岾이 그곳이다. 내금강 구역은 장안사·표훈사·정양사 승려의 몫이고, 외금강 구역은 신계사·유점사 승려의 몫이었다.

비용 지불에 관한 기록은 없으므로 어찌 했는지 알 수 없다. 농암 김창협이 「동유기」에 유점사 승려 숫자가 무려 1천 명이며 그들이 다 재물을 챙겼다고 쓴 대목을 보면 승려를 동원하는 비용을 지불했음을 알 수 있다. 하지만 시대가 흘러 유람객이 급격히 증가함에 따라 남여꾼의 원성이 커가는 것으로 미루어 비용을 지불하지 않고 마구 동원하는 유람객들도 크게 늘어난 것 같다. 그러므로 승려들의 부담은 더욱 늘어만 갔고 고통은 더욱 깊어만 갔다.

만폭동 구역의 전설이 전해온다. 거만하기 그지없는 한 관리가 표훈사에서 만폭동으로 가는 도중에 멋진 풍경을 여유 있게 즐기기는커녕 좀 더 빠르게 가자고 끊임없이 재촉했다. 두 명의 표훈사 남여꾼 승려는 지쳐 죽는 것보다 떨어져 죽는 게 낫다며 그 관리를 남여에 태운 채 낭떠러지에서 진주담에 몸을 던져 함께 저 세상으로 향했다.[1] 그래서였을까. 평생 관직에 나가지 않은 선비 지암遲庵 이동항李東沆, 1736-1804이 1791년에 쓴 「해산록」을 보면 국가가 나서서 단발령 일대의 백성이 내야 하는 세금을 면제해주었다. 또 해당 지역 관아에서도 관련 조치를 취해 여러 가지 배려를 하고 있었다.[2]

권문세가 출신이라면 권력의 위세 또는 지역 수령과의 긴밀한 인연으로 부족함 없이 인력을 동원할 수 있었다. 물론 어떤 경우에도 군사를 동원하지는 못했다. 그 지역 수령이라 해도 말이다. 오직 왕만이 군사를 동원할 수 있었다. 1466년 2월 금강산 순행에 오른 세조의 경우처럼 말이다.[3]

유람단 구성은 어떻게 이루어졌을까. 홀로 가는 경우는 극히 드물었겠지만 경우마다 크게 달라 따로 어떤 기준은 없다. 남인당 명문세가 출신 식산 이만부의 경우를 보자. 그는 세 번째 유람길인 1727년 동료 백순百順과 유생인 듯한 박징최朴徵最, 문업술文業述을 수행시켰다. 그리고 차송기리次松綺里, 소옥룡素玉龍, 삽사리霎沙里 세 사람을 시종으로 대동했다.[4]

1603년 당시 예조판서 월사月沙 이정귀李廷龜, 1564-1635는 한양에서 출발할 때에 하인도 없이 오직 피리를 부는 적공笛工 함무금咸武金 한 사람만 대동했다. 그러나 공무를 마치고 금강산으로 들어갈 때는 유람단을 구성했는데 다음과 같다.

"예조판서 이정귀, 예조좌랑 이형원李馨遠, 아전衙前 장응선張應善, 적공 함무금, 화공 표응현表應賢, 우졸郵卒"[5]

우졸은 역참의 연락 임무를 맡고 있는 군졸인데 이정귀가 현임 예조판서였으므로 호위의 임무가 아니라 연락의 임무를 주어 수행단에 포함시킨 것이다. 그리고 사찰에서 남여와 남여꾼인 승려 여럿이 따라붙었다.

유람을 할 때 무엇보다 중요한 것이 교통 수단이다. 거의 대부분 말을 타거나 가장 가벼운 가마인 남여 또는 견여肩輿를 번갈아가며 이용하였고 이 두 가지 이용이 불가능한 지형에서는 직접 걸어 이동했다. 위험하므로 옷깃이 펄럭이지 못하도록 묶거나 꽂고 신발은 동여매며 지팡이를 만들어 짚었다. 그도 불가능할 만큼 험난한 지형에서는 홀로 걷기 어렵기 때문에 남여꾼이나 함께 수행하는 일꾼 및 승려가 부축했다. 마지막 수단은 허리에 줄을 묶고서 내리막에서는 뒤에서 당기고 오르막에서는 앞에서 당겼다. 1485년 금강산 유람을 한 시인 추강秋江 남효온南孝溫, 1454-1492은 유점사를 나와 온정리로 나갈 때의 교통 수단을 다음처럼 기록했다.

"나를 맞이하기 위하여 온정으로부터 말을 가지고 온 자를 만났다. 말을 타고 구점狗岾을 넘는데 길이 워낙 험악해서 혹은 말을 타기도 하고 혹은 걷기도 하며…".[6]

이 경우 말을 모는 말꾼, 가마꾼이 여럿 필요했다. 명문세가의 자제였던 위대한 철학자 농암 김창협이 1671년 금강산 유람을 했는데 남여꾼으로 승려 네다섯 명을 대동했다고 한다.[7] 금강산 남여꾼은 거의 승려였다. 김창협의 「동유기」에 유점사 승려가 '1천 명이나 되고 다 재물을 모아 가졌다'는 내용으로 미루어보면 유람객을 수행하는 일이 사찰과 승려를 풍성케 했던 듯하다. 그러니까 하나의 사업으로 번창했던 게다.

먹고 자는 일도 만만치 않았을 터였다. 금강산까지 가는 길의 숙소는 거의 역참驛站이었고 해당 지역 수령과의 친분에 따라 관아의 객사에서 해결하기도 했으며 때로는 민가에서 신세를 지기도 했다. 식산 이만부는 단발령을 넘어 주정촌揪亭村에 있는 김준보金俊保라는 주민의 집에서 하룻밤을 잤다고 한다.[8] 기록에는 없지만 당연히 비용을 치렀을 것이다.

산에 들어서는 순간부터는 사찰이나 암자에 묵을 수밖에 없다. 유람 기록 곳곳에 작은 암자들이 숱하게 등장하고 있는데 모두 숙소 역할을 하는 곳이었다. 1830년 봄 금강산 지장암에 들어간 김금원은 「호동서락기」에 다음처럼 묘사했다.

"지장암에 들어갔다. 승려들이 모두 흰색으로 여기저기 꿰맨 납의衲衣를 입고

서 열 개의 계단을 다투어 내려와 합장하고 절을 했다. 한 늙은 승려는 70여 살인데 본래 춘천 이씨 성을 지닌 사람이었다. 중에게 명하여 국수 한 그릇을 내오라 했다. 산길 오느라 시장하던 차에 아주 배불리 먹었다."[9]

이처럼 식사는 절에 머무를 때야 절밥을 먹었다. 이건 절집에 머물 때 이야기고 행군 도중에는 직접 지어먹어야 했다. 이를테면 현직 예조판서인 월사 이정귀 일행은 회양관아에서 출발할 때 사흘 동안 먹을 양식을 준비하고 밥은 하루 먹을 것만 싸서 각자 지참케 했다. 이런 준비는 도중에 밥을 지어먹는 관행에 맞춘 것이다. 특히 판서인 이정귀의 경우 인근 관아에서 밥을 지어올 수도 있으므로 그렇지 못하도록 조치를 취했기 때문에 들판에서 지어먹을 식량 지참이 필수였다.[10]

1531년 5월 동주 성제원의 「유금강록」을 보면 5월 15일 구룡연 구역 야외에서 승려 일행으로 하여금 점심과 저녁 두 끼를 짓게 했다. 저녁 식사를 마치고서 10여 리 떨어진 근처의 어느 암자를 찾았는데 승려가 떠난 지 이미 오래인 까닭에다 허물어져가는 초막이 되어버려 도저히 머무를 수 없었다.

"그래서 내가 너럭바위 위에다 나무를 베어 임시 가옥인 가가假家를 지었다. 나뭇잎으로 거적을 만들어 지붕을 덮고 또 나뭇잎을 너럭바위에 펴서 누울 자리를 만들어 바야흐로 취침하려 하였다."[11]

하지만 달빛 하늘과 구름, 봉우리와 숲에 폭포와 격렬한 여울이 희롱하므로 신명이 절로 났고 정신이 맑아져 잠을 이룰 수 없었던 성제원은 새벽녘에야 비로소 잠이 들었다고 한다. 성제원 일행은 다음 날 16일에도 이곳 초막에 머물렀다. 이곳에서 '향초를 캐고 마른 나무를 주워다가 밥을 지어 승려와 서로 머리를 맞대고 먹은 뒤 여러 곳을 다니다가 장대비를 만나 골짝이 물로 가득하여 한걸음도 뗄 수 없

었으므로 인근 집채만 한 석굴 바위 아래서 하룻밤을 자는 고생'도 해야 했다.[12]

이는 내금강, 외금강 구역 안에서 벌어지는 일이다. 해금강에 이르러서는 노숙을 하는 일은 없었지만 식사는 야외에서도 꽤 즐거운 일이었다. 추강 남효온은 옹천에 이르렀을 때 '하인을 시켜 미역을 따서 국을 끓이게 하고 석결명을 따서 소금에 구워 점심을 먹었다'고 했다. 그런가 하면 뜻밖의 호사도 있었다. '고성태수 조공趙公이 조부와 친구라서 후히 대우를 해주었으며 양양군수 유자한柳自漢이 같이 있으므로 반찬이 매우 푸짐하였다'는 것이고 게다가 다음 날 고성태수, 양양군수가 삼일포에 놀러가기에 동행하기도 했다는 것이다.[13] 이런 일은 관행이 아니라 인연에 의해 일어나는 뜻밖의 일이었을 뿐이다.

식산 이만부의 경우 고성에서 삼일포 구경을 갔을 때 '관아의 어린 하인 심용沈鏞이 동행한 백순을 위해 술을 가지고 와서 관아 기녀와 동행했고' 해산정으로 돌아온 뒤 '밤에도 어린 하인이 기녀를 데려와 풍악을 울리며 함께 연주를 하는가 하면 관아에서 술과 안주를 보내와 밤늦게까지 즐길 수 있었다'고 했다.[14] 기생은 모두 관아 소속이었고 따라서 이 일도 관행이 아니었다. 이만부의 경우에도 연회가 끝나면 모두 되돌려 보냈고 다시 일상으로 돌아왔다. 잠자리는 어린 하인과 한 방에서 청했다.

금강산 지리에 익숙한 승려를 동행시킬 재력이 없는 이들로서는 길이라도 잃으면 그곳이 어디인지 알 수가 없었다. 길이라고 해도 그곳이 정확히 어디쯤인지 알 수 없어 답답한 것은 매한가지였다. 이런 답답함은 비용을 지불하는 이들로서도 당할 수 있는 일이었겠다. 흥미로운 일이 내금강과 외금강 탐승길에서 일어났다. 1850년 무렵 유람을 한 어당 이상수는 「동행산수기」의 내금강 영원동 백탑을 찾는 대목에서 '승려들에게 속임을 당한다'고 썼다. 자신도 속아 엉뚱한 곳을 다닌 경험에 따른 지적이다.[15] 함께 동행하지 않고 말만 듣고 나섰다가 일어난 일이었다.

1945년 8월 강원도는 남북으로 나뉘었다. 서로 갈 수 없는 남과 북의 강원이 생긴 것이다. 그런 까닭에 1999년 강원도가 나서서 별도의 『북강원편람』을 편찬한 데 이어 2008년 증보편을 내놓았고[16] 또 강원도사편찬위원회에서는 2020년에 『북강원도사』 금강산 권역편을 두 권으로 편찬했다.[17] 궁금한 이들로 하여금 의문을 해소할 수 있게 한 것이다.

오늘날 남한 주민에게 금강산 일대를 유람하는 일은 불가능하다. 가능한 시절도 있었다. 1998년 11월 18일부터 금강산 관광이 시행되었다. 외금강 11개 구역 가운데 구룡연 구역과 만물상 구역 그리고 해금강의 삼일포 구역을 돌아볼 수 있었다. 내금강은 2007년 5월부터 일부 지역을 개방했다. 그러나 남한 주민들의 금강산 관광은 2008년 7월 중단되었다. 그뒤로 다시 가로막혀 있다. 남북의 정치 상황에 의해 좌우되는 금강산 여행은 남과 북이 화해 국면으로 진입할 때라야 가능할 것이다.

옛 그림 따라 떠나는
금강 유람의 첫 순간

한양을 떠나 경기도 포천을 거쳐 강원도 피금정까지

금강을 유람한 이들은 김창협과 정선 이외에도 많았다. 글을 쓰는 이들은 글로 기록을 남겼고, 그림을 그리는 이들은 그림으로 풍경으로 인한 감동을 남겼다. 한양을 떠나 금강에 이르기까지의 풍경 역시 예외가 아니었다. 주요 경로를 살펴보면 이러하다. 장소마다 그림이 전해지는 곳도 있고 아닌 곳도 있다.

먼저 화적연禾積淵은 경기도 포천 영북면 한탄강에 자리하고 있는 바위다. 볏짚단을 쌓아 올려둔 것같이 생겨 이런 이름이 붙었다. 보는 각도에 따라 무슨 동물 같기도 하여 여러 가지 상상을 불러일으키기도 한다. 생김새가 특별하기도 하지만 금강 가는 길목이어서 유람객이라면 대개 들르기도 했다.

강원도 철원군 갈말읍에 있는 삼부연三釜淵은 세 개의 가마솥 같은 웅덩이가 있어 생긴 이름이다. 이곳 폭포에 네 마리의 이무기가 살고 있었다. 그중 세 마리가 바위를 뚫고 하늘로 날아갔는데 그때 생긴 구멍에 물이 고여 세 개의 웅덩이가 생겼다고 한다. 이무기는 용이 되기 직전의 짐승이라고 한다. 폭포의 높이는 20미터로 양옆의 바위가 일품이다. 18세기 문예의 창신 시대를 연 삼연 김창흡이 이곳에 은거했는데 그의 아호 삼연은 삼부연에서 유래했다. 부근에 바위산을 뚫어 굴을 만들었는데 용화굴이다. 화적연과 삼부연은 북한 땅이 아니어서 언제나 갈 수 있다.

화강백전花江栢田은 강원도 금화읍 남쪽에 자리한 잣나무 숲이다. 1636년 청나라가 침략해 일어난 병자호란 때의 전쟁터였다. 이곳에서 치른 화강전투는 조선이 승리한 전투였다. 그런 까닭에 충성과 의리로 가득 찬 충혼의백忠魂義魄을 노래한 담헌澹軒 이하곤李夏坤, 1677-1724처럼[18] 18세기 사람들은 이곳을 지나며 전쟁을 떠올렸다. 화강은 김화의 강줄기이고 백전은 진터골 일대를 가리킨다. 수태사동구는 금화군 근북면 건천리에 있는 계곡이다.

정자연亭子淵은 평강군 남면 정연리에 자리한 정자다. 정자연은 철원군 갈말읍 정연리 한탄강 협곡에도 있다. 강 건너 병풍처럼 펼쳐놓은 절벽이 기이한 풍류를 일으킨다. 금강산의 아름다운 경치와 사찰 등 모두 75곳을 그린 19세기 화첩 《금강산도권》 중 〈정자연〉은 하늘에서 바라본 부감법을 사용했으며 따라서 일대의 경물과 멀리 산까지도 시야에 들어와 있다. 붓질도 가볍고 경쾌하며 먹도 연하게 풀어 사용했고 채색도 옅은 녹색과 노란색을 균질하게 사용해 담담하고 시원스럽다.

같은 화첩의 〈평읍〉은 평강읍을 소재삼아 그린 것으로 짐작한다. 철원군 북쪽, 금강산 가는 길목인 평강군은 벌판이 넓게 펼쳐진 고원 지대로 교통의 요지다. 그래서인지 이곳 사람들은 닭우리벌이라 부른다. 닭울음으로 미리 소식을 알리는 곳이란 뜻이다. 이곳에는 갑천甲川이 흐르는데 후고구려를 창업한 궁예弓裔, ?-918가 이곳 냇물가에 도착했을 때 철원 땅에서 반란이 일어났다는 소식을 들었다. 이에 시냇물을 건너려 갑옷마저 벗어던지고 도망을 쳤다. 그로부터 사람들은 이 시냇물을 갑천이라고 불렀다. 화폭을 보면 성곽의 문루며 정자와 연못은 물론 교통 도시답게 도로가 시원하다. 갑천도 제법 큰 강으로, 다리도 튼튼한 석교를 구축해놓았다. 분단 이후 갑천은 전승천이라는 이름으로 바뀌었다. 한국전쟁 전투 사정을 뜻하는 이름이다.

피금정은 금화군 금성리에 흐르는 남대천변에 자리하고 있다. 옷깃 풀어헤치는 정자라는 뜻이다. 금강산 유람객이라면 모두 이곳에서 행장을 한 번 풀어 쉬는 곳이다. 그래서인지 많은 이들이 화폭에 담았다.

가장 먼저 피금정을 그린 이는 겸재 정선이다. 1711년에 그린《신묘년풍악도첩》중〈피금정〉은 편안하고 부드러운 강변 풍경이다. 연초록 색채를 베풀어 온화함이 더욱 풍성해졌다.

단원 김홍도가 1788년에 그린《해산도첩》중〈피금정〉은 정선의 구도와 달리 남대천을 건너 피금정 안쪽으로 들어와 평지를 쫙 펼쳐두었다. 정자 옆으로 길게 뻗은 길도 보이고 또 정자에 올라앉아 있는 두 명의 선비도 보인다. 그 주변에 두 마리의 말이며 시중을 드는 이들도 여기저기 서성거린다.

바로 그 정자에 앉아 있는 인물 가운데 한 사람이 분명한 표암豹菴 강세황姜世晃, 1713-1791도 피금정을 그렸다. 1788년 표암 강세황의 큰아들 강인姜傦, 1729-1791이 회양부사가 된 데 이어 정조로부터 김응환과 김홍도가 관동 지역 사생 여행을 명 받았다. 이에 강세황이 그들과 함께 길을 나섰다. 이때 강세황의 나이 76살이었다. 강세황은 둘째 강빈姜儐, 1745-?과 셋째 강신姜信, 1767-1821을 거느리고 길을 떠났다. 1789년에 그린〈피금정〉은 실제 경치라기보다는 한 해 전 여행의 추억을 그린 것이다. 피금정과 그 일대의 거대한 산악과 주변의 마을까지 모두 아울러 화폭에 끌어당겼다. 화폭 최하단 왼쪽 구석에 죽장을 짚은 선비와 짐을 멘 시동이 보인다. 그 위로 꿈틀대며 솟아오른 언덕 반대편 아래 기슭에 몇 채의 초가들이 옹기종기 모여 있다. 그리고 언덕 꼭대기에 절집처럼 보이는 거대한 기와집이 숲속에 감춰져 있다. 절집 넘어 흐르는 강가에는 아주 작은 쪽배가 강을 건너고 있다. 화폭

미상, 〈정자연〉, 《금강산도권》, 26.7×43.8, 종이, 19세기, 국립중앙박물관.

미상, 〈평읍〉, 《금강산도권》, 26.7×43.8, 종이, 19세기, 국립중앙박물관.

정선, 〈피금정〉, 《신묘년풍악도첩》, 37.5×26.8, 비단, 1711. 국립중앙박물관.

김홍도, 〈피금정〉, 《해산도첩》, 30.4×43.7, 비단, 1788, 개인.

강세황, 〈피금정〉,
126.7×69.4, 비단, 1789,
국립중앙박물관.

이인문, 〈피금정〉, 21.5×35.5, 종이. 18세기, 개인.

김하종, 〈피금정〉, 《풍악권》, 30.9×49.7, 종이, 1865. 개인.

미상, 〈피금정〉, 《금강산도권》, 26.7×43.8, 종이, 19세기, 국립중앙박물관.

상단은 엄청난 크기의 산악으로 가득해 기이하기 그지없다. 평범한 산야의 경치를 이토록 거창하게 묘사한 까닭은 아마도 금강산 가는 마음가짐을 표현하고 싶어서였을 것이다. 그러니 정작 피금정은 그림 속에서 빼버렸던 게다.

김홍도와 동갑내기 화가 고송유수관古松流水館 이인문李寅文, 1745-1824이후이 그린 〈피금정〉은 한 장의 사진이다. 초록과 연두, 노란색을 아낌없이 칠해 풍경의 사실성을 더욱 돋보이게 하는가 하면 배경의 산봉우리에도 점과 색으로 음영을 드러내 사실성을 풍성하게 했다. 참으로 해맑고 아름답다.

한 세대 아래인 유재蕤齋 김하종金夏鍾, 1793-1875 이후의 《풍악권》 중 〈피금정〉은 이인문의 사실성을 계승했다. 먹은 물론 색깔과 선묘에 이르기까지 절제하되 눈에 보이는 그대로 그렸다. 그러니 나무들이 즐거워 춤추는 듯 밝고 명랑한 기운으로 가득하다. 《금강산도권》 중 〈피금정〉은 김홍도의 〈피금정〉과 거의 같다. 다른 경물은 똑같아도 이상할 것이 없지만 정자의 두 선비와 그 아래 두 명의 일꾼 그리고 그 아래쪽으로 나귀 두 마리와 말꾼 두 명까지 같아서 김홍도의 작품을 임모한 것이 분명하다.

피금성을 떠나 맥판을 거쳐 회양 땅에 이르나

맥판麥坂은 창도군昌道郡에 있는 땅으로 금성과 회양 사이 송포진松浦津을 맥판진이라 했다고 한다. 보리밭 나루를 뜻하는 맥판진은 말도 걷지 못할 정도로 울퉁불퉁한 돌이 심하게 널려 있었다고 하는데 그 아래로 물길도 거세서 매우 험한 곳이었다. 김홍도의 《해산도첩》 중 〈맥판〉을 보면 화면 중앙 산꼭대기에 느닷없이 타원형의 널찍한 평판이 보인다. 일부러 산을 깎아 개간한 보리밭, 다시 말해 맥판 같기도 한 것이 기묘하기 그지없다. 어디 그뿐이랴. 그 옆으로 길고 긴 오르막길이

김홍도, 〈맥판〉, 《해산도첩》, 30.4×43.7, 비단, 1788, 개인.

가파르다. 화폭 하단을 보면 강물을 가로지르는 다리 또한 신기하다.

농암 김창협이 신안 역참에서 출발해 회양읍에 도착했다. 회양 수령 석문石門 임규任奎, 1620-1687가 아버지의 친구여서 객사로 맞이해주었다. 그 다음 날 밤풍경을 김창협은 다음처럼 묘사했다.

"때마침 보슬비가 멈추고 달빛 유난히 밝아 공께서 나를 위해 가객을 불러 한 곡조 불게 하니 그 소리 간드러져 황홀했다.[19]

16일 읍에서 15리 거리인 회양의 명승 취병대翠屛臺로 유람을 갔다. 그 산수를 '아름답기가 그림과 같다'고 묘사한 김창협은 그곳 계곡에서 다음처럼 놀았다고 썼다.

"바위 위에 앉아 술을 한 순배 돌릴 때 따라온 사람이 잣과 산포도를 따와 먹었다. 그리고 또 시내에 그물을 던져 은빛 물고기를 연이어 잡아내므로 그 역시 재미있다. 온종일 놀다 저녁놀 질 즈음에야 돌아왔다."[20]

1788년 김홍도 등과 함께 회양읍에 도착한 표암 강세황은 《풍악장유첩》 중 〈회양관아〉, 〈학소대〉, 〈무관령〉, 〈백산〉 네 점을 그렸다. 건물과 산은 물론 나뭇잎에 이르기까지 사진을 찍은 듯 정밀하게 묘사했다. 먹만 사용해 그려서인지 안 그래도 담담한데 그림 안에 사람의 자취 하나 없어 적막하기 그지없다.

강세황의 제자 김홍도의 회양 땅 풍경은 다르다. 《해산도첩》 중 〈취병암〉은 분주하다 못해 번거로울 지경이다. 널려 있는 너럭바위 한가운데 네 명이 둘러앉아 있다. 이 바위가 바로 취병암인데 취병암 양쪽 산을 타고 바위가 탑을 쌓아 올리

강세황, 〈회양관아〉,《풍악장유첩》, 33×48, 종이, 1788, 국립중앙박물관.

강세황, 〈학소대〉,《풍악장유첩》, 33×48, 종이, 1788, 국립중앙박물관.

강세황, 〈무관령〉, 《풍악장유첩》, 33×48, 종이, 1788, 국립중앙박물관.

강세황, 〈백산〉, 《풍악장유첩》, 33×48, 종이, 1788, 국립중앙박물관.

김홍도, 〈취병암〉, 《해산도첩》, 30.4×43.7, 비단, 1788, 개인.

듯 솟구치는 것이 과연 이름 그대로 병풍을 펼쳐놓은 모습이다. 숱한 바위와 돌들이 제각기 떠들어대는 이야기 소리가 시끄럽고 거기에 온갖 색채를 옅게 덮어 빛깔마저 화사해졌다.

아아, 드디어 단발령에 이르러 금강을 마주하다

회양 수령에게 붙잡혀 18일까지 머물던 김창협은 도저히 참을 수 없어 19일에는 아침 일찍 행장을 차리고 나섰다. 추촌楸村에서 하루 자고 20일에 비로소 묵희령에 도달했다. 드디어 금강 땅에 다다른 것이다. 지체할 일이 없었다. 김창협은 「동유기」에 묵희령과 철이령鐵伊嶺을 넘어 장안동으로 나아갔다고 했다.

묵희령, 다시 말해 머리를 깎는 고개란 뜻의 단발령 고개에 올라서는 순간 그 누구에게 듣지 않아도 금강임을 깨우칠 수 있는데 그래서 김창협은 '문득 나의 몸과 마음이 훨훨 날아가는 듯했다'[21]고 토로했다.

단발령은 금강군 신원리와 창도군 장현리 경계에 자리한 833미터 높이의 고개다. 단발령이란 이름은 『신증동국여지승람』에 '단발령에 올라서 금강산을 보면 머리 깎고 중이 되고 싶은 마음이 절로 든다'고 해서 지은 이름이라고 기록하고 있지만[22] 그 기원은 신라의 마의태자다. 망국의 태자였던 그가 화려한 태자의 옷을 벗고 삼베로 만든 옷을 걸친 채 이곳에서 삭발을 한 것이 그 기원이라고 한다. 또한 조선시대 때 조카 단종의 왕위를 찬탈한 세조의 이야기도 전해온다. 단발령에 이른 세조가 자기도 모르게 그만 머리를 깎기 시작했는데 곁에 있던 신하가 아뢰자 정신이 들어 그만두었다고 한다. 하지만 상투 밑의 깎은 부분이 단정해졌다. 그뒤로 사람들은 상투를 틀 때면 아래를 깎았다는 것이다.

스스로 자신을 금강산 사람이라고 하여 아호를 금원이라 했던 시인 김금원은 14세 때인 1830년 3월 어느 날 단발령에 올랐다. 눈앞에 펼쳐진 금강산을 보고 그저 '옥이 서 있고 눈이 쌓인 곳'이라고 표현할 수밖에 없었다.[23] 그보다 300년 전인 1531년 5월 동주 성제원이 단발령을 넘어 철이령을 지나 커다란 시내에 이르렀다. 이때의 기분을 그는 「유금강록」에 다음처럼 토로했다.

> "붉은 비탈과 푸른 산 그림자는 맑은 물결에 거꾸로 지고 푸른 버들이며 흰 모래는 십 리나 돌고 있어 아름다운 땅의 그윽한 경치는 이미 인간세계가 아니다."[24]

내금강의 휘황함이 한눈에 들어오는 단발령을 넘어서면 말휘리의 금강천을 만난다. 금강천을 건너가면 다시 철이령 고개를 넘는다. 다시 동금강천을 건너 금강천 지류를 따라 한참을 가면 드디어 내강동의 장안사로 진입한다.

정선이 그린 단발령은 모두 네 점이다. 1711년 첫 사경 여행 때 그린 《신묘년풍악도첩》 중 〈단발령 망 금강산〉은 왼쪽 상단의 금강산과 오른쪽 하단의 단발령 그리고 그 사이에 구름이 흐른다. 1만 2천 개의 바위가 뾰족하게 치솟아 뼈와 같다고 해서 골산이요, 흙으로 뒤덮여 나무와 숲이 우거져 살과 같다고 해서 육산이다. 그 둘을 가르는 구름바다인 운해가 신비롭다. 화폭을 자세히 들여다보면 단발령에 모인 사람들이 보인다. 선비 다섯 명을 포함해 일꾼까지 열 명이 넘는다. 나귀는 보이지 않지만 사람들 사이에 남여 두 대가 놓여 있다. 나귀는 이곳까지 오르는 게 힘겨울 수밖에 없었지만 가마야 사람이 메고 움직일 수 있기 때문이다. 신분이 높거나 연로한 인물은 가마를 타고 나머지 사람들은 예까지 걸어올 수밖에 없었다. 그 당시 36살이던 정선은 신분도 낮고 젊었으니 걸었을지도 모르겠다. 이 여행의 주인인 백석 노인과 더불어 함께 가마를 탄 인물이 누구인지 궁금하다.

그로부터 36년이라는 긴 세월이 흘러 72세의 정선은 1747년 봄 세 번째 금

정선, 〈단발령 망 금강산〉, 《신묘년풍악도첩》, 39×34.5, 비단, 1711, 국립중앙박물관.

정선, 〈단발령 망 금강〉, 《해악전신첩》, 24.4×32.2, 비단, 1747, 간송미술관.

정선(전), 〈단발령 망 금강〉, 54.4×42.4, 비단, 18세기, 이건희 기증, 국립중앙박물관.

정선, 〈단발령〉, 《겸재화》, 19.2×25, 비단, 1747년경. 개인.

강산 여행을 떠났다. 이때 그린 그림이 화폭 중앙 상단에 '학무아문지인'이라는 소장인이 찍혀 있는 〈단발령 망 금강〉이다. 학무아문은 1894년 갑오개혁 때 신설한 교육행정관서였다. 젊은 날 창안한 구도를 그대로 되풀이했지만 이번에는 단발령에 오르는 길을 좀 더 길고 가파르게 그렸다. 인원도 선비 두 명에 일꾼 세 명으로 단촐하다. 여기 두 명의 선비 중 한 명은 어쩌면 송애松厓라는 인물인지도 모르겠다. 송애는 정선이 이때 그린 《해악전신첩》의 주인이기 때문이다. 이 무렵 그린 것으로는 2022년 이건희 기증으로 국립중앙박물관 소장품이 된 〈단발령 망 금강〉이 있다. 글씨의 필체나 먹을 다루는 필치가 낯설다고 하여 전칭작이라는 견해도 있는데 흐르는 구름이 눈길을 끌고, 안정감 넘치는 구도와 묘사로 말미암아 그윽한 작품이다.

개인 소장 화첩 《겸재화》 중 〈단발령〉은 그 옅고 가벼운 묘사와 화제의 바쁜 필치로 미루어 현장 사생본이다.

이처럼 거의 비슷한 구도를 평생 반복한 정선을 보면 단발령을 표현하기에 더 이상 좋은 방법이 없다고 믿었던 것 같다. 다른 후배 화가들에게도 마찬가지였다. 1788년 강세황, 김홍도와 함께 사생 여행을 했던 복헌 김응환이 그린 《해악전도첩》 중 〈단발령〉도 필법이나 묵법은 크게 다르지만 구도 전반은 정선의 원형을 모범 삼은 것이다.

김응환의 〈단발령〉에서는 '之' 자 형의 길 위에 골고루 퍼져 있는 유람객 행렬이 색다르다. 고개 꼭대기에는 세 명이 금강을 가리키며 이야기를 나누며 모여 있고 길의 맨 꼬리 쪽에는 남여를 올라탄 선비 일행이 전진하는데 힘겨운 소리가 들리는 듯하다. 이들 중간에도 세 사람이 거리를 두고서 앞서거니 뒤서거니 허리를 굽힌 채 걸음을 재촉하고 있다.

고송유수관 이인문이 그린 〈단발령 망 금강〉도 전해온다. 그 어떤 기록도 남아 있지 않아 이인문이 금강산 여행을 언제 어떻게 다녀왔는지 알 수 없다. 다만 무르익은 필치로 보아 중년 이후일 듯하다. 이인문은 먼저 화폭을 옆으로 길게 늘어뜨렸다. 단발령은 화폭 오른쪽 하단 구석으로 바짝 밀어놓은 뒤 멀리 금강산은 구름 위에 감춰진 하늘나라처럼 허공에 띄워놓았다. 감히 누구도 넘볼 수 없는 신비로운 공간처럼 보인다. 1만 2천 개의 봉우리를 짙은 먹으로 베풀어 안개 속에 스며들게 그리고 보니 몽환의 풍경이 따로 없다. 그에 비해 단발령의 형상은 나무와 바위가 매우 선명한 데다 또한 어깨에 짐을 잔뜩 멘 일꾼의 모습도 세속의 풍경 그대로여서 저 금강산과의 대비가 선명하다. 실로 금강을 그린 작품 가운데 아름다운 걸작이다.

유재 김하종이 1865년에 그린 《풍악권》 중 〈묵희령〉은 농암 김창협이 넘었다고 하는 묵희령을 소재로 삼은 것이다. 겸재 정선과 고송유수관 이인문과 같은 거장들이 앞서서 그린 단발령과 다르게 그려야 한다는 압박감에 고심을 거듭한 끝에 토해낸 또 하나의 절창이다. 단발령과 금강산 사이를 뚝 끊어놓지 않되 단발령은 짙은 먹과 채색으로, 금강산은 옅은 먹으로 이리저리 겹겹으로 흩어놓고보니 전혀 다른 모습의 풍경이 탄생했다. 차별화에 성공한 것이다. 그래서 '단발령'이라고 쓰지 않고 아주 힘찬 필치로 '묵희령'이라고 써넣었다.

《금강산도권》 중 〈단발령〉은 맑고 시원하며 아름다운 작품이다. 상단은 흰빛으로 반짝이는 돌산을, 하단은 옅은 먹물이 흐르는 흙산을 배치해 대비시켰시산 연노랑과 연분홍빛으로 물든 단풍나무를 능선이며 골짝마다 채워넣어 화폭 전체를 조화롭게 통일시키는 데 성공했다. 흥미로운 대목은 단발령에 막 도착한 유람객의 모습이다. 18세기의 그림과 달리 세 사람 모두 쓰러질 듯 금강산을 향해 기울어져 있다.

뒷날 형조판서를 여러 차례 역임한 육완당六玩堂 이풍익李豊翼, 1804-1887이 1825년 약관 22세의 나이에 화원을 대동하고 금강산과 관동 일대 여행에 나섰다. 대동한 화원으로 하여금 그림을 그리게 하고 자신은 기행문을 써서 이것을 함께

김응환, 〈단발령〉, 《해악전도첩》, 32×42.8, 비단, 1788, 개인.

이인문, 〈단발령 망 금강〉, 23×45, 종이, 18세기, 개인.

김하종, 〈묵희령〉, 《풍악권》, 30.9×49.7, 종이, 1865, 개인.

미상, 〈단발령〉, 《금강산도권》, 26.7×43.8, 종이, 19세기, 국립중앙박물관.

미상, 이풍익 편, 〈단발령〉, 《동유첩》, 20×26.6, 종이, 1825, 성균관대박물관.

묶었는데 오늘날 성균관대박물관에 전해오는 《동유첩》이 그것이다. 《동유첩》 중 〈단발령〉은 하단의 울창한 산과 상단의 바위봉우리를 크게 대비시켰다. 대비가 강렬해 아예 다른 세상처럼 나뉘고 말았다. 이 작품에서도 유람객 세 사람만 보일 뿐 나귀나 남여가 사라지고 따라서 일꾼도 보이지 않는다. 금강산 유람의 대중화가 이루어지는 19세기에 이르러 인원과 장비가 줄어드는 추세를 보여준다.

02

내금강, 우아미의 향연

단발령을 넘어 금강천을 건너고 철이령을 넘어 동금강천을 건너가면 맨 처음 마주하는 곳이 만천萬川 구역이다. 내금강의 시작이다. 내금강은 비로봉 서쪽 여덟 개 구역이다. 내금강의 최남단 지역인 만천 구역에서 출발해 북쪽으로 만폭 구역, 태상 구역 그리고 명경대 구역, 망군대 구역, 백운대 구역, 비로봉 구역이 펼쳐지고 최북단에 구성 구역이 매듭을 짓는다.

내금강의 숱한 계곡은 모두 금강천과 동금강천 두 개로 합류한다. 금강천은 길이 78킬로미터로 내금강 북쪽 구성 구역의 여러 계곡 지류가 흘러내려 신풍리 쑥밭으로 모인다. 온정령에서 발원해 흘러내리던 이곳 쑥밭 금강천에 합수한 물줄기는 서쪽으로 흐르다가 온정동리에서 남쪽으로 꺾여 단발령이 있는 말휘리를 거쳐 화천강으로 남하한다. 동금강천은 비로봉 서쪽의 여러 계곡에서 발원해 생긴 여러 물길이 장안동 장안사까지 흘러내려와 모인다. 장안사 앞에서 합수한 물줄기가 서쪽으로 흐르다가 철이령 고개에 막혀 남쪽으로 꺾인 뒤 회양군으로 남하해 결국 화천강과 합류한다. 화천강은 북한강으로 흘러간다.

다시 보면 금강천 상류 계곡이 흐르는 내금강 북쪽은 구성 구역이 자리잡았고 동금강천 상류의 여러 계곡이 흐르는 내금강 남쪽은 일곱 개 구역이 포진해 있다.

내금강은 비로봉 서쪽을 차지하고 있다. 비로봉 넘어 동쪽으로 외금강, 해금강이 연이어 펼쳐지고 있지만 예부터 사람들은 이 3대 금강 가운데 내금강을 핵심으로 여겨왔다.

내금강 가는 길은 크게 보면 세 가지로 설명할 수 있다. 고려시대 개성이나 조선시대 한양을 기준으로 삼는다면 으뜸가는 관문은 평강군, 금성군을 거쳐 단발령을 넘어 진입하는 길이다. 장안사와 표훈사를 거쳐 여러 구역을 다닌 뒤 비로봉에 올라 외금강으로 나아가는 것이다. 신라시대 경주를 기준으로 삼는다면 해금강에서 출발해 외금강 신계사나 유점사를 거쳐 내금강으로 넘어오는 것인데 그 길도 여러 갈래가 있다. 북쪽에서 들어가는 길도 있는데 이때의 관문은 금강군 신풍리 쑥밭마을이다.[1]

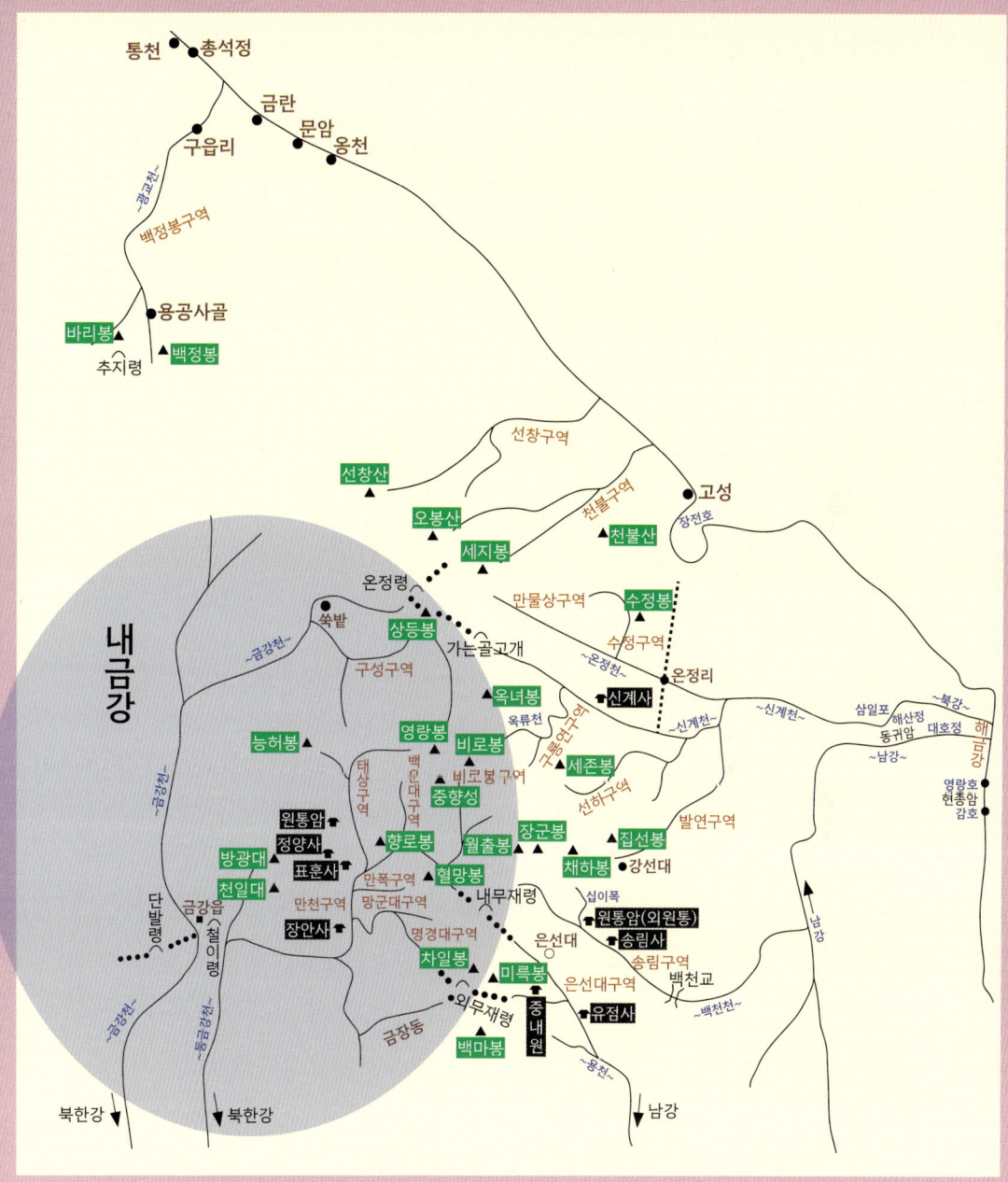

만천 구역,
내금강의 시작점

내금강의 기운이 모이다

　　내금강의 입구이자 최남단 지역인 만천 구역은 크게 내강동內剛洞, 금장동金藏洞, 장안동長安洞, 표훈동表訓洞 네 개의 동으로 이루어져 있다. 여기에는 동금강천 지류인 만천이 흐른다.

　　내강동계곡은 내강마을부터 만천교까지 1.5킬로미터이다. 신라의 장연사長淵寺 터에 3층 석탑이 대리석의 아름다움을 뽐내고 있다. 금장동의 금장사 터에는 사자가 몸체를 받들고 있어 사자탑이라고도 부르는 석탑이 있다. 장안사가 있어 장안동계곡으로 부르는 장안동에는 사람 우는 소리가 난다고 하여 울소라고도 하는 명연담과 세 부처가 새겨진 삼불암이 있다. 표훈사가 있어 표훈동계곡이라 부르는 표훈동은 삼불암을 지나 금강문까지 이르는 계곡이다. 표훈사에서 1킬로미터를 올라가면 바른 양지에 있는 절집이란 뜻의 정양사正陽寺가 있다. 금강산 정맥正脈에 위치해 있어 그렇게 이름을 지었다. 누정인 헐성루는 정양사의 정국政局이라고 하는데 실제로 금강의 모든 봉우리가 헐성루를 향하고 있어 실로 정양사는 금강의 기운이 모이는 중심이다.

장안사 터에서 울소를 향해 만천을 따라 올라가다보면 두 갈래로 갈라지는 곳이 나온다. 북쪽은 만천의 지류인 벽류로 바뀌고 벽류를 따라가면 표훈사, 정양사에 이른다. 만천 구역이다. 만천의 동쪽 지류는 백천인데 그 백천을 따라 가면 이어지는 계곡 전체는 명경대 구역이다.

장안사, 단발령 넘어 처음 마주하는 절집

농암 김창협은 단발령을 넘어 계곡을 지나고 있는데 장안사에서 몇 명의 중이 남여를 가져와 이걸 타고 장안사에 들어섰다. 일행은 이곳에서 하루를 머물렀는데 장안동 계곡에 접어든 감회를 김창협은 다음처럼 썼다.

"냇물은 맑고 층층을 지은 절벽은 기이하여 이미 속세와는 완연히 다름을 느꼈다."[2]

단발령에서 장안사까지 가는 길은 철이령을 지나 동금강천을 따라 내강동으로 이어진다. 내강동에서 남쪽으로 꺾어지면 금장동, 왼쪽으로 꺾어지면 장안동이다. 내강동 입구에는 신라시대 사찰인 장연사 터에 3층 석탑이 있고 또 남쪽 금장동에는 금장사 터에 사자탑이 있다. 하지만 이걸 그린 그림은 아직 못 보았다. 북쪽 장안동을 흐르는 만천에는 만천교가 있고 장안사로 들어가려면 이 다리를 건너야 한다. 내강마을에서 장안사까지 긴 물길은 양쪽에 소나무가 울창해 마치 굴속 같다. 잣나무, 전나무, 단풍나무도 섞여 있어 아름다움을 더하는 길이다.

장안사는 유점사, 신계사, 표훈사와 함께 금강산 4대 사찰의 하나지만 한국전쟁 때인 1951년 5월 6일에 파괴당해 지금은 터만 남아 있다. 신라시대 법흥왕法興王, 514-540이 창건했고 승려 진표眞表, 8세기가 중창한 절이다. 불교를 국가 종교로 채택한 법흥왕은 만년에 스스로 승려가 된 인물이다. 장안사 대웅보전에는 석가모니의 또 다른 현신인 비로자나불 불상을 봉안했다. 금강산의 주봉 이름을 비로봉이라고 지은 것을 보면 장안사가 금강산의 중심 사찰이었음을 알 수 있다. 장안사 북쪽에 위치한 표훈사와 함께 내금강 2대 사찰이다.

　장안사는 고려왕실은 물론 조선왕실의 비호를 받아 궁중에서 보내온 귀중한 보물이 넘쳐나는 절로 거듭났다. 특히 원나라로 시집을 가 순제의 왕후가 된 기황후奇皇后, 14세기가 장안사를 중창하여 전각이 무려 70채에 이르렀고, 부처 1만 5천 불을 봉안하고 보니 금강산 최대 사찰로 거듭났다. 유점사 또한 장안사와 더불어 기황후가 소원을 비는 원당願堂이었다.

　『홍길동전』의 저자로 널리 알려진 조선 문학사의 천재 교산蛟山 허균許筠, 1569-1618은 1603년 금강산을 여행하고서 「풍악기행」을 남겼다. 허균은 자신이 아낌없이 후원한 천재 화가 나옹懶翁 이정李楨, 1578-1607이 장안사 벽에 그린 사천왕상 및 금강산 실경을 노래한 시를 남기기도 했다.[3]

　단발령을 넘어 처음 마주하는 절집이어선지 아니면 이곳의 아름다움 탓인지는 알 수 없으나 무려 아홉 명의 화가가 14점의 장안사 그림을 남겼다. 숫자로만 봐도 화가들이 사랑한 풍경임에는 의심의 여지가 없다.

　가장 이른 작품은 역시 정선이 1711년에 그린《신묘년풍악도첩》중〈장안사〉다. 화폭을 크게 세 등분해서 왼쪽에는 흙산과 장안사, 오른쪽에는 돌산, 하단에는 만천교를 배치하고 그 사이로 콸콸 흐르는 시냇물인 만천을 그려 활기를 불어넣었다. 경물마다 적용한 기법도 다채로워 곱고 아름답다. 그뒤 1751년 작품은 건물을 제외하고 산수 풍경을 먹으로만 그려 원숙함을 보여주고 있는데 구도는 약간의 변화 이외에 크게 다르지 않다.

정선, 〈장안사〉, 《신묘년풍악도첩》, 37.5×36.6, 비단, 1711, 국립중앙박물관.

정선, 〈장안사〉, 《관동팔경 8폭 병풍》, 56×42.8, 종이, 1751, 간송미술관.

정황, 〈장안사〉, 37×28, 종이, 18세기, 개인.

정수영, 〈장안사동북제봉〉, 《해산첩》, 37.2×124, 종이, 1799, 동원 이홍근 기증, 국립중앙박물관.

그뒤 같은 곳을 그린 정선의 손자 정황의 경우 최하단에 만천교를 배치하는 방식은 정선과 동일하지만 장안사를 비롯한 일대의 경물을 구성하는 방식은 차이가 있다. 정황은 다리와 절집을 반씩 쪼개서 오히려 유람객을 부각시키는 방식을 선택했다.

만천교의 운명은 여기까지다. 정선과 정황이 갔을 때만 해도 그림에서 보이는 모습처럼 무지개가 떠 있는 모양의 비홍교 형태였다. 돌로 쌓아올린 것이 아름답다. 그러나 이후 정수영, 김응환, 김홍도, 김하종의 그림에서 비홍교는 온데간데없이 사라졌다. 숙종 때인 1691년 7월 만천의 거센 물길에 다리가 쓸려나가자 비홍교를 다시 세웠지만 한 세기가 흐른 뒤 또 다시 무너졌고 이후 다시는 비홍교의 아름다움을 볼 수 없었다. 그러니까 정황이 그것을 본 마지막 화가였던 셈이다. 물론 지금은 시멘트로 만든 만천교가 버티고 있다.

지우재 정수영에 이르러 금강산 그림은 커다란 전기를 맞이했다. 동원 이홍근 기증으로 국립중앙박물관 소장품이 된 장대한 규모의 화첩 《해산첩》은 세기가 끝나가던 1799년에 그린 걸작이다. 그 가운데 〈장안사동북제봉〉은 네 폭에 이르는 규모로 화폭 상단 오른쪽 구석에 '장안사동북제봉'이라는 제목이 쓰인 첫 쪽부터 보면 첫 봉우리에 장경봉, 두 번째 관음봉, 세 번째 석가봉을 그리고 봉우리 아래 기슭에 2층 누각인 신선루와 더불어 나한전과 같은 여러 전각을 열거했다. 마지막 네 번째 폭은 이름 없는 봉우리를 아주 작게 배치하고 나머지 전면을 여백으로 남겨두는 대담한 선택을 하고 있다. 또한 이미 앞에서 말한 바 《해산첩》은 회화사의 혁명인데 화폭의 상단과 하단을 텅 비우고 중단에 경물을 가로로 흐르게 하는 구성 또한 처음 보는 것으로 마치 악보를 보는 듯 율동감을 느낄 수 있다.

김응환의 《해악전도첩》 가운데 장안사 관련 작품은 세 점이다. 〈장안사 동구〉, 〈만천교〉, 〈장안사〉다. 만천의 다리를 건너는 나귀 탄 선비를 그린 첫 번째 〈장안사 동구〉는 계곡 입구의 장엄함을, 두 번째 〈만천교〉는 장안사 주변 풍경의

김응환, 〈장안사 동구〉,《해악전도첩》,
32×42.8, 비단, 1788, 개인.

김응환, 〈만천교〉,《해악전도첩》,
32×42.8, 비단, 1788, 개인.

김응환, 〈장안사〉,《해악전도첩》,
32×42.8, 비단, 1788, 개인.

김홍도, 〈장안사〉, 《해산도첩》, 30.4×43.7, 비단, 1788, 개인.

미상, 〈장안사〉, 《금강산도권》, 26.7×43.8, 종이, 19세기, 국립중앙박물관.

아름다움을, 세 번째 〈장안사〉는 장안사를 주인공으로 내세우고 있다.

　김홍도가 그린 《해산도첩》 중 〈장안사〉는 장안사를 주인공으로 내세우되 그 앞에 흐르는 만천과 주변을 둘러싼 풍경의 아름다움까지를 아울러 한 화폭에 담은 걸작이다. 무엇보다도 세밀하고 정교한 경물 묘사와 더불어 중심과 주변을 조화롭게 구성하는 능력이 탁월한 데서 비롯하는 완전성이 돋보인다. 옅고 푸른색 물길과 짙은 초록색 나무들이 중심부를 치장하고 있어 곱고 어여쁘기까지 하다.

　김하종의 작품도 세 점인데 먼저 1815년에 그린 《해산도첩》 중 〈장안사〉는 지금껏 만천교 쪽에서 바라본 시선이 아니라 그 반대 방향에서 본 장안사를 묘사했다. 그로부터 50년이 지난 1865년에 그린 《풍악권》 중 〈장안사 동구〉와 〈만천교 장안사〉는 그 입구의 장엄함과 장안사 자체의 미감을 따로따로 표현하는 작품이다. 이런 방식은 이미 김응환이 시도한 바 있다.

　그린 이를 알 수 없는 《금강산도권》 중 〈장안사〉는 김홍도의 〈장안사〉와 구도가 유사하다. 물론 임모를 했으니 비슷할 수밖에 없지만 산과 나무의 세부 형태가 다르며 색채를 가미해 계절 감각을 살려냈다. 비교해보면 김홍도의 〈장안사〉가 닫혀 있어 보일 정도로 이 〈장안사〉는 환하게 열려 있어 상쾌한 기분을 뿜어낸다.

　《금강산 10폭 병풍》 중 〈장안사〉에서 남다른 표현은 화폭 하단에 흐르는 만천이다. 훨씬 씩씩하게 그렸다. 또 만천교 교각에 세운 사목 손잡이는 처음 보는 것이다. 그 이전 18세기에는 비홍교 형태의 돌다리였고 19세기에는 긴 통나무를 다듬어 걸쳐놓은 가설 교각이었지만 20세기에 들어와 좀 더 보강한 목재 교각을 세운 것이다.

　덧붙이자면 소치 허련이 그린 〈장안사〉가 개인 소장품으로 전해오는데 이는 금강산에 간 적이 없음에도 상상으로 그린 것이다.[4]

김하종, 〈장안사〉, 《해산도첩》, 29.7×43.3, 비단, 1815, 국립중앙박물관.

김하종, 〈장안사 동구〉, 《풍악권》, 30.9×49.7, 종이, 1865, 개인.

김하종, 〈만천교 장안사〉, 《풍악권》, 30.9×49.7, 종이, 1865, 개인.

미상, 〈장안사〉, 《금강산 10폭 병풍》, 108.7×31, 천, 1940년 이전, 최열 기증, 국립현대미술관연구센터.

허련, 〈장안사〉, 30.8×40.4, 종이, 1878, 개인.

울음소리 들리는 못, 명연담과 인정미 넘치는 삼불암

장안사를 나와 계속 북쪽으로 표훈사를 향해 가다보면 울소라고 부르는 명연담이 나타난다. 명연담의 전설은 슬프기도 하지만 인간의 욕망이 얽혀 있다. 장안사의 승려 나옹은 표훈사의 김동金同, 14세기을 후계자로 염두에 두고 있었다. 그런데 성급한 김동이 서둘렀다. 이에 나옹이 불상 새기는 내기를 제안했다. 나옹은 삼존상을, 김동은 60보살상을 새긴 다음 두 절의 승려를 모두 불러 품평하게 했다. 나옹의 삼존상에는 찬사가, 김동의 보살상에는 혹평이 쏟아졌고 이에 절망한 김동은 근처 울소에 빠져 죽고 말았다. 아들 3형제도 아버지를 따라 죽자 폭우와 천둥, 번개가 한차례 휩쓸었고 그뒤 울소 옆에 누워 있는 바위와 엎드린 바위가 생겼다. 사람들은 누운 바위를 김동의 시체바위, 엎드린 바위를 3형제바위라 불렀다.[5] 이것이 울소의 전설이다. 울소란 울음소리 들리는 못이라고 해서 생긴 이름이고 한자로 명연담이라고 한다.

울소에는 또 다른 전설이 있다. 1485년 봄 금강 여행을 한 생육신의 한 사람으로 슬프지만 아름다운 생애를 살아간 추강 남효온이 「유금강산기」에 그 전설을 기록했다. 김동은 개성 부자로 절집에 시주한 쌀수레가 개성까지 이어질 정도였다. 또한 김동은 울소 부근에 사찰을 짓고 근처 바위에 숱한 불상을 새겼다. 이때 인도의 승려 지공指空, 1300-1363이 김동에게 이단이라고 비난했다. 이에 맞서는 김동을 향해 지공은 '내가 그르다면 하늘의 노여움을 받을 것이고 네가 그르다면 천벌을 받을 것이다'고 하니 김동이 좋다고 하였다. 그날밤 천둥 번개가 내려쳐 김동이 지은 절집과 불상은 물론 김동과 그에 속한 승려들 모두 연못에 휩쓸리고 말았다.

의관으로 회화에 조예가 깊은 이곡梨谷 정충엽鄭忠燁, 1725-1800이후의 〈명연〉은 우울한 울음소리가 흘러나오는 느낌을 그대로 살려냈다. 먼저 짙은 먹선으로 경물의 형태를 잡은 뒤 진한 먹을 번지게 하여 계곡을 어둡고 깊게 했는데 화폭 오른쪽

정충엽, 〈명연〉, 20.3×26, 비단, 18세기, 개인.

김응환, 〈명연〉, 《해악전도첩》, 32×42.8, 비단, 1788, 개인.

김홍도, 〈명연〉, 《해산도첩》, 30.4×43.7, 비단, 1788, 개인.

미상, 〈명연〉, 《금강산도권》, 26.7×43.8, 종이, 19세기, 국립중앙박물관.

바위 사이에서 쏟아져내리는 물줄기에 흰색 호분을 칠해 흑과 백의 대비를 강렬하게 부각시켜놓았다. 화폭 오른쪽 사선으로 빠르게 누운 바위 중턱에 낸 잔도를 보면 나뭇가지를 받쳐놓거나 바위를 파 길을 냈는데 그 위로 행군하는 다섯 명이 위태로워 보인다.

김응환의 《해악전도첩》 중 〈명연〉에는 누운 바위와 엎드린 바위도 잘 보이고 또 화폭 왼쪽 산허리의 잔도 위로 두 사람이 걷고 있는 모습도 보인다. 함께 사생 여행을 간 김홍도가 그린 《해산도첩》 중 〈명연〉에는 잔도만이 아니라 경물 하나하나가 선명하다. 산허리에 비록 사람은 없지만 가파른 벼랑에 낸 길을 따라 위험을 방지하기 위해 나무기둥을 눕혀 놓은 잔도가 뚜렷하고 못가에 길게 누운 시체바위며 여기저기 엎드린 모습의 형제바위는 슬프게 흐느끼고 있다. 《금강산도권》 중 〈명연〉은 김홍도의 《해산도첩》 중 〈명연〉과 구도는 완연히 같고 다만 필치가 가벼운 데다가 채색이 다채로워 유쾌한 활력이 숨쉬는 듯하다.

삼불암은 내금강 만천 구역 표훈동 바위 벽면에 세 개의 불상을 부조로 새긴 작품이다. 부조란 평판에 형상을 볼록하게 새긴 것으로 조각도 아니고 회화도 아니다. 마치 회화처럼 보이는 마애불인 이 삼불암은 승려 나옹이 발원한 불상으로 앞서 살핀 김동의 60보살상과 함께 전해지는 전설의 주인공이다. 세 명의 부처가 나란히 선 삼불암의 모습은 작고 아담하다. 못생겼다는 평가도 있지만 장엄과 위엄을 벗어던져 인정미가 넘친다. 삼불암 바위에 큰 글씨로 새긴 '삼불암'은 명필로 알려진 직암直庵 윤사국尹師國, 1728-1809이 쓴 것이다.

김응환과 김홍도의 〈삼불암〉은 함께 사생 여행을 가서 그린 것이고 김하종의 〈삼불암〉은 그로부터 77년 뒤에 그린 것이다. 하지만 이 세 점은 필치와 화풍이 다를 뿐 구도와 형상은 거의 같다. 불상이라는 소재의 특성 탓에 다를 수가 없었을까. 그러나 아주 같지는 않다. 김응환은 굵고 어둡지만 김홍도는 가늘고 밝으며

김응환, 〈삼불암〉, 《해악전도첩》, 32×42.8, 비단, 1788, 개인.

김홍도, 〈삼불암〉, 《해산도첩》, 30.4×43.7, 비단, 1788, 개인.

김하종, 〈삼불암〉, 《풍악권》, 30.9×49.7, 종이, 1865, 개인.

미상, 〈삼불암〉, 《금강산도권》, 26.7×43.8, 종이, 19세기, 국립중앙박물관.

김하종은 짧고 명랑하다. 세 점을 나란히 두고 비교해보면 같은 소재라도 화가에 따라 얼마나 다른 모습으로 나타나는가를 보는 즐거움을 얻을 수 있다. 《금강산도권》 중 〈삼불암〉은 김홍도의 〈삼불암〉을 임모한 흔적이 또렷한데 필치와 색채에 변화를 주고 또 세 부처의 동작과 표정을 마치 시정의 일상인처럼 묘사해서 그 느낌이 달라졌다.

백화암을 거쳐 표훈사를 지나

백화암은 내금강 만천 구역 표훈동에 있는 절터다. 백화암은 지공, 나옹, 무학대사無學大師, 1327-1405와 더불어 서산대사西山大師 휴정休靜, 1520-1604, 사명당泗溟堂 유정惟政, 1544-1610의 모습을 그린 화상을 봉안해온 절집이었다. 서산대사가 세우고서 수도한 암자로 지금은 백화암 뒤에 서산대사비를 비롯한 네 개의 비석과 다섯 개의 부도가 남아 있다고 한다. 서산대사는 임진왜란 때 5천 명의 승병과 의병을 모아 전투를 전개한 승려 장수였다. 이에 1632년 비석을 세워 그 공적을 기렸다. 역사란 기억이다. 그 일을 기억하고 있던 농암 김창협이 백화암에 이르렀을 때 승려들은 없었고 저 비석들만이 맞이해주었는데 그 비석과 부도에 새겨진 글씨를 읽으며 쓸쓸한 마음을 다음처럼 썼다.

"지팡이를 세우고 이를 읽는 나의 애달픔을 어찌 금하랴!"[6]

김응환의 《해악전도첩》 중 〈백화암 부도〉에는 일곱 개의 부도와 두 개의 비석이, 김홍도의 《해산도첩》 중 〈백화암 부도〉와 그린 이를 알 수 없는 《금강산도권》 중 〈백화암 전면 부도〉에는 여덟 개의 부도와 세 개의 비석이 보인다. 그 밖의

김응환, 〈백화암 부도〉, 《해악전도첩》, 32×42.8, 비단, 1788, 개인.

미상, 〈백화암 전면 부도〉, 《금강산도권》, 26.7×43.8, 종이, 19세기, 국립중앙박물관.

김홍도, 〈백화암 부도〉,《해산도첩》, 30.4×43.7, 비단, 1788, 개인.

구도나 규모는 세 점 모두 온전히 같다. 하지만《금강산도권》중〈백화암 전면 부도〉는 옅은 채색으로 생기가 도는 것 말고도 특별한 부분이 두 곳이나 된다. 하나는 상단의 구름 띠가 흐르는 것이고 또 하나는 하단의 시내처럼 보이는 길을 내놓았다는 것이다. 김홍도의 작품을 보고 베낀 임모작이라고는 해도 실로 가서 눈으로 확인하지 않으면 그릴 수 없는 장면이다.

장안사에서 하룻밤을 머문 김창협은 극락암, 지장암을 거쳐 백천동百川洞으로 들어섰다. 이곳 백천계곡에서 삼불암이며 백화암을 마주하는 가운데 어느덧 표훈사에 이르렀다. 삼불암 아래쪽은 장안동, 위쪽은 표훈동으로 구별한다. 삼불암 바위 한쪽에 '장안사지경처'長安寺地境處 또 한쪽에 '표훈동천'表訓洞天이라는 글씨가 새겨져 있어 두 지역이 나뉘어 있음을 알려준다. 자연의 기이함과 신묘함은 똑같아도 그것을 차지하고자 하는 사람들이 있었음을 알려주는 징표다. 이곳을 오르는 길은 험하여 두려움마저 자아냈다지만 지금은 큰 도로를 뚫어놓아 그런 신비한 아름다움은 사라진 상태다. 김창협은 표훈사에 들어서면서 '건물의 장엄하고 화려함이 장안사와 견줄 만하다'고 감탄한 뒤 그날밤을 다음처럼 썼다.

> "밤에 동쪽 건물에서 자는데 바로 베개 밑에서 나는 물소리가 우레 같아 꿈속에서 황홀하게도 배를 급한 여울에 댄 듯 만학천봉 가운데 내 몸뚱이가 있는 줄 알지 못했다."[7]

표훈사는 금강산 4대 사찰의 하나로 신라 진평왕眞平王, ?-632 때 창건한 것을 670년 표훈선사表訓禪師, 7세기가 중창한 고찰이다. 진평왕은 불교 진흥에 힘쓴 왕이고 표훈선사는 신라10성의 한 분으로 하늘나라를 자유로이 다녔다는 전설의 소유자다. 한국전쟁으로 소실당했지만 1778년 중창 때 개축한 건물 반야보전, 영산전,

능파루를 비롯해 몇 채의 건물이 남아 있다.

식산 이만부가 「금강산기」에 쓰기를 표훈사에 갔을 때 주지가 나옹의 청동바리와 가사를 보여주었다고 했다. 이만부가 묘사한 바리는 청동바리였는데도 종이처럼 얇고 깃털처럼 가벼웠으며 맑고 빛나는데 조금도 흠이 없었다고 했다. 또 가사는 두 벌이 있었는데 올이 굵은 검정 무명천으로 만든 것이었고 또 한 벌은 비단에 금실로 지은 금란가사金襴袈裟였다.[8] 금란가사는 원나라 순종이 하사한 것이었다. 물론 지금은 어디로 갔는지 알 수 없다.

표훈사를 그린 작품은 모두 여섯 점이다. 구도는 거의가 비슷한데 절집으로 건너가는 다리의 모습이 차이가 난다. 최북의 〈표훈사〉에 등장하는 다리는 돌을 쌓아서 만든 석교인데 절반은 유실되어 나무로 만든 목교를 잇대어놓은 상태다. 그런데 1788년 김응환과 김홍도, 1865년 김하종, 《금강산도권》 중 〈표훈사〉에는 석교가 사라지고 목교만 보인다. 표훈사교다. 김홍도의 작품에서는 표훈사 오른쪽에 홈을 판 나무기둥을 길게 연결해 물길을 만들어둔 모습의 묘사가 눈에 띈다. 멀리 약수터에서 약수를 흘려보내 절 앞마당에서도 약수를 마실 수 있게 한 것을 섬세하게 그렸다. 표훈사교의 모습이 널빤지를 얹은 게 아니라 양옆에 각목을 대서 강도를 훨씬 높인 모양도 눈에 띈다.

김홍도의 그림을 임모한 《금강산도권》 중 〈표훈사〉를 보면 절집 앞마당 약수통 옆에는 문처럼 생긴 조그만 건물이, 뒷마당에는 창고처럼 생긴 조그만 건물이 추가되어 있다. 또한 다리를 건너는 유람객과 약수통 부근의 유람객 숫자가 많아졌고 나무와 숲이 초록은 물론 연두와 노랑이며 주홍빛으로 물들어 가을의 정취를 풍기고 있다.

《금강산 10폭 병풍》 중 〈표훈사〉는 빠르고 가벼운 선묘와 옅은 담채로 상쾌한 분위기가 특장이다. 통나무로 만든 임시 교각을 철거하고 튼실한 목재 교각을 설치한 것이 눈에 들어온다. 화폭 중단을 텅 빈 여백으로 두어 깊이와 높이를 두드

최북, 〈표훈사〉, 38.5×57.5, 종이, 18세기, 개인.

김응환, 〈표훈사〉, 《해악전도첩》, 32×42.8, 비단, 1788, 개인.

김하종, 〈표훈사〉, 《풍악권》, 30.9×49.7, 종이, 1865, 개인.

미상, 〈표훈사〉, 《금강산도권》, 26.7×43.8, 종이, 19세기, 국립중앙박물관.

表訓寺

김홍도,
〈표훈사〉,
《해산도첩》,
30.4×43.7,
비단, 1788,
개인.

미상, 〈표훈사〉, 《금강산 10폭 병풍》, 108.7×31, 천,
1940년 이전, 최열 기증, 국립현대미술관연구센터.

러지게 연출했다.

천일대에서 금강을 바라보다,
양지바른 절집 정양사를 거쳐 전망 좋은 헐성루에 이르다

천일대千一臺, 天一臺는 내금강 만천 구역 표훈동 표훈사 서북쪽, 정양사로 올라오는 길목에 있다. 그러니까 천일대는 표훈사나 정양사보다 훨씬 서쪽에 있으므로 동쪽을 향해 보면 금강산의 서쪽 면이 가장 넓게 보인다. 한눈에 금강의 모습이 보이는 천일대라서 거기에 얽힌 이야기가 없을 수 없다. 정양사를 창건한 지 몇백 년이 지난 어느 날 절 뒤쪽 큰 봉우리가 무너져 1천여 명 스님들이 일시에 땅에 묻혔다. 이때 공중에서 커다란 소리가 나더니 덮였던 흙이 한쪽으로 몰리면서 스님 한 명이 목숨을 건졌다. 이에 하늘이 한 사람을 구한 땅이라는 뜻으로 천일대라고 불렀다는 것이다.

금강산 회화사상 혁명을 실현한 지우재 정수영은 《해산첩》에 〈천일대 망 금강〉을 무려 6쪽에 걸쳐 실었다. 맨 오른쪽 첫째와 둘째 쪽에 긴 화제와 약간의 경물을 그려 도입부로 설정하고, 셋째부터 다섯째 쪽에 핵심부를 배치한 뒤 맨 왼쪽 여섯째 쪽에서 마무리를 했다. 그림을 모두 길게 펼쳐두고 보면 양 끝부분과 상단은 하얀 여백으로 둔 채 경물을 중앙에 집중해놓았다. 마치 산악이 허공에 뜬 것 같아 신비롭기 그지없다. 게다가 섬세한 필치와 고운 채색이 곁들여져 아름다움 또한 끝 가는 줄 모를 정도다. 단풍나무가 울긋불긋 화려하여 말 그대로 풍악산의 천자만홍이 이런 것임을 느낄 수 있다. 척 보기만 해도 물론 알 수 있으나 그림 속으로 자세히 들어가 단풍나무 하나하나를 헤아린다면 그 묘미를 제대로 맛볼 수 있다.

정수영은 천일대에서 보이는 경물을 무엇 하나 빼지 않고 거의 다 묘사했다.

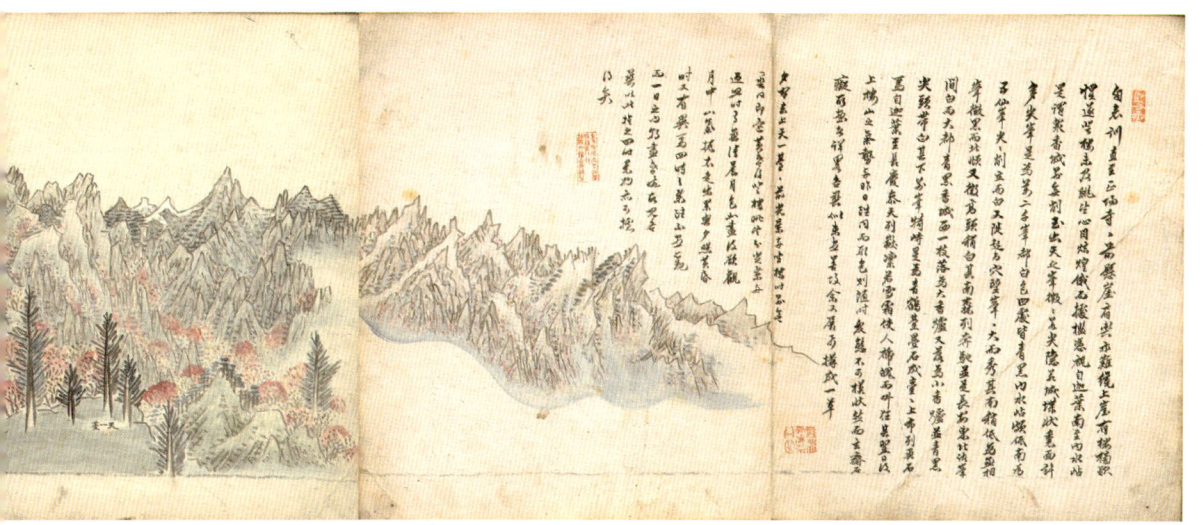

정수영, 〈천일대 망 금강〉, 《해산첩》, 37.2×186, 종이, 1799, 동원 이홍근 기증, 국립중앙박물관.

김하종, 〈천일대 망 정양사〉, 《해산도첩》, 29.7×43.3, 비단, 1815, 국립중앙박물관.

셋째 쪽 하단에 천일대, 중단에 돈도령, 넷째 쪽 중단에 오선봉, 상단에 망군대·혈망봉·은적로를 그려넣었다. 다섯째 쪽 하단에 청학대, 중단에 소향로·대향로를, 상단에 일출·월출봉과 법기봉·내수점·중향성을 그린 뒤 마지막 여섯째 쪽 상단에 비로봉·가섭봉, 중단에 사자봉을 배치하고 왼쪽 맨 끝에 수미봉 그리고 고성의 영랑호로 넘어가는 경계인 영랑점을 배치했다. 김창협이 천일대에서 본 모습과 같았을 것인데 김창협은 「동유기」에 다음처럼 묘사했다.

> "해뜰 적에 남여를 타고 천일대에 올랐다. 정양사의 앞산 기슭이다. 때마침 흰구름이 1만 계곡을 온통 메워 하나로 만들었다. 그 움직이는 모습이 가벼운 비단처럼 오락가락하고 말았다가 폈다 하면서 잠시도 그대로 있지를 않았으며 구름에 덮인 봉우리들이 얼굴을 반만 내놓거나 또는 꼭대기만 보일락말락하여 자태가 천태만상이다. 눈이 어리고 마음이 팔려 오히려 산의 전모를 볼 때보다 한층 아름다웠다."[9]

김하종의 《해산도첩》 중 〈천일대 망 정양사〉는 금강산의 험준함과 거리가 멀어 오히려 정겨운 느낌이 드는 작품이다.

금강의 정맥이 흐르는 땅에 자리잡은 정양사는 그 이름 그대로 금강산에서 가장 양지바른 곳에 자리잡은 절이다. 백제 무왕 때인 600년에 창건한 고찰이며 그뒤 신라 문무왕 때인 661년 화쟁사상의 창시자인 원효元曉, 617-686가 중창한 사찰이다. 원효의 마음이 깃들어 더욱 빛나는지도 모르지만 정양사 산허리인 방광대도 그 이름처럼 이곳이 빛을 뿌리는 땅임을 알려준다.

빛과 관련한 일화는 또 있다. 장안사에서 정양사를 향해 넘어오는 고개에 배점拜岾이란 곳이 있다. 절하는 고개라는 뜻인데 고려를 창업한 태조 왕건이 이곳에

노영, 〈고려 태조 담무갈보살 예배도〉,
《아미타여래구존도첩》 부분, 나무 금칠,
1307, 국립중앙박물관.

김윤겸, 〈정양사〉, 《봉래도권》, 27.5×39, 종이, 1768, 국립중앙박물관.

정선, 〈정양사〉, 28.8×22, 종이, 1755년경, 간송미술관.

이르렀을 때 일이다. 갑자기 담무갈보살이 몸을 드러내고 바위가 빛을 발했다. 이에 왕건은 그 담무갈을 향해 두 번 절했다. 그래서 두 번 절하는 고개라는 뜻의 배재령拜再嶺이란 이름으로도 부른다. 왕건은 담무갈을 직접 마주쳤다는 사실에 감격하여 그 땅에 절을 지었다. 왕건이 예배를 드리는 장면은 노영의 〈고려 태조 담무갈보살 예배도〉에 전해지는데 앞에서 이미 살펴본 그림이다.

물론 정양사는 600년에 창건했으므로 왕건이 지었다는 말은 그 규모를 키우는 중창 사업을 했다는 뜻일 게다. 정양사는 한국전쟁 때 거의 다 파괴당했고 전후에 일부 건물만을 복구했다.

〈고려 태조 담무갈보살 예배도〉를 자세히 보면, 태조 왕건이 절하는 위치는 정양사 앞 배점이다. 화폭 하단에 '태조'太祖라는 글씨가 있고 엎드린 사람이 있다. 그가 바로 왕건이다. 화폭 중단 오른쪽에 금빛 가사를 휘날리며 선 이가 담무갈이다. 담무갈이 서 있는 자리는 정양사 뒤의 방광대.

새로운 실경화의 세계를 열어나간 화가 진재眞宰 김윤겸金允謙, 1711-1775의 《봉래도권》 중 〈정양사〉는 구도와 묘사 그리고 그 분위기를 볼 때 금강의 정기를 모두 아우르는 땅임을 또렷하게 증명하는 작품이다.

겸재 정선이 1755년 무렵에 그린 〈정양사〉는 정양사를 감싸고 있는 봉우리만을 가위로 오려낸 것처럼 그렸다. 주변과 단절된 공간으로 만들어 감히 다가설 수 없는 독립된 별세계가 탄생했다.

청담 이중환은 『택리지』에서 고요히 휴식을 취하는 누각이란 뜻의 헐성루를 다음처럼 묘사했다.

"산 한복판에 정양사가 있고 절 안에 헐성루가 있다. 가장 요긴한 곳에 위치하여 그 위에 올라앉으면 온산의 참 모습과 참 정기를 볼 수 있다. 마치 구슬 굴 속에 앉은 듯 맑은 기운이 상쾌하여 사람의 뱃속 티끌과 먼지를 어느 틈에 씻어버렸는지 깨닫지 못한다."[10]

이중환이 이렇게 말한 데는 까닭이 있다. 헐성루는 금강산의 여러 봉우리가 가장 잘 보이는 전망 좋은 곳이었기 때문이다. 금강산 정기를 한눈에 볼 수 있을 만큼 혈맥이 이어져 있는 자리인 이곳 헐성루에는 지봉대指峰臺 또는 지봉의指峰儀가 유명했다. 지봉대는 헐성루에서 보이는 40개의 봉우리 이름을 써놓은 일종의 이정표다. 거기에는 원뿔이 매달려 있었으며 원뿔에 연결된 줄이 매달려 있었다. 관람객이 특정 봉우리를 향해 방향을 잡고서 줄을 당기면 그 원뿔이 그 봉우리를 가리키므로 누구나 쉽게 그 지명을 알 수 있는 장치였던 게다.

지봉대는 한국전쟁 당시 헐성루와 함께 사라지고 말았다. 게다가 지봉대를 설치한 때가 언제인지 알 수 없는데 고종 때 문인인 어당 이상수가 쓴 「동행산수기」를 보면 헐성루에 올라 마주한 봉우리 이름을 지봉대라고 하지 않았다. 대신 '입산한 지 50년이나 된 늙은 중의 입과 손가락을 빌려 손금 보듯 상세히 들었다'[11]고 했다. 그러니 저 지봉대는 아무래도 20세기 들어와 관광객 유치를 위해 만든 것이 아닌가 한다.

헐성루에 서서 금강 봉우리를 보는 구도의 작품은 모두 다섯 작가의 여섯 점이 있다.

가장 이른 시기에 그린 호생관 최북의 〈헐성루 망 금강〉은 가로로 긴 화폭에 여러 개의 산줄기를 사선으로 나누고 그 사이를 구름으로 갈라놓아 시야를 크게 늘려놓는 데 성공했다.

이곡 정충엽이 그린 〈헐성루 망 만이천봉〉은 풍요롭고 다채로운 1만 2천 개의 봉우리가 연출하는 장관을 'V' 자 구도로 담아냄으로써 다각도의 변화를 끌어내는 데 성공한 걸작이다. 특히 화폭 중앙에 크고 무거운 청학대 봉우리를 시커멓게

최북, 〈헐성루 망 금강〉, 31.5×61.2, 비단, 18세기, 개인.

정충엽, 〈헐성루 망 만이천봉〉, 23.5×30.3, 종이, 18세기, 간송미술관.

김응환, 〈헐성루〉, 《해악전도첩》, 32×42.8, 비단, 1788, 개인.

김하종, 〈헐성루 망 전면 전경〉, 《해산도첩》, 29.7×43.3, 비단, 1815, 국립중앙박물관.

김하종, 〈헐성루〉, 《풍악권》, 30.9×49.7, 종이, 1865, 개인.

미상, 〈헐성루〉, 《금강산도권》, 26.7×43.8, 종이, 19세기, 국립중앙박물관.

칠해 중앙에서 전체를 지배하게 설정한 방식이 돋보인다.

복헌 김응환의 《해악전도첩》 중 〈헐성루〉는 멀리 보이는 경물의 생김보다는 정양사 경내의 건축물과 유람객에 관심을 기울인 작품이다. 경내의 탑이 아주 선명한 것은 물론이고 유람하는 선비들의 동작들 모두 부지런하기 그지없다.

유재 김하종의 그림은 두 점이 있다. 한 점은 1815년에 그렸고 또 한 점은 1865년에 그렸다. 먼저 그린 《해산도첩》 중 〈헐성루 망 전면 전경〉도 빼어나지만 뒤에 그린 《풍악권》 중 〈헐성루〉에는 각 봉우리의 이름을 꼼꼼하게 써넣은 것이 눈에 띈다. 무려 24개 봉우리의 이름을 써넣으면서 그 생김새와 위치를 가장 정밀하게 채워놓았다. 물론 봉우리마다 이름이 다른 것처럼 그 형태 또한 다르다. 다른 작품들도 모두 사실에 충실하려 했지만 아예 이름을 써넣음으로서 지봉대 역할까지 하고 싶었나보다. 맨 아래쪽 헐성루 이웃의 청학대가 가장 가깝고 화폭 상단 왼쪽 구석의 영랑현永郎峴이 가장 멀다.

《금강산도권》 중 〈헐성루〉는 숱한 봉우리를 가볍고 해맑게 묘사했으며 하단을 구름이 흐르는 안개강처럼 깔아두어 풍경을 들어올리는 듯하여 화폭 전체가 더욱 경쾌해졌다.

만폭 구역, 내금강 남북의
중간 지점

금강대를 거쳐 만폭동, 그 1만 개의 폭포로

　만폭 구역은 내금강에서 남북의 중간에 자리잡고 있다. 만천 구역이 끝나는 금강대 또는 금강문에서 오른쪽 계곡이 원화동천이라고도 하는 만폭동이다.
　표훈사에서 북쪽으로 올라가다보면 거대한 바위가 양쪽에서 뻗어나와 2.5미터 높이의 굴이 나타나는데 이것이 금강대다. 왼쪽 바위에 '금강문'이라고 새겨놓았는데 원화문이라고 부르기도 한다. '원화'元化란 근본이 된다는 뜻인데 비로소 금강의 몸 속으로 들어가는 문에 이르렀다는 말이다. 물길도, 바위도, 봉우리도 함께 어울려 살아 움직이는 듯한 느낌을 받는 것은 그래서일 게다. 원화문은 금강산 다섯 개 금강문 가운데 하나로 나머지 금강문으로는 외금강 만물상 구역의 천선계 천일문, 구룡연 구역에 있는 옥류동 금강문과 구룡동 비사문, 외금강 수정봉 구역의 수정봉 수정문을 꼽는다.
　농암 김창협의 「동유기」를 보면 8월 24일에는 표훈사에서 출발해 만폭동을 뚫고 올라가 백운대 구역으로 접어들어 그 초입인 마하연에 여장을 풀었다.[12]

원통동에서 흘러나오는 물과 만천동의 물이 합치는 합수목 사이에 있는 절벽을 금강대라고 한다. 물길을 건너는 다리인 만폭교 아래로 200미터가량 구간에는 너럭바위가 아름답게 펼쳐져 있다. 금강대 바위에는 '삼산국'三山局이라는 이름이 새겨진 바둑판과 최고의 명필로 저명한 봉래蓬萊 양사언楊士彦, 1517-1584의 글씨 '만폭동'萬瀑洞과 '봉래풍악원화동천'蓬萊楓岳元化洞天이 새겨져 있다. 신라의 화랑인 영랑, 술랑, 남석랑, 안상랑이 이곳 금강대에 이르러 바둑을 두며 놀았는데 그 풍경에 빠져 떠날 생각을 하지 않았다고 한다. 농암 김창협은 「동유기」에 금강대를 다음처럼 묘사했다.

"시내 왼쪽에 푸른 비탈이 툭 튀어나왔는데 이것이 바로 금강대다. 옛날에는 푸른 학이 그 마루턱에 깃들어 사는 소리를 들었다는데 지금은 볼 수가 없다. 돌 위에 옛사람의 글씨가 많기에 이끼를 젖히고 읽어보았다."[13]

1만 개의 폭포가 모인 계곡이란 뜻의 만폭동은 금강대에서 화룡담까지 1킬로미터가 넘는 구간이다. 이 정도 길이의 구간에 1만 개의 폭포가 모여 있다고 하니 현란하기 이를 데 없을 것임은 자명하다. 하지만 폭포보다는 못이 대부분이어서 만담동萬潭洞이란 이름이 더욱 어울릴 것만 같다.

1603년 8월 27일 문장 4대가의 한 사람인 예조판서 월사 이정귀는 만폭동을 거닐다 금강대 바위에 도착한 뒤 술을 마시고 누웠을 때를 다음처럼 기록했다.

"술이 거나하자 나는 함무금더러 몰래 향로봉 최정상의 소나무 무성한 곳에 올라가 피리 한 곡조를 섬세하게 부르도록 하였다. 그 피리 소리는 아득히 하늘에서 난 것 같으니 앉아 있던 사람들이 놀란 눈초리로 귀를 기울여 듣더니 '상야相爺께서도 들리십니까'라고 묻기에 나는 거짓 못 들은 체하였다.

여러 사람들은 숨을 죽이고 들으면서 '기이하다, 하늘의 음악, 사람들이 이 봉우리에 신선이 있다 하였는데 참으로 빈말이 아니로구나' 하였다. 피리 소리 더욱 청량하여 구름과 안개 속으로 흩어졌다. 때로 또한 바람을 타고 끊어졌다 이어졌다 하였다. 나는 비록 알고 있었으나 역시 의심이 없지 않았다. 여러 사람들은 오랜 뒤에야 비로소 깨닫고 서로 손뼉을 치며 웃었으니 또한 하나의 가관이었다."[14]

1755년 무렵에 겸재 정선이 그린 〈금강대〉는 주변을 배제하고 오직 금강대만을 주인공으로 삼은 작품이다. 마치 가위로 그 부분만을 오린 듯 고립되어 외로운 절대 공간을 형성하고 있다. 만년의 숙성된 필법이 그런 조형을 가능하게 했을 것이다.

만폭동 또는 원화동천이라 부르는 만폭 구역을 그린 그림은 여섯 명의 화가, 여섯 점의 작품이 전해온다. 역시 겸재 정선이 그린 《겸현신품첩》 중 〈만폭동〉에 이르러서야 구도의 깊이와 넓이, 선묘와 경물의 강약이 자연스러워졌다. 화폭 하단을 보면 바닥이 넓은 너럭바위와 탑처럼 생긴 바위 기둥을 세워 이곳이 금강대임을 또렷이 했다.

현재 심사정이 1738년 금강산을 유람하고 난 뒤에 그린 〈만폭동〉은 거칠고 강렬한 붓질을 빠르게 놀려댄 작품이다. 맨 하단을 보면 여덟 명이나 되는 사람들 모습이 보인다. 옷차림으로 보아 세 사람이 선비고 나머지는 초립을 쓴 일꾼 일행으로 보인다. 심사정의 유람이 꽤나 성대했음을 보여준다.

진재 김윤겸이 그린 만폭동은 그 제목이 남달리 〈원화동천〉이다. 물론 중심 소재도 금강대다. 짧게 끊는 직선을 반복해 이어가는 선묘와 더불어 적절히 운용하는 곡선 그리고 항상 숨길을 틔워 신선하고 맑은 기운을 불러일으키는 기법과 구도의 천재답게 가장 경쾌하고 청명한 만폭동 초입을 형상화했다. 그러고 보니

정선, 〈금강대〉, 28.8×22, 종이, 1755년경, 간송미술관.

정선, 〈만폭동〉, 《겸현신품첩》, 33.2×22, 비단, 1754년경, 서울대박물관.

심사정, 〈만폭동〉, 28.4×19.3, 종이, 1738, 간송미술관.

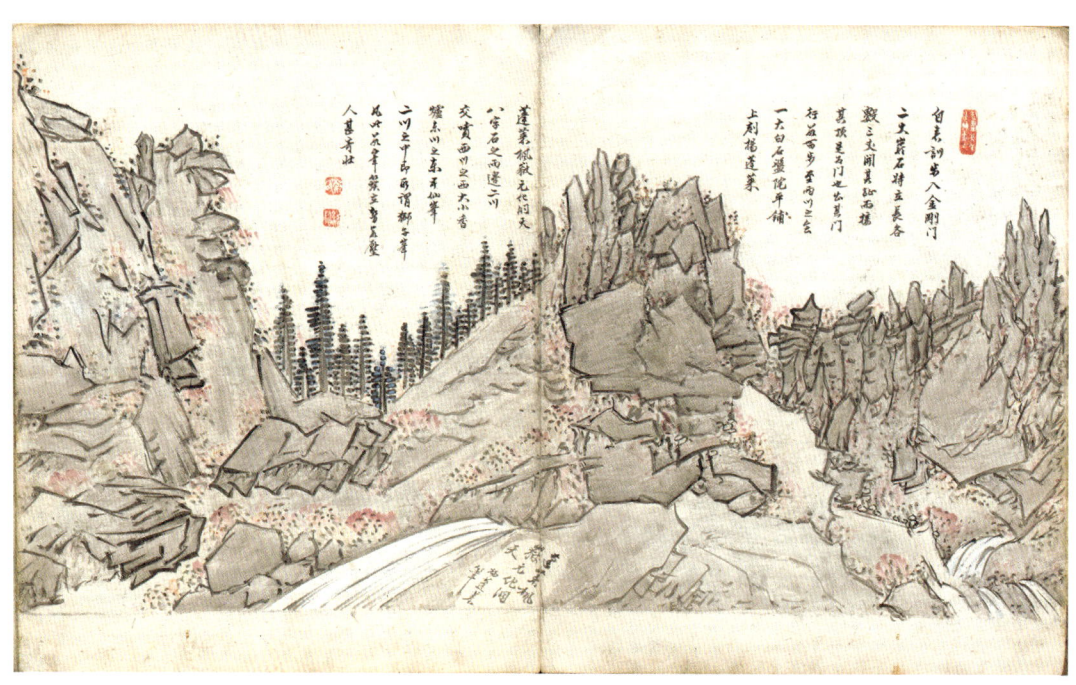

김윤겸, 〈원화동천〉, 《봉래도권》, 27.5×39, 종이, 1768, 국립중앙박물관.

정수영, 〈봉래풍악 원화동천〉, 《해산첩》, 37.2×62, 종이, 1799. 동원 이홍근 기증, 국립중앙박물관.

김응환, 〈만폭동〉, 32.2×43.2, 비단, 1788, 선문대박물관.

미상, 〈만폭동구〉, 《금강산도권》, 26.7×43.8, 종이, 19세기, 국립중앙박물관.

금강의 몸으로 들어가는 곳이란 뜻의 원화동천이란 제목과 풍경이 일치한다.

지우재 정수영의 《해산첩》 중 〈봉래풍악 원화동천〉은 한 번도 못 본 모습의 만폭동 금강대 일대의 풍경이다. 크게 세 덩어리로 나누고 한 가운데에 바위 기둥과 널쩍한 너럭바위를 배치했다. 너럭바위 위에는 사람 대신 글씨를 써넣었는데 봉래 양사언의 '봉래풍악원화동천'이 아주 또랑또랑하다. 자유자재로 엇갈리는 각도의 선들로 이루어진 바위가 곧장 허물어질 듯하지만 안으로 채운 옅은 먹이 단단한 바위임을 일깨워주고 또한 바위를 둘러싼 검정과 빨강 점들로 말미암아 화폭 전체가 마치 불꽃놀이처럼 화사하기 그지없다.

1788년 후배 화원 단원 김홍도와 함께 사생 여행을 한 복헌 김응환도 만폭동을 그렸다. 지금껏 볼 수 없던 굵고 짙은 붓질로 화폭 중단의 바위와 나무를 대담하게 묘사해 중심축을 갖추었다. 화폭 하단 널쩍한 너럭바위에 세 사람의 선비가 앉아 있는데 그 곁에 승복을 입은 승려가 갈 길을 재촉한다. 아마도 김응환 일행을 안내하는 승려일 텐데 어떤 작품에서도 이처럼 선명하게 승려를 묘사한 경우가 없으므로 이 작품은 아주 희귀하다.

《금강산도권》 중 〈만폭동구〉는 지금껏 보아온 만폭동 입구를 그린 그림 가운데 경물을 가장 세심하게 그려넣었다. 금강대를 지나면 환하게 펼쳐지는 원화동천, 다시 말해 만폭동구가 확연하게 드러난다. 양쪽으로 갈라지는 물길과 다리 그리고 도로는 물론 너럭바위에 새겨놓은 바둑판에 이르기까지 놓치는 게 없다. 무려 여덟 명의 유람객을 그렸는데 각양각색이다. 그 가운데서도 바둑판 옆 커다란 네모 바위가 신기한 듯 어루만지고 있는 유람객을 놓치지 않고 그려놓은 게 절묘하다.

만폭팔담의 시작, 청룡담부터 보덕굴까지

　1671년 8월 24일 새벽같이 출발한 김창협은 금강대에서 오른쪽으로 방향을 틀어 만폭동으로 접어들었다. 맨 처음 마주친 못이 청룡담이다. 청룡담은 만폭동을 수놓고 있는 여덟 개의 못인 만폭팔담의 시작이다. 만폭팔담은 외금강의 팔담과 구분하여 내팔담이라고도 한다.

　지우재 정수영은 만폭팔담의 출발점인 청룡담을 한폭에 담았다. 《해산첩》 중 〈청룡담〉은 바위산으로 이루어진 계곡을 그렸지만 따져보면 거센 물결이 주인공이다. 물결 옆의 거대한 바위들이 모두 사선으로 흐르는 물길과 기울기를 함께 하고 있어서 같이 쏟아져내리는 형세다. 화폭 상단의 산이며 나무들마저 시냇물을 향해 달리는 자세를 취하고 있다. 이런 기세는 아마도 화폭의 한복판 '청룡담'이란 글씨 바로 아래 네모진 바위와 바위를 둘러싼 나뭇가지들이 사방으로 폭발하는 형상 때문에 일어나는 착시 현상이 아닌가 한다.

　만폭팔담은 실제로 청룡담까지 합해 모두 아홉 개의 못이지만 오랜 세월 사람들이 여덟 개의 못이라는 뜻의 팔담이라고 불렀다고 한다. 청룡담을 지나면 신선이 머리를 감았다는 뜻의 세두분洗頭盆을 거쳐 관음폭포, 수건바위, 백룡담 등 몇 가지 경물을 지나친 뒤에야 비로소 팔담에 접어들 수 있다.

　여덟 개의 못은 스스로 지닌 각각의 특성에 따른 이름을 지니고 있다. 이어지는 순서대로 보자면 검푸른 빛이 난다고 해서 흑룡담, 비파 소리가 난다고 해서 비파담이다. 푸른 물결에 물안개 감돈다고 해서 벽하담, 봄에서 여름날까지도 눈보라 일어난다는 분설담, 그 물이 진주처럼 깨끗하고 맑은 진주담, 거북이처럼 생겼다고 해서 구담, 선박처럼 생겼다는 선담, 비구름을 몰고 천지를 뒤흔드는 붉은 용이 숨어 있다는 화룡담이다. 이후 백운대 구역인 마하연과 묘길상으로 이어진다. 김창협이 「동유기」에서 묘사한 만폭동은 다음과 같다.

정수영, 〈청룡담〉, 《해산첩》, 37.2×31, 종이, 1799. 동원 이홍근 기증 국립중앙박물관.

"대개 이 만폭동은 바닥이 큰 너럭바위인데 돌빛이 희어 백옥 같다. 시냇물은 비로봉으로부터 내려오는 것과 골짜기마다 흘러내리는 물줄기가 서로 앞다투어 이 만폭동에 모이는 것이다. 계곡의 돌은 우뚝한 것, 뭉실한 것, 뾰죽한 것, 밋밋한 것, 이런저런 것들이 항렬을 떠나 자리를 바꿔가며 복잡하게 놓여 있어 물과 서로 다툰다.

물은 돌을 만나면 내닫거나 뛰어오르기도 하고 받거나 차고, 치거나 밀어 별의별 조화를 부린 다음에야 드디어 분한 기세를 진정하고 천천히 흐른다. 그렇게 해 잔잔한 냇물이거나 얕은 여울물이 된다. 언덕이나 돌벽을 만나면 폭포가 되고 폭포 아래는 못이 된다. 폭포는 한두 길부터 예닐곱 길이고 못은 두세 묘(이랑)부터 일고여덟 묘(이랑)다. 못의 이름은 구담, 선담, 청룡담, 흑룡담, 응벽담, 진주담, 청유리담, 황유리담, 벽하담, 화룡담인데 그 가운데 벽하담이 가장 기려奇麗하고 화룡담은 가장 웅대하다. 이는 대략일 뿐, 나로서는 더 자세한 이야기를 다할 수 없다."[15]

김창협은 먼저 청룡담을 거쳐 몇 군데의 못을 지난 다음 비탈길로 접어들어 보덕굴로 향했다. 분설담에서 오른쪽으로 150미터에 이르는 벼랑길의 아주 거친 돌계단 끝에 작은 암자가 있는 굴이 바로 보덕굴이다. 조선 오백년 문장의 역사를 뒤바꾼 위대한 문인 교산 허균은 보덕굴에 이르러 '만 길 벼랑 누가 깎아 허공에 높은 누각 지었을까'라고 감탄한 바 있고,[16] 김창협은 '그러니 처음 그 위에 오르면 흔들려 허공에 떠 있는 것 같아 어지럽고 기가 질려 감히 아래를 굽어볼 수 없다'[17]고 묘사했다. 또한 그는 모습을 '옥으로 만든 악기인 경쇠를 매달아놓은 것 같다'거나 '수십 척이나 되는 구리 기둥을 세워 바위 밖으로 나간 부분을 받치고서 기둥은 두 줄의 쇠사슬로 얽어맸다', '암자 북쪽에는 넓은 반석인 보덕대가 있어 여기에 서면 대향로봉, 소향로봉이 굽어보이는데 그 형상이 마치 어른이 어린이를 어루만지는 것 같다'고도 했다.

19세기의 문인 어당 이상수도 「동행산수기」에서 보덕굴을 묘사했는데 '기교와 괴이를 좋아하는 옛사람의 유적'이라고 지적하고서 암자를 구리 기둥으로 받쳐놓은 모습을 두고 '학의 다리가 붙은 듯 공중에 서 있다'고 비유했다. 거꾸로 아래쪽 시냇가인 진주담에서 본 모습은 '진주담에서 바라보면 호숫가의 제비가 석벽에 집을 지은 듯 대롱대롱 매달려 있다'[18]고 묘사하면서 끝으로 '암자의 마루판자에 구멍을 내서 굽어보도록 했는데 어질어질 무서워 과연 기발한 일 아니냐'고 반문했다. 참으로 괴이함을 즐기는 이들을 위한 장치라 할 만하다.

1830년 이곳에 오른 문인 김금원은 「호동서락기」에서 '구리 기둥 위에 쇠줄을 묶어 사람이 타고 오르도록 했는데 몹시 위태로워 간담이 오그라들고 다리는 떨려 감히 내려다볼 수 없다'고 썼다. 이어서 선조의 딸인 정명공주貞明公主, 1603-1685가 시주한 향로를 보았다고 했다. 향로의 규모는 격동하는 정세에 따라 폐위를 당했다가 복위된 공주의 신앙심만큼이나 크고 무거워 들 수조차 없을 정도였다. 불까마귀인 화오火烏를 새긴 금향로로 까마귀는 태양의 정령이며 은혜를 잊지 않는 짐승이기에 그렇게 새긴 것이다. 김금원은 보덕암의 기원에 대해 '승려가 말하기를 옛날에 어떤 비구니가 수도하다가 앉은 그대로 입적함에 여기에 암자를 짓고 예불을 올렸다'고 기록했다.[19]

또 다른 전설도 전해온다. 높이 2미터, 깊이 5.3미터의 천연 동굴인 보덕굴에는 보덕각시가 홀아버지를 모시고 살았다. 회정懷正이란 젊은이가 수련을 위해 만폭동을 지나가던 중 못 아래서 아름다운 여인이 수건을 걸어둔 채 머리를 감는 장면을 목격했다. 여인이 도망쳐 법기봉 동굴로 가버렸다. 회정은 몇날 며칠을 찾아 헤맸으나 실패한 뒤에도 여인의 모습만 어른거렸다. 꿈속에 법기보살이 어느 마을에 사는 몰골처사를 찾아가라고 하여 다음 날 가보았는데 처사의 딸이 있었다. 곧장 만폭동 처녀임을 알아본 회정은 아버지가 올 때까지 묵겠다고 하였다. 그날밤 회정이 딸의 방으로 쳐들어가 힘껏 끌어안았는데 한참 만에 정신을 차리고 보니 차디찬 바위를 끌어안고 있는 것이었다. 주위를 둘러보니 만폭동 골 안이었다. 그럼에도 또 다시 처녀를 찾다가 백룡담 위쪽 못에서 나와 법기봉 중턱 굴로 들어가는 처녀를 보았다. 따라갔지만 처녀는 없고 크지 않은 상 위에 법기보살상과 경전이 쌓여 있었다. 비로소 회정은 법기보살이 자신을 인도했음을 깨우쳤고 이때부터 공부를 시작했다.[20] 크게 성취하여 승려가 된 회정은 뒷날 그곳에 암자를 세워 보덕암이라 하였고 보덕각시가 처음 머리를 감던 곳은 세두분, 수건을 걸어놓은 바위를 수건바위, 여인이 나온 못은 그의 그림자가 비낀 못이라고 해서 영아지라 하였다.

겸재 정선의 《신묘년풍악도첩》 중 〈보덕굴〉은 화폭 상단 오른쪽의 보덕굴 이외에도 왼쪽의 대향로봉, 소향로봉과 화폭 중심축을 이루는 시냇물 아래쪽의 벽하담 그리고 하단 왼쪽의 거대한 금강대까지 담고 있는 만폭동 전경이다.

현재 심사정의 〈보덕굴〉도 정선의 그것과 거의 비슷한 구도의 작품이다. 시냇물의 상단에 '진주담'이란 글씨를 쓰고서 하단에 금강대를 큼지막하게 그려넣었다. 다만 보덕암과 구리 기둥을 붉은색으로 칠해 강조한 것이 다르다. 물론 보덕암은 화폭 맨 오른쪽에 치우쳐 주변일 뿐이다.

겸재 정선의 손자 손암 정황은 가을날의 보덕암을 그렸다. 정황의 〈보덕굴〉은 형형색색의 단풍으로 물들어 곱고 또한 무엇보다도 보덕암과 더불어 암자를 받치고 선 구리 기둥이 선명하게 제 모습을 드러낸 첫 작품이다.

진재 김윤겸에 이르러 비로소 보덕굴이 화폭의 중심을 차지했다. 맑고 환한 기운으로 가득한 화폭의 한복판에 바위 기둥이 우뚝 서 있고 그 끝에 매달린 보덕암이 기둥에 겨우 의지하고 있다. 또한 화폭 하단 왼쪽 너럭바위에 세 사람이 등장하는데 보덕굴 그림에서 사람의 모습은 처음이다.

복헌 김응환은 굵고 강한 필치로 보덕굴 주변의 경물을 배치하고 그 사이에

정선, 〈보덕굴〉, 《신묘년풍악도첩》, 37.5×36.6, 비단, 1711, 국립중앙박물관.

심사정, 〈보덕굴〉, 28.4×19.3, 종이, 1738년 이후, 간송미술관.

정황, 〈보덕굴〉, 38×27.5, 종이. 18세기, 개인.

김윤겸, 〈보덕굴〉, 《봉래도권》, 27.5×39, 종이, 1768, 국립중앙박물관.

김응환, 〈보덕암〉, 《해악전도첩》, 32×42.8, 비단, 1788, 개인.

이리저리 휘도는 시냇물의 기세를 거세차게 묘사했다.

유재 김하종은 두 점의 〈보덕암〉을 남겼다. 한 점은 1815년에 그린 《해산도첩》 중 〈보덕암〉이고 또 한 점은 1865년에 그린 《풍악권》 중 〈보덕암〉이다. 구도는 완연 일치하지만 필법과 묘법은 아주 다르다. 1815년에 그린 것은 사진을 찍듯 밀도 높은 묘사를 꾀했다. 화폭 상단의 세 봉우리로 하단의 보덕암을 이불 덮듯 씌워 숨겨놓은 듯 깊은 안정감을 주고서 하단 오른쪽에 암자와 석탑을 매우 반듯하게 배치했다. 특히 암자를 받치고 있는 바위가 인상 깊은데 겹겹으로 주름진 바위인 첩석疊石이 경물의 분위기를 완전히 뒤바꾸고 있다. 위쪽 봉우리의 거대한 바위가 매끄럽고 장엄하다면 암자를 받치는 이 주름바위는 담요처럼 포근하고 푹신한 느낌을 준다. 1865년의 것은 구도는 같되 분위기는 활기에 넘친다. 짧은 곡선들이 각자 살아 꿈틀거리고 있어 물소리, 바람 소리에 새소리까지 들리는 듯 요란하다.

《금강산도권》 중 〈흑룡담 망 보덕굴〉은 보덕굴보다도 흑룡담을 주인공으로 삼은 작품이다. 유람객이 앉은 너럭바위의 규모도 규모거니와 콸콸 쏟아지는 물줄기가 씩씩한 흑룡담이 시원하다. 흑룡담은 만폭팔담의 하나로 벽하담보다 아래쪽 중간에 자리하고 있어 보덕암이 잘 보이는 못이다.

《금강산 10폭 병풍》 중 〈벽파담 망 보덕굴〉은 앞선 그 어떤 작품보다도 보덕암을 전면에 내세운 작품이다. 허공에 떠 있는 암자와 그것을 받치고 있는 구리 기둥이 아주 선명하다. 그 암자 바닥에 구멍을 뚫어 천길 낭떠러지가 보이게 했는데 아찔한 것이 두렵고 또 두려웠다고 한다. 그림의 전체적인 느낌은 가벼운 선과 옅은 채색이 상쾌한 기운을 뿜어내고 있다.

김하종, 〈보덕암〉, 《해산도첩》, 29.7×43.3, 비단, 1815, 국립중앙박물관.

김하종, 〈보덕암〉, 《풍악권》, 30.9×49.7, 종이, 1865, 개인.

미상, 〈흑룡담 망 보덕굴〉, 《금강산도권》, 26.7×43.8, 종이, 19세기, 국립중앙박물관.

미상, 〈벽파담 망 보덕굴〉, 《금강산 10폭 병풍》, 108.7×31, 천, 1940년 이전, 최열 기증, 국립현대미술관연구센터.

푸른 물결에 감도는 물안개 벽하담,
눈꽃 잔치 분설담, 만폭팔담의 보석 진주담

만폭팔담 또는 내팔담의 하나인 벽하담 또는 벽파담은 김창협이 가장 드높여 찬양한 경물이다. 김창협은 「동유기」에서 다음처럼 썼다.

"또 수백 보를 올라가니 벽하담이란 못이 있다. 진주담보다도 더욱 기이하고 아름답다. 날아오르는 듯한 빠른 폭포가 길이 60~70척가량 되는 끊긴 바위 언덕으로 곧바로 떨어지면서 물보라를 사방으로 흩날려 골 안을 온통 안개와 눈 천지로 만든다. 못의 넓이는 6~7묘, 물빛은 파랗고 투명하기가 수정 같으며 또 그 곁에는 바위가 평평하고 넓게 깔려 마치 큰 잔치 자리를 베푼 것 같다. 지팡이를 세워두고 거기에 앉아 가지고 온 술을 꺼내 마시면서 바라보니 폭포요, 굽어보니 못이라 다시 아껴보면서 해가 장차 늦어가는 줄을 깨우치지 못했다."[21]

정선이 1739년께 그렸다는 〈벽하담〉을 보면 김창협이 본 것과 같다. 화폭 양옆으로 거대한 바위가 감싸고 있는데 한복판은 마치 속살처럼 굴곡진 사이로 폭포가 쏟아져내린다. 상단은 멀리 둥근 봉우리 하나가 솟았고 하단 왼쪽으로 평평한 바위 위에 두 명의 선비와 시동 셋이 벽하담을 가리키며 담소를 나눈다. 바로 어제 붓을 놓은 듯 선명하고 깔끔하다. 지나치게 깔끔해서 원숙한 시절의 정선과 거리가 있는 작품이다.

만폭팔담의 위쪽에 위치한 분설담은 두 개의 폭포로 이루어졌다. 위에서 쏟아지는 두 개의 물줄기가 휘날리다가 커다란 못에 머무르는가 했다가 다시 아래쪽

정선, 〈벽하담〉, 26.4×22.5, 비단, 1739년경, 개인.

푸른 연못으로 쏟아진다. 벽하담 바로 위쪽 고래등 같은 바위틈으로 한줄기 눈보라가 뿜어나오는 듯하여 분설담이란 이름이 생겼다. 실로 눈꽃이 흩날려 삼복더위에도 찬바람이 뼛속까지 파고드는 곳이다. 말 그대로 빙수의 축제요 눈꽃 잔치가 펼쳐지는 곳이다.

지우재 정수영은 만폭팔담 중 맨 아래의 청룡담과 위쪽의 분설담을 그렸다. 그가 그린 《해산첩》 중 〈청룡담〉은 앞에서 이미 살폈다. 같은 화첩에 실린 〈분설담〉은 거센 눈보라가 몰아치듯 빠른 선과 또 날카롭게 꺾어치는 속필로 바위와 물줄기를 묘사했다. 잘게 부서지는 물거품과 더불어 흩날리는 붉은 점들까지 이루 말할 수 없을 정도로 모든 게 휘날린다. 바로 이런 것이 분설담이다.

하지만 복헌 김응환의 《해악전도첩》 중 〈분설담〉에서는 무겁고 거창한 바위가 짓누르는 풍경이다. 폭포가 떨어지는 지점에 흰빛을 내는 백분을 뿌려 뽀얗게 한 게 전부다.

김응환과 함께 사생 여행을 간 김홍도의 《해산도첩》 중 〈분설담〉도 폭포가 떨어지는 지점에 아주 작은 검은색 점을 무수히 찍어 물보라를 표현하는 데 그쳤다. 김응환과 김홍도는 물보라보다는 오히려 바위를 더욱 크게 부각시켰다. 김홍도의 〈분설담〉을 보면 화폭 하단 왼쪽의 엄청난 바위가 위 아래로 포개져 있다. 선의 흐름도 오른쪽을 향해 한 방향이다. 두 바위 사이가 마치 고래의 입이나 되는 것 같은데 그 입에서 뿜어내는 거대한 물기둥이 옆으로 누워 있는 것처럼 보인다. 사실 물기둥처럼 보이는 건 흰 빛깔의 암벽이지만 보는 이의 눈에는 부챗살처럼 화폭 오른쪽으로 퍼져나가는 모양이 마치 장대한 물줄기 같아 보인다.

바위를 물기둥으로 뒤바꿔놓은 김홍도의 마법은 유재 김하종에게로 이어졌다. 1815년에 그린 《해산도첩》 중 〈분설담〉을 보면 화폭 하단의 암반이 모두 물줄기처럼 보인다.

《금강산도권》 중 〈분설담〉은 김홍도와 김하종으로 이어지는 흐름 가운데 가

정수영, 〈분설담〉, 《해산첩》,
37.2×31, 종이, 1799, 동원 이홍근
기증, 국립중앙박물관.

김응환, 〈분설담〉, 《해악전도첩》,
32×42.8, 비단, 1788, 개인.

噴雪潭

김홍도,
〈분설담〉,
《해산도첩》,
30.4×43.7,
비단, 1788,
개인.

김하종, 〈분설담〉, 《해산도첩》, 29.7×43.3, 비단, 1815, 19세기, 국립중앙박물관.

미상, 〈분설담〉, 《금강산도권》, 26.7×43.8, 종이, 19세기, 국립중앙박물관.

볍고 시원한 측면을 가장 잘 드러낸 작품이다. 가볍고 부드러운 필치와 색감 때문이다.

진주담의 폭포는 만폭동 폭포 가운데 가장 웅대하고 장쾌하다. 게다가 아름답기까지 하므로 만폭팔담의 보석이라 할 만하다. 폭포 위쪽으로 웃소, 배소, 거북소가 연이어 있다. 높이가 13미터인 폭포가 떨어져 7.5미터 깊이의 못이 파였다. 물줄기가 아주 급하게 달려오다가 바위 턱을 들이받고서 부서져 수도 없는 구슬로 변해 못으로 떨어지는 까닭에 진주담이라는 이름을 얻었다고 한다. 진주담이 더욱 아름다운 것은 구슬 방울 사이에 문득 무지개가 피어오르기 때문이다.

현재 심사정이 그린 〈진주담〉은 바위 턱에 세 번씩이나 부딪혀 부서지는 물보라를 흰색 가루인 백분을 사용해 표현했다. 그런 까닭에 아주 도드라져 보인다. 화폭 상단에는 멀리 법기봉이 있지만 안개로 덮어버렸다. 대신 바윗덩어리와 휘어지는 나무로 처리해 오히려 폭포에 집중할 수 있도록 구성했다. 정사각형 화폭을 선택한 까닭도 폭포에 집중하기 위해서였을 것이다. 하단에는 못에서 솟아오른 듯한 거대한 암석 위에 여섯 사람을 그렸다. 중앙에 앉은 노인이 유람단의 어른인데 물론 누군지는 알 수 없다.

진재 김윤겸은 부채를 화폭으로 선택했다. 1756년에 그린 〈신주담〉은 만폭팔담 가운데 으뜸인 이곳의 경물을 특별한 모습으로 구성하기 위한 도전이었다. 타원으로 둥근 화폭 중간을 수평으로 자르듯하여 상단에는 멀리 법기봉을 세워놓고 하단은 거대한 암반으로 채워 폭포수의 가파른 흐름을 더욱 돋보이게 연출했다. 실제 생김새로부터 벗어나지 않았으면서도 상단을 텅 비움으로써 탁 트인 풍경으로 바꿔낼 수 있었던 건 화폭이 둥근 부채여서 가능했을 것이다.

복헌 김응환이 1788년에 그린 《해악전도첩》 중 〈진주담〉은 심사정의 〈진주담〉처럼 백분을 사용함으로써 하얀 폭포가 부서질 듯 쏟아지는 모습에 시선을 집

심사정, 〈진주담〉, 25.5×24.5, 종이, 1738년 이후, 서울역사박물관.

김윤겸, 〈진주담〉, 24.8×62.1, 종이, 1756, 국립중앙박물관.

김응환, 〈진주담〉, 《해악전도첩》, 32×42.8, 비단, 1788, 개인.

김홍도, 〈진주담〉, 《해산도첩》, 30.4×43.7, 비단, 1788, 개인.

미상, 〈진주담〉, 《금강산도권》, 26.7×43.8, 종이, 19세기, 국립중앙박물관.

김하종, 〈진주담〉, 《해산도첩》, 29.7×43.3, 비단, 1815, 국립중앙박물관.

김하종, 〈진주담〉, 《풍악권》, 30.9×49.7, 종이, 1865, 개인.

중시켰다. 게다가 바위 주변에 초록색 나무들을 배치해 신선한 분위기를 북돋았다. 특히 유람객 세 사람을 폭포가 내리치는 바위 턱에 배치했는데 실제로도 그 자리에 앉아 구경하는 게 가능했나보다.

김홍도의《해산도첩》중〈진주담〉은 진주담 일대의 풍경을 훨씬 자상하게 묘사함으로써 진주담을 품고 있는 주변을 정밀하게 그렸다.

《금강산도권》중〈진주담〉은 김홍도의 그림보다 한결 주변의 아름다움에 집중했다. 멀리 법기봉을 비롯한 봉우리에 초록빛 색칠을 하여 신선한 기운을 한껏 끌어올리고 가까이에는 노란색 나무와 옅은 하늘색 물빛을 베풀었다. 그 조화가 곱디곱다.

김하종은 1815년과 1865년에 각각 한 점씩 그렸다. 처음에는 김홍도를 따라 주변 묘사에도 충실했으나 다음에는 주변을 대폭 생략하고 진주담에 가까이 다가섰다. 폭포가 우렁차게 쏟아지는 장면을 그려 가장 장쾌한 풍경이 탄생했다.

백운대 구역, 내금강의 한복판

설옥동에 펼쳐지는 바위들의 절경

내금강의 북쪽 한가운데 자리잡고 있는 백운대 구역은 내금강의 중심 지역으로서 설옥동, 백운동, 화개동 세 곳으로 이루어진다. 만폭 구역의 끝인 화룡담에서 두 갈래로 나뉜다. 화룡담에서 나오면 길이 환히 열리는데 순식간에 풍경이 모두 달라진다. 마술과도 같은 변화가 일어나므로 그 이름을 흰구름 흐르는 백운대라 했나보다.

화룡담에서 왼쪽으로 꺾어지는 계곡은 북쪽의 가섭동 혹은 설옥동이라 하는데 설옥담, 촛대봉, 가섭굴, 영취봉, 칠보암 등이 펼쳐진다. 또다른 갈래길인 오른쪽으로 꺾어지는 계곡은 동쪽의 백운동과 화개동이라 한다. 백운동에는 마하연·만회암·연화대·백운대·화개동에는 불지암·오선암·묘길상·사선교 등이 이어진다. 그리고 다시 화개동의 끝인 사선교에서 왼쪽으로 꺾으면 중향성과 비로봉을 향하고, 사선교에서 오른쪽으로 꺾으면 백화담을 거쳐 안무재골·일출봉·월출봉을 거쳐 은선대 구역 효운동 유점사로 나아간다.

김하종, 〈가섭동〉, 《해산도첩》, 29.7×43.3, 비단, 1815, 국립중앙박물관.

백운대 구역의 서쪽으로는 태상 구역이고 동쪽으로는 금강의 주봉인 비로봉 구역이 바짝 붙어 있다. 백운대 구역 중심에 마하연이란 사찰이 있는데 이곳을 통해야 주변 어디든 갈 수 있다.

화룡담 왼쪽 계곡인 설옥동 혹은 가섭동으로 들어가면 설옥담을 만난다. 그 왼쪽으로 1,148미터 높이의 촛대봉이 보이고 오른쪽으로 연화대와 백운대가 잇달아 보인다. 얼마쯤 가다보면 깎아지른 커다란 벼랑에 바위굴이 모습을 드러낸다. 가섭굴이다. 그러므로 이 일대를 가섭동이라 부른다. 가섭굴에는 가섭암이라는 절집이 있었다고 한다.

가섭굴부터 펼쳐지는 절경을 가리켜 내만물상이라고 하는데 외금강의 만물상과 버금가기 때문이다. 외만물상과 다른 것은 이곳 바위색이 검은색이라는 건데 그래서 더욱 신기하다. 내금강 만물상에는 관음보살을 닮은 관음바위, 독수리를 닮았다고 해서 영취암, 일곱 개의 보물처럼 기이하게 생긴 칠보암, 돌이끼가 바위를 수놓아 비단같은 비단바위 등 온갖 생김의 바위들이 즐비하다. 이곳의 험준한 산과 바위 절벽은 금강산 산양이 살아가는 서식지라고 하는데 지금도 살고 있는지는 모르겠다.

1815년 유재 김하종이 그린 《해산도첩》 중 〈가섭동〉은 병풍같은 내금강 만물상의 비경을 기묘하고 신비롭게 형상화하는 데 성공했다. 첫눈에 숨이 막힐 만큼 긴박한 아름다움이 밀려든다. 기기묘묘한 형태의 바위 기둥이며 수직으로 내리치는 빛살 같은 선과 색의 향연은 경이롭기만 하다. 바위에 검푸른 색깔을 옅게 칠했는데 내금강 바위의 색깔이 검기 때문에 그렇게 한 것이다. 색만이 아니다. 만물상이라는, 단 하나도 같은 모양이 없는 만 가지 사물의 형태가 모였다는 뜻 그대로 〈가섭동〉에 아로새긴 경물들 하나하나가 꼭 그와 같다. 김하종이 그 경물에 이름을 써넣지 않아서 어떤 것이 어떤 것인지 알 수 없지만 분명 관음바위며 영취암, 칠보암이랑 비단바위 같은 만 개의 바위가 틀림없이 있을 것이다.

백운동의 마하연과 백운대

마하연은 화룡담에서 동쪽으로 가다가 왼쪽에 있는 사찰인데 마하란 위대하다는 뜻의 대승을 뜻한다. 신라 문무왕 때인 661년 해동 화엄종의 개조인 의상이 창건한 사찰로 'ㄱ'자 형의 53칸짜리 큰 건물이 있었으나 지금은 사라지고 없다. 마하연 터는 주변의 봉우리인 촛대봉, 혈망봉, 법기봉, 중향성, 나한봉들이 마하연의 품속을 파고든다고 해서 그야말로 내금강의 중심이라고 했다.

마하연 주변에는 금강산에서만 자라는 희귀 식물이 있다. 은방울처럼 생긴 금강초롱꽃은 짙은 빛깔의 청잣빛을 지닌 데다 초롱처럼 생긴 기묘한 생김새가 아름답다. 하지만 누구의 그림 속에서도 그 꽃을 찾을 수 없다.

단원 김홍도의《해산도첩》중〈마하연〉은 사진을 찍은 듯 정밀하고 세심한데 건물이 차지하고 있는 위치가 얼마나 양지바른 땅에 탁 트인 공간인가를 증명하고 있는 작품이다. 진재 김윤겸의《봉래도권》중〈마하연〉을 보면 주변의 빼어난 봉우리들이 마하연을 향해 다가서고 있음을 느낄 수 있다. 복헌 김응환의《해악전도첩》중〈마하연〉도 마찬가지다. 다른 점은 주변 봉우리들이 서로 먼저 안기고 싶어 칭얼대듯 시끄러울 뿐이다.

《금강산도권》중〈마하연〉은 범본으로 삼은 김홍도의〈마하연〉보다도 세심하다. 촛대봉을 비롯한 여러 봉우리가 제각각의 형태를 갖추고 있고 또 마하연 건너편의 산기슭에 암자도 보인다. 게다가 마하연 앞쪽으로 난 여러 갈래 길들은 처음 보는 것이다. 직접 관찰하지 않고서는 그릴 수 없는 모습으로《금강산도권》이 단순히 김홍도의 임모본이 아니라 사생과 임모를 아우른 화첩임을 보여준다.

유재 김하종의《해산도첩》중〈마하연〉은 앞선 김홍도, 김윤겸, 김응환 세 사람의 마하연이 지닌 각자의 특성을 모두 가져와 하나로 종합한 걸작이다. 화폭 상단의 여러 봉우리들이 각각의 특성을 뽐내면서 복판의 마하연을 향해 누군가는 그

김홍도, 〈마하연〉, 《해산도첩》, 30.4×43.7, 비단, 1788, 개인.

김응환, 〈마하연〉, 《해악전도첩》, 32×42.8, 비단, 1788, 개인.

김윤겸, 〈마하연〉, 《봉래도권》, 27.5×39, 종이, 1768, 국립중앙박물관.

미상, 〈마하연〉, 《금강산도권》, 26.7×43.8, 종이, 19세기, 국립중앙박물관.

김하종, 〈마하연〉, 《해산도첩》, 29.7×43.3, 비단, 1815. 국립중앙박물관.

김응환, 〈백운대〉, 《해악전도첩》, 32×42.8, 비단, 1788. 개인.

옥하게, 누군가는 바쁘게 걷고 달려오고 있다. 중심부의 마하연은 그윽한 자태를 한 채 품을 준비를 하고 있는데 그 아래 하단의 나무들이 든든한 버팀목 역할을 하고 있고 유난히 큰 길은 숨통을 시원스레 틔워주고 있다.

백운대는 마하연에서 북쪽으로 만회암을 지나 솟아 있는 960미터 높이의 봉우리다. 흰구름에 붉은 머리의 학이 어울려 노니는 신선 세계로 아침에는 구름이 흩어지고 저녁에는 구름이 모여드는 신비의 땅이 바로 백운대다.

김응환의《해악전도첩》중〈백운대〉는 지금껏 볼 수 없던 구도를 구사한 작품이다. 수도 없이 많은 바위 기둥을 원형으로 빙 둘러 배치하고 복판을 텅 비워 마치 호수를 그린 것처럼 보인다. 게다가 왼쪽에서 가운데를 향해 직선으로 뻗어서 호수를 파고드는 바위 기둥 줄기를 행렬처럼 묘사했다. 실제로 백운대 주변은 험준한 봉우리와 나무숲이 즐비한 데다 그 사이를 흐르는 흰구름이 장관이다. 김응환은 바로 그 구름바다를 이용해 호수처럼 중앙을 텅 비워둔 것이다. 그리고 그 행렬같은 바위 기둥 줄기, 다시 말해 백운대 능선에 다섯 명의 선비들이 주변 일대의 절경을 즐기는 모습을 그려넣음으로써 이곳이 바로 명승지임을 증명해두었다.

화개동에서 만나는 묘길상

40미터 높이의 거대한 암벽에 새긴 마애불 묘길상은 지혜의 화신인 문수보살의 다른 이름인데 18세기 말 누군가가 조각 왼쪽 아래에 '묘길상'이라는 글자를 새겨넣은 이후 굳어진 이름이다. 묘길상을 새긴 뇌옹賴雍, 14세기은 표훈동의 삼불암을 새긴 나옹과 같은 시대의 승려. 가부좌를 틀고 앉아 있는 불상의 높이는 15미터에 이르고 무릎의 너비 9.4미터에 얼굴 길이만 3.1미터나 된다. 또 불상 앞에는

3단의 불담과 계단도 만들어 장대함을 높였고 불상 위쪽으로는 지붕을 만들어 건물 같은 느낌을 살려놓았다. 불담 아래에는 묘길상암이라는 바위가 놓여 있었는데 지금은 높이 3.6미터의 석등이 남아 있다고 한다.

1킬로미터 떨어진 마하연 주변에 있다는 금강초롱꽃 군락지가 묘길상 주변에도 있다고도 하고, 잎이 넓은 단풍나무와 참나무가 무성해 여름에는 짙은 푸르름이, 가을에는 단풍의 붉음이 요란해 더욱 신비롭다고도 하는데 직접 가볼 수 없으니 안타깝기만 하다.

1744년 금강산을 유람한 연객 허필이 그린 〈묘길상〉은 유람한 뒤 15년의 세월이 흐른 1759년에 그린 것인데 그 생김새를 마음대로 바꿔버렸다. 바위에 갇혀 있던 문수가 앞으로 걸어나와 팔과 다리를 쭉 펼쳤는데 머리 뒤로 둥근 광배가 빛을 발한다. 그리고 보니 바로 앞에 석등도 자태를 바꿔 6층 석탑으로 변신을 한 데다 지붕에는 풀더미를 깔고서 학 두 마리가 노닌다. 허필이 자유 정신을 지닌 문인화가의 전형임을 모른다면 분명 이 사람은 묘길상을 모르고 그린 것이라고 지적할 만큼 그 형태가 완전히 다르다. 그러나 허필이 누구인지 안다면 저와 같은 상상의 실경에 공감하고도 남는다. 먹과 붓의 놀림이 거리낌 없어 평화롭고 아무렇지 않게 법식에 얽매임 없어 또 평안하다.

허필보다 꼭 10년 뒤인 1768년 진재 김윤겸이 묘길상을 그렸다. 《봉래도권》 중 〈묘길상〉은 그 실제 생김에 가까이 다가섰다. 그러므로 이 작품은 실경으로서 묘길상을 그린 최초의 작품이다. 허필의 그것이 상상의 실경이라면 김윤겸은 사실의 실경을 추구했다. 불상의 자애로운 얼굴 표정과 옷주름이 자상하다. 다만 팔과 손의 좌우를 바꿔놓았다. 하지만 석굴처럼 파낸 가장자리에 빗물처럼 흐르는 묘사라든지 불담과 석등, 계단에 이르기까지 보이는 대로이고 무엇보다도 석불 주변 상단의 층층바위와 나무 그리고 오른쪽 계곡의 물줄기가 모두 볼 만하다.

그리고 20년이 흘렀다. 유람길을 함께한 복헌 김응환과 단원 김홍도가 나란

허필, 〈묘길상〉, 27.5×32, 종이, 1759, 동원 이홍근 기증, 국립중앙박물관.

김윤겸, 〈묘길상〉, 《봉래도권》, 27.5×39, 종이, 1768, 국립중앙박물관.

김응환, 〈묘길상〉, 《해악전도첩》, 32×42.8, 비단, 1788, 개인.

김홍도, 〈묘길상〉, 《해산도첩》, 30.4×43.7, 비단, 1788, 개인.

김홍도, 〈묘길상〉, 52.6×41.5, 비단, 18세기 후반, 국립중앙박물관.

미상, 〈묘길상〉, 《금강산도권》, 26.7×43.8, 종이, 19세기, 국립중앙박물관.

히 묘길상을 그렸다. 김응환은 굵고 강렬하고 어둡게, 김홍도는 가늘고 부드럽고 밝게 그렸지만 형태는 거의 같다. 차이가 있다면 김응환은 세 명의 선비를, 김홍도는 선비와 시동을 배치했다.

　　이상한 것은 김윤겸이 팔과 손의 위치를 바꿔 그린 것을 김응환과 김홍도가 그대로 따랐다는 거다. 알 수 없는 일이지만 김홍도의 〈묘길상〉을 보면 손으로 증명하는 수인手印의 모습이 너무도 자연스러워 실물과 비교하지 않는 한 본래 석상의 모습이 저렇다고 믿을 수밖에 없다는 생각이 절로 든다. 사실과 달리 묘사해도 사실보다 더 사실같이 만드는 천재의 재능을 유감없이 보여준다. 이런 점은 언제 그린 것인지 알 수 없는 김홍도의 또다른 〈묘길상〉도 마찬가지다. 특히 눈매가 반달처럼 웃고 있는 표정이 매력으로 가득하다.

　　《금강산도권》 중 〈묘길상〉은 달리 형태를 바꿀 만한 경물도 아니어서 앞선 시대의 작품과 별다른 변화가 없다.

명경대 구역, 내금강의 남쪽

기이하고 아름다운 바위들 세상, 백천동 명경대

명경대 구역은 내금강에서 남쪽이다. 단발령을 넘어 장안사 앞쪽의 만천을 거슬러 올라가면 벽류와 백천 두 갈래로 나뉜다. 북쪽에서 흘러내리는 벽류 쪽은 만천 구역이고 동쪽에서 흘러내리는 백천 쪽은 명경대 구역이다. 명경대 구역은 백천동, 영원동, 수렴동, 백탑동 네 개의 동으로 이어져 있다.

명경대 구역의 특징은 바위의 기이한 아름다움이다. 골짜기가 구불구불 이리저리 오락가락하여 사방이 막혀 있는 듯하다. 하지만 양쪽 기슭의 벼랑과 절벽이 서로 다른 얼굴로 달려들다보니 갑갑하긴커녕 혼이 나갈 것만 같다. 그러다가 별안간 높이 60미터 남짓의 선돌이 나타나는데 다름아닌 명경대다.

백천동계곡은 백천 입구부터 조탑장까지 5킬로미터 구간이다. 이곳에는 백 개의 물길이 하나처럼 떨어진다는 백천폭포와 둥근 바위인 배석대와 명경대가 있고 그 옆에는 수왕성도 있다.

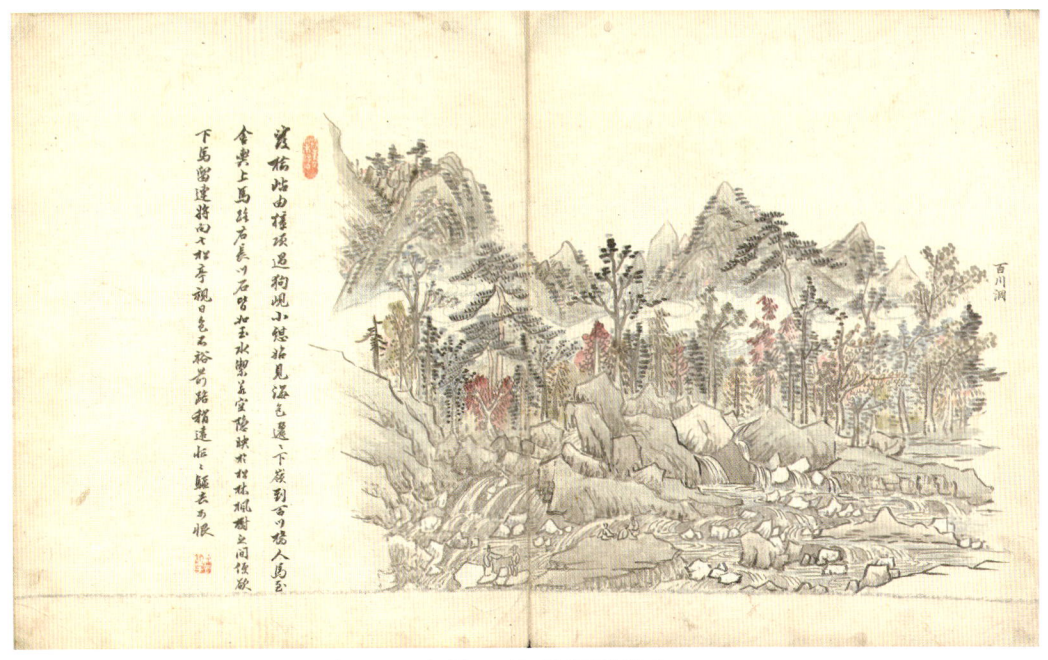

정수영, 〈백천동〉, 《해산첩》, 37.2×62, 종이, 1799. 동원 이홍근 기증, 국립중앙박물관.

김응환, 〈백천동〉, 《해악전도첩》, 32×42.8, 비단, 1788, 개인.

정수영의 《해산첩》 중 〈백천동〉은 백천동 입구의 냇물과 단풍으로 물든 나무 그리고 시냇물 안쪽 너럭바위에 앉아 흐르는 백천동 계곡을 한껏 즐기는 유람객을 묘사했다. 김응환의 《해악전도첩》 중 〈백천동〉도 나무를 제외하면 거의 같다.

배석대를 지나면 못 옆 바위에 '황류담', '옥류담'이라는 글씨가 새겨져 있고 황류담 옆에 높이 30미터, 너비 9미터나 되는 거대한 바위가 수직으로 불쑥 솟아 올라 있는데 그 바위의 이름은 세 가지가 겹쳐 있다. 밝은 거울이란 뜻의 명경대, 과거 죄업을 비춘다는 업경대, 옥처럼 빛난다는 옥경대가 그것인데 이 글씨는 모두 배석대 바위에 큰 글씨로 새겨져 있다.

저 세 가지 이름 중 업경대가 가장 마음에 와닿는다. 그 앞에 서면 자신이 지은 죄가 마치 영화처럼 스쳐지나간다고 하니 영락없이 지옥에 있는 업경대인 셈이다. 그래서 사람들은 업경대 앞 계곡을 가리켜 지옥으로 가는 길목의 강인 황천강이라고 했고 그 입구에 있는 바위의 구멍을 지옥문이라고 했다. 업경대 주위에는 시왕봉, 판관봉, 죄인봉, 사자봉, 지옥문, 극락문이 있다. 어떤 사람들은 배석대에 올라 명경대를 향해 꿇어 앉아 저승의 재판관인 시왕, 판관을 보고서 회한에 잠겨 눈물을 흘렸다고 한다. 그래서 배석대에 패인 홈은 죄인들이 흘린 눈물자국이라고 했다.

현재 심사정의 〈명경대〉는 화폭 상단에 써넣은 제목인 '명경대'에 걸맞게 거대한 거울처럼 맑고 깨끗하며 매끄럽고 평평한 바위를 그렸다. 그 옆으로 지옥문도 그리고 또 황천강 아래에는 배석대도 배치해 세 명의 선비를 포함한 아홉 사람과 남여까지 묘사했다. 처음으로 명경대라는 주제에 일치하는 작품이 탄생한 것이다.

진재 김윤겸은 주변을 삭제하여 명경대를 마치 홀로 우뚝 선 바위 기둥처럼 형상화했다. 그것도 가로 화폭의 한복판에 세우고 텅 빈 여백의 공간을 배경으로 설정해서 명경대가 더욱 두드러져 보인다. 하단의 황천강이며 그 옆의 지옥문도 선명하다. 이 같은 가로 구도는 복헌 김응환, 단원 김홍도, 유재 김하종에게 계속

심사정, 〈명경대〉, 19.3×28.4, 종이, 1738년 이후, 간송미술관.

김윤겸, 〈명경대〉, 《봉래도권》, 27.5×39, 종이, 1768, 국립중앙박물관.

이어졌다.

지우재 정수영은 명경대 일대를 가장 넓고 크게 그렸다. 《해산첩》 중 〈명경대〉를 보면 화폭 중앙에 이름 없는 둥근 바위산을 거대하게 배치하고 그 오른쪽에 명경대·지옥문·황천강을, 그 왼쪽에 옥경대를 그려넣었다. 화폭 오른쪽에 '명경대'라는 글씨를 써넣은 봉우리는 표면이 매끄럽지 않아 거울처럼 보이지 않지만 화폭 왼쪽에 '옥경대'라는 글씨를 써넣은 평평한 반석은 미끄러울 정도여서 거울을 눕혀 놓은 것 같다.

김홍도의 〈명경대〉는 가장 섬세하여 풀 한 포기도 놓치지 않을 만큼 자상한 바위 묘사가 경탄을 자아내는 작품이고, 김응환의 《해악전도첩》 중 〈명경대〉는 하단의 배석대를 움푹 패인 원형으로 묘사한 것이 두드러진다.

김하종은 19세기에 접어들어 명경대의 신세계를 열어놓았다. 두 점의 〈명경대〉 가운데 1815년에 그린 《해산도첩》 중 〈명경대〉는 바위를 날렵하고 빠른 선과 더불어 표면에 검푸른 안료를 칠해 매끄럽게 칠해 강철같은 느낌을 부여했으며 1865년에 그린 《풍악권》 중 〈명경대〉는 철강과는 반대로 부드럽고 유연한 곡선에 옅은 담채를 칠해 털실처럼 부드러운 느낌을 부여했다. 모두 통쾌한 걸작이다. 특히 《해산도첩》 중 〈명경대〉는 유심히 볼 만하다. 거대한 바위 기둥이 압도하는 까닭에 거기에 눈길을 다 주고 나면 화폭 왼쪽 하난의 유람색은 보이시도 잃지만 눈길을 두고 자세히 보면 지금껏 볼 수 없던 물건들이 새롭게 보인다. 두 사람 곁에는 바구니와 술병, 과반과 두 개의 그릇이 있고 그 옆에는 펼쳐놓은 종이도 있다. 유람을 떠날 때 먹고 마실 것을 준비하는 것이야 당연한 일이지만 어떤 기물을 썼는지 막연한데 이 그림이 의문을 풀어준다. 물론 누구나 저와 같은 물건을 챙겨가지는 않았을 것이다. 가져갔다고 해도 물건들의 모양이며 종류도 천차만별이었을 것이다. 그럼에도 그 가운데 하나를 볼 수 있으니 자세히 들여다볼 만하지 않은가.

《금강산도권》 중 〈명경대〉는 복판에 우뚝 솟은 바위에 작은 점을 반복해 찍

自長安岺向靈源
歷登玉鏡臺臺前有
一大石特立狀如屛
障盖高可數百
丈而廣亦十餘天
上面青黑色瞰腹頻
其下邊邊者黑間有
黃白雜纏是謂
明鏡臺
童石東邊累
石為城中為門樣
以地獄名其不以
謂之黃泉江僧言門內
深定有此藏峯十王峯
故有是名云

정수영,〈명경대〉,《해산첩》, 37.2×62, 종이, 1799, 동원 이홍근 기증, 국립중앙박물관.

김홍도, 〈명경대〉, 《해산도첩》, 30.4×43.7, 비단, 1788, 개인.

김응환, 〈명경대〉, 《해악전도첩》, 32×42.8, 비단, 1788, 개인.

김하종, 〈명경대〉, 《해산도첩》, 29.7×43.3, 비단, 1815, 국립중앙박물관.

김하종, 〈명경대〉, 《풍악권》, 30.9×49.7, 종이, 1865, 개인.

미상, 〈명경대〉, 《금강산도권》, 26.7×43.8, 종이, 19세기, 국립중앙박물관.

안중식, 〈명경대 망 왕자성〉, 128.5×30.5, 종이, 1918, 개인.

음으로써 거울의 기능을 훼손하고 있다.

명경대에서 오른쪽으로 올라가면 마의태자가 은거하던 수왕성이 있다. 대부분 무너졌지만 아직도 50미터가량의 흔적이 남아 있다고 한다. 아버지 경순왕이 고려에 나라를 넘기자 이에 반대하던 마의태자가 이곳으로 숨어들었다. 이때부터 삼베옷을 입은 태자라고 하여 마의태자란 이름을 얻었는데 그는 여기 명경대 구역에 은거하며 신라왕조의 부흥을 위해 성벽을 쌓았다. 왕자성이라고도 부르는 수왕성이다. 계곡의 바위에 '동경의열 북지영풍'東京義烈 北地英風이라는 글씨가 새겨져 있다. 신라의 수도 동경, 다시 말해 경주의 의로운 열사가 북녘 땅에서 영웅의 풍운을 일으켰다는 뜻이다. 물론 일설에는 고려왕조가 마의태자의 행동을 제약하기 위해 지어놓은 성벽이라고도 한다.

동주 성제원은 1531년 5월 금강산으로 들어가 무너진 마의태자 성터에 이르러 애달픈 마음을 노래했다.

> "옛 역사 읽고 강개한 절개 불쌍히 여겼는데
> 갑자기 유적 보니 눈물이 비오듯 쏟아지네
> 피리 불어 소나무의 오열하는 소리 차단하니
> 외로운 넋 탄식하는 소리 더하는 듯하구나"[22]

20세기 화단의 스승으로 군림한 거장 심전心田 안중식安中植, 1861-1919이 1918년에 그린 〈명경대 망 왕자성〉은 일찍이 형성된 명경대 실경의 전형을 충실하게 계승한 작품이다. 그러면서도 먹선과 그 담채를 밀도 있게 구사했다. 또한 주변 흙의 부드러움과 물의 맑음을 배경으로 바위의 강고함을 더욱 드높였다. 거침없는 필치로 이룩한 견고한 조형의 걸작이다. 화폭 상단 화제에 '왕자성을 바라본다'는 문장이 눈길을 끄는 것은 이 작품을 제작하던 때가 1918년 7월이기 때문이다. 나라를 잃고 이곳으로 숨어들어 은거하고 있는 신라의 마지막 왕자 마의태자가 살던 명경대 아래 모인 그림 속 인물들은 의암義菴 손병희孫秉熙, 1861-1922, 우당憂堂 권동진權東鎭, 1861-1947, 위창葦滄 오세창吳世昌, 1864-1953이었고 이들은 다음 해 3·1민족해방운동을 전개했다. 그러니까 이들에게 이날의 왕자성은 일본제국에 강탈당한 국권을 회복하기 위한 거점이었다.

수렴폭을 품은 수렴동,
수천 개의 바위 탑을 품은 백탑동

백천동이 끝나는 조탑장에서 오른쪽으로 꺾으면 영원동이고 왼쪽으로 꺾으면 수렴동이다. 조탑장은 길 가는 사람들이 자연석을 아무렇게나 쌓아 올려놓은 장소인데 험난한 산행에 안전무사를 기원하는 뜻을 담고 있다.

조탑장에서 올라가다보면 15미터 높이의 연화폭포가 나오고 또 이곳을 지나가면 비스듬히 기울어 있는 거대한 바위벽을 쏜살같이 흐르는 길이 32미터의 수렴폭이 나타난다. 수직이 아니라 사선으로 기울어 흐르는 폭포인 사폭斜瀑이어서 쏟아지는 물폭탄이 아니라 펼쳐놓은 주렴 같다 하여 물로 만든 주렴 폭포라는 뜻의 수렴폭이란 이름을 지어주었다. 반석 위에 '수렴동'水簾洞이라는 큰 글씨가 새겨져 있어 수렴폭포라고 하지만 비단을 펼쳐놓은 듯하다 하여 비단폭포라고 부르기도 한다. 김응환의《해악전도첩》중〈수렴폭〉은 기울어진 바위 위로 펼쳐지는 사폭의 모습을 멋지게 표현하고 있다.

백탑동은 수렴동이 끝나는 수렴폭포를 지나 망군대로 가는 왼쪽과의 갈림길에서 오른쪽인 동쪽 방향의 계곡이다. 4킬로미터의 이곳은 돌무더기로 덮여 있

김응환, 〈수렴폭〉, 《해악전도첩》, 32×42.8, 비단, 1788, 개인.

김응환, 〈백탑〉, 《해악전도첩》, 32×42.8, 비단, 1788, 개인.

고 물 흐르는 바닥은 가로로 난 결 때문에 모두 층층 계단 같은 물결 폭포다. 문탑, 증명탑, 다보탑 같은 백 개의 탑이 있다라고 해서 백탑동이지만 실제로는 수천 개의 자연 석탑들이 즐비하고 또 돌이 흰빛을 뿜고 있어 밝기가 그지없다. 백탑동 어귀의 바위에 '백탑동천'百塔洞天이라는 글자가 새겨져 있다. 백탑동의 끝은 다보탑을 지나 동남쪽 방향으로 솟아오른 1,528미터 높이의 흙산 차일봉遮日峰이다.

　　김웅환과 김홍도가 나란히 이곳에 이르렀다. 선배인 김웅환이 백탑동 전경을 그리고 후배인 김홍도는 문탑만을 그리기로 했다. 실제로 김웅환의 《해악전도첩》 중 〈백탑〉을 보면 문탑을 포함해 벽돌을 쌓아올린 듯한 바위탑을 그리고서 흰색 안료를 칠해 하얀 빛이 나는 바위로 이루어져 있음을 보여주고자 했다. 벽돌같은 형태의 바위는 가로로 쪼개진 듯 특이한 암석절리 현상 때문이다.

　　《금강산도권》 중 〈백탑〉은 김웅환과 전혀 다른 백탑동 전경을 연출했다. 원근법을 구사해 상단의 원경에 봉우리마다 쌓아올린 탑들이며 중단에 안개를 흘려 구름강을 만들고 그 사이를 뚫고 솟아오른 네 개의 흰탑까지 하나의 별유천지를 연출해놓았다.

　　백탑동 어귀의 바위에 새겨진 '백탑동천'이란 글씨를 살펴보고서 1킬로미터 가량 오르면 큰 못을 만난다. 못 양쪽으로 그 높이가 20미터에 이르는 바위 기둥이 우뚝 섰는데 탑동으로 들어가는 대문 기둥처럼 생겼기 때문에 이것을 문탑이라고 부른다.

　　김홍도의 《해산도첩》 중 〈문탑〉에서도 암석절리 현상이 빚어낸 가로의 줄무늬가 잘 드러난다. 두 개의 거대한 대문기둥이 특별해 보이는 것은 암석절리 현상 때문일 것이다. 거의 안 보일 정도로 작게 그렸지만 화폭 왼쪽 하단 개울가에 놓인 두 개의 바위 위에 각각 두 사람씩 앉아 있는 모습을 보면 20미터가 아니라 거의 100미터처럼 보인다.

미상, 〈백탑〉, 《금강산도권》, 26.7×43.8, 종이, 19세기, 국립중앙박물관.

김홍도,
〈문탑〉,
《해산도첩》,
30.4×43.7,
비단, 1788,
개인.

문탑에서 1킬로미터를 올라가면 높이 30미터의 천연 탑이 솟아 있다. 탑 아래 '등명탑'燈明塔이라는 글씨가 새겨져 있는데 '등명' 또는 '증명'으로 읽는다. 어느 쪽으로 읽거나 불을 밝힌다는 뜻이다. 불은 어둠을 물리치는 힘으로 깨우침을 의미하고 또 그것은 부처의 가르침이기도 하다. 이곳에는 돌탑만 서 있는 게 아니다. 높이 30미터의 2단 폭포인 등명폭포가 쏟아지고 또 그 아래 못은 등명담이다. 불 밝히는 탑과 가르침의 폭포와 깨우침의 못이 조화를 이루어 일대에서 가장 빼어난 승경지로 소문이 났다.

김웅환과 김홍도는 나란히 등명탑을 화폭에 옮겼다. 그런데 김웅환은 화제를 '등명탑'澄明塔이라고 써넣었고 김홍도는 '증명탑'證明塔이라고 써넣었다. 기억의 착오 탓이겠지만 김웅환의 '등명'澄明은 그냥 맑게 빛난다는 뜻이고 김홍도의 '증명' 證明은 참됨을 밝힌다는 뜻이다. 따라서 그 뜻이 크게 달라진다. 뜻은 변했지만 형태는 그대로일 텐데 두 사람의 그림은 조금씩 다르다. 김웅환의 그림은 바위 탑을 여전히 벽돌을 쌓아올린 모양이다. 다만 앞에서 본 〈백탑〉에서처럼 흰색을 칠하지는 않았다. 김홍도는 바위 탑을 훨씬 더 세밀하게 구체화시켰다. 암석절리 현상을 정밀하게 관찰하여 아주 섬세하게 절리를 표현했다. 그러고 보니 기이하기도 한 것이 저토록 아름다울 줄 누가 알았겠는가.

이미 알고 있었지만 여기에 이르러 사람의 솜씨보다 자연의 솜씨가 더욱 뛰어남을 인정하지 않을 도리가 없어지고 만다. 이 놀라운 등명탑을 지나면 높이 20미터의 시왕폭포가 있다. 십왕十王은 지옥을 관장하는 열 명의 신이다. 그렇다면 이곳이 지옥의 입구인 걸까. 시왕폭포를 지나 왼쪽으로 꺾어 올라가면 높이 70미터인 강선폭포가 쏟아진다. 어찌 이리도 높을 수 있을까. 과연 신선이 아니면 내려올 수 없는 강선降仙의 높이다. 더 이상 나갈 길이 없어 갔던 길을 되돌아나와 1킬로미터를 더 가면 다보탑이 나타난다.

다보탑은 높이가 50미터에 밑둥 직경이 20미터의 웅대한 탑이다. 등명탑보

김응환, 〈등명탑〉, 《해악전도첩》, 32×42.8, 비단, 1788, 개인.

김홍도, 〈증명탑〉, 《해산도첩》, 30.4×43.7, 비단, 1788, 개인.

김하종, 〈다보탑〉, 《해산도첩》, 29.7×43.3, 비단, 1815. 국립중앙박물관.

다 20미터나 높고 큰데 그 짜임새는 훨씬 정교하고 모습은 장중하며 예술품으로 보면 균형 잡힌 조화가 극단에 이르렀다. 물론 사람의 솜씨가 아니라 자연의 솜씨다. 그런데 어쩐 일인지 누구도 그리지 않았다. 오직 1815년에 김하종이 그린 《해산도첩》중 〈다보탑〉이 전해올 뿐이다. 장대한 규모의 다보탑을 화폭 중앙에 배치하고서 마치 사방으로 햇살이 뻗어나가는 것처럼 방사선 구도를 택하여 중심의 힘을 강렬하게 키웠다. 또한 가느다란 선과 옅은 담채가 간결한 아름다움을 더욱 살려냈다.

영원암을 품은 영원동

백천동의 끝인 조탑장에서 오른쪽으로 꺾어지면 백마봉까지 3킬로미터가 영원동이다. 조탑장에서 1.5킬로미터를 가면 영원사라는 절터가 있고 이 절집 이름을 따서 영원동이라고 이름을 지었다. 영원사는 신라의 승려 영원이 수도한 사찰이다. 절 앞에는 1,381미터 높이의 지장봉이 있고 뒤쪽에 옥초대라는 전망대가 있다. 영원이 이곳에 올라 옥피리인 옥적을 불곤 했는데 난새와 학이 가락을 따라 춤을 추었다고 해서 옥초대라는 이름이 생겼다. 또 옥초대 앞에는 책상바위가 있으며 절 옆으로는 열 명이 동시에 앉아 절을 할 수 있는 넓이의 배석拜石 바위가 있다. 지장봉의 주인 지장보살에게 예배를 올리는 바위다.

영원암에는 또 하나의 전설이 있다. 영원이 수도를 할 때다. 솔잎으로 연명하다보니 앉아 있을 힘조차 없을 지경이었다. 졸음을 쫓고 있는데 흰머리의 노인이 나타나 암자 옆 바위에 가보라고 했다. 신기하여 가보니 쌀 한 톨이 빠져나올 크기의 구멍에서 쌀이 떨어져 쌓여 있었다. 이것은 틀림없이 지장보살이 준 것이라 믿고 가져와 저녁을 해먹었다. 다음 날에도 꼭 그만큼 쌓여 있었다. 끼니걱정이 없어진 영원은 더욱 수도에 정진했고 뒷날 큰스님으로 성장했다. 영원이 떠난 뒤 욕심 많은 한 승려가 더 많은 쌀이 쏟아져나오길 기대하고 바위 구멍을 넓게 뚫었는데 그때부터 쌀이 나오지 않았다고 한다.[23]

바위는 쌀이 나온다고 해서 미출암米出岩이라고 불렀다. 덧붙이자면 전설 속 영원은 신라의 승려라고 하는데 실제로는 조선시대 어린 시절 범어사로 출가해 금강산 영원암에서 수행한 승려다.

영원동의 끝에는 1,510미터 높이의 백마봉이 있다. 백탑동의 끝에 있는 1,528미터의 차일봉과 더불어 흙산으로 짝을 이루어 봄에는 꽃산, 가을에는 단풍산으로 바뀌어 그리도 아름답다. 백마봉은 흰말처럼 보이고 차일봉은 삽날의 날카로운 끝처럼 둥글고 뾰족한 천막을 펼쳐놓은 듯 보인다고 해서 생긴 이름이다.

진재 김윤겸의 〈영원암〉을 보면 화폭 하단에 영원동 계곡 물이 흐르고 그 옆에 옥초대 혹은 옥적대에 유람객이 자리를 차지하고 있다. 그 위로 암자 건물이 보이고 뒤편에 장엄한 지장봉이 지장보살의 위용을 자랑하고 있다. 시원하게 트인 구도와 깔끔하고 빠른 필선 그리고 푸른색 담채가 청명한 기운을 뿜어내는 걸작이다. 복헌 김응환의 《해악전도첩》 중 〈영원암〉은 거친 필선과 먹물을 번지게 하는 담채로 짙고 어둡지만 바위에 흰색을 칠해 눈길을 끈다.

지우재 정수영의 《해산첩》 중 〈옥추대 영원암〉은 화려하고 눈이 부시다. 화면을 크게 분할해 오른쪽은 여백을 키우고 두 줄의 화제를, 왼쪽은 상중하 3단 구도를 채택해 상단의 원경은 하늘의 여백, 중단의 중경은 두 개의 큰 봉우리, 하단의 근경은 암석과 소나무를 배치했다. 또한 중단과 하단 사이에 구름 안개가 흐르게 하여 맑은 기운을 부여했다. 바위에는 청회색을 칠하고 그 사이사이에는 초록 나무와 붉은 단풍을 물들여놓아 화려하다. 두 곳에 글씨를 써넣었는데 '영원암'과 '옥추대'가 그것이다. 옥추대는 옥초대 또는 옥적대의 다른 표현으로 화가는 대 위에 세 사람을 그려놓았다. 게다가 옥추대가 향하는 방향이 멀리 지장봉이어서 사실을

김윤겸, 〈영원암〉, 30.8×39.3, 종이, 1768년경, 개인.

김응환, 〈영원암〉, 《해악전도첩》, 32×42.8, 비단, 1788, 개인.

정수영, 〈옥추대 영원암〉, 《해산첩》, 37.2×62, 종이, 1799, 동원 이홍근 기증, 국립중앙박물관.

김홍도, 〈영원암〉, 《해산도첩》, 30.4×43.7, 비단, 1788, 개인.

김하종, 〈영원동〉, 《해산도첩》, 29.7×43.3, 비단, 1815, 국립중앙박물관.

김하종, 〈영원암〉, 《풍악권》, 30.9×49.7, 종이, 1865, 개인.

추구하는 지리학자 가문 출신의 화가다움이 살아난다.

　　단원 김홍도의《해산도첩》중〈영원암〉은 깊고 장대한 산악의 기세를 강렬하게 표현하고 있다. 화폭 중앙에 수직으로 치솟아 오르는 봉우리를 배치하고서 양옆으로 거대한 산봉우리가 연이어 펼쳐지는 구도를 채택했다. 그렇게 하고 보니 영원암이나 옥적대 위의 인물들은 화폭 오른쪽 하단으로 밀려나 아주 작아졌다.

　　단원 김홍도를 존경하여 단원풍을 구사하던 유재 김하종은 1815년과 1865년 두 차례에 걸쳐〈영원암〉을 그렸다. 1815년에 그린《해산도첩》중〈영원암〉은 김홍도의 구도와 유사하되 시냇물이 갈라놓은 계곡을 따라 이어지는 영원동의 길고 깊은 풍경에 주목했다. 1865년에 그린《풍악권》중〈영원암〉은 선배들이 채택했던 구도 가운데 장점을 고르고 또 원숙한 곡선의 필법과 채색을 구사하여 가장 시원하고 통쾌한 형상의 영원암을 형상화해내기에 이르렀다. 화폭 왼쪽 하단에 위치한 옥적대와 다섯 그루의 소나무 그리고 네 사람이 어울려 돋보인다. 그리고 보니 옥적대에 주목했던 김윤겸과 정수영을 따른 것이다.

망군대 구역,
명경대와 만폭 사이

망군대에서 내금강을 한눈에 바라보다

　　망군대 구역은 남쪽의 명경대 구역과 북쪽의 만폭 구역 사이에 끼어 있다. 만천 구역의 장안사에서 표훈사를 향해 오르다보면 삼불암교에서 동쪽 계곡이 송라동이다. 계곡에 들어서면 장마철에만 폭포로 변하는 높이 35미터의 계절폭포가 나온다. 그 오른쪽에 망군성 또는 금강성이 있는데 마의태자 활동 근거지인 수왕성이 멀지 않다. 이곳도 마의태자의 성이라고 한다. 물론 임진왜란 내 쌓은 성이란 설도 있지만 그 이전부터 있던 성터다. 그러니까 임진왜란 때는 피난처 또는 군사시설로 활용했을 것이다. 계곡을 따라 계속 가다보면 왼쪽으로 송라암이 있다.

　　송라암에서 더 나아가 사자목을 넘으면 내금강을 한눈에 관망할 수 있는 1,331미터 높이의 전망대인 망군대가 있어 망군대 구역이란 이름을 얻었다. 이름 가운데 군사를 뜻하는 '군' 자가 들어간 까닭은 마의태자가 거느린 군대가 주변 동정을 감시하는 군사용으로 사용했기 때문이다. 그러니까 이곳은 마의태자의 눈이었던 게다. 바로 그 다음이 높이 1,372미터의 혈망봉이다. 금강산 용맥龍脈의 정기가 모인 곳이라고 해서 혈망이란 이름을 얻었다.

송라암을 지나 계속 동쪽으로 나아가면 높이가 1,331미터나 되는 망군대가 나온다. 위대한 문인 교산 허균의 시를 보면 그때도 쇠줄을 매어둔 징검다리가 있었던가보다. 그 쇠줄 붙잡고 건너는데 '한 걸음 내딛자 혼이 날아가고 아래를 보니 아찔하다'고 할 정도였다.[24]

그 쇠줄을 붙잡고 이동하는 모습을 생생하게 묘사한 이는 1531년 5월 당시 이곳에 온 동주 성제원이었다. 나무와 바위를 부여잡고 기어올라갔는데 그나마 길이 있는 곳이 거기뿐이었기 때문이다.

"나무와 바위를 부여잡고 기어올랐다. 길이 없는 석벽에 쇠줄이 높이 드리워졌는데 그 쇠줄을 붙잡고 몸을 매단 채 뛰어올랐다. 돌 틈에 걸치고 바위 귀퉁이를 딛고서 허공을 부여잡고 훌쩍 뛰었다. 여러 계단의 돌층계를 올라가 꼭대기에 이르렀다."[25]

정상에 오르자 하늘은 맑게 개었고 구름도 흩어져 사라지자 성제원의 기분은 다음과 같았다.

"기분이 마치 난새나 학을 타고 표연히 우주를 나는 것만 같았다"[26]

망고대라고도 부르는 망군대 꼭대기에 수십 명이 앉을 수 있는 광장이 있는데 이곳 바로 앞쪽에 1,372미터 높이의 혈망봉이 자리하고 있다. 뛰어난 문인 식산 이만부는 「금강산기」에 망고대에서 보이는 수십 개에 달하는 봉우리 이름을 쭉 열거한 다음 '안으로 불쑥불쑥 솟아올랐으며 나머지 다른 봉우리도 힘들어하는 거북이처럼 엎드려 있어서 모두 헤아릴 수조차 없다'고 탄식했다.

정수영, 〈망군대〉, 《해산첩》, 37.2×62, 종이, 1799, 동원 이홍근 기증, 국립중앙박물관.

지우재 정수영의 《해산첩》 중 〈망군대〉 화폭 하단에 보이는 사찰은 그 건물의 형태와 규모로 미루어 표훈사다. 정수영은 네 개의 전각에 각각 그 이름을 '신선루'神仙樓, '창'倉, '나한전'羅漢殿, '어향각'御香閣이라고 써넣었다. 또 화폭 상단의 산에 '석가봉'釋伽峯, '망군대맥'望軍臺脉이라고 썼다. 이 봉우리를 염두에 둔다면 아래 전각은 표훈사라기보다는 송라동 계곡의 송라암이 아닌가 싶기도 하다. 물론 그 규모로 보아 일개 암자로 볼 일은 아니다.

망군대 능선을 따라 왼쪽으로 점차 멀어지다가 화폭 한쪽을 거의 다 비워둔 것은 까닭이 있을 것이다. 망군대 능선이야말로 동해바다를 향해 트인 방향이었으므로 마의태자가 경계를 늦추지 않던 곳인데 이처럼 텅 빈 여백으로 남겨둔 건 살아남은 이들의 상상을 위한 배려였는지도 모르겠다.

혈망봉, 연꽃이 물에서 튀어나온 것처럼

망군대에서 혈망봉을 보는 것은 옛 전설로 들어가는 일이다. 뚫린 구멍을 본다는 뜻의 혈망봉이란 이름의 기원은 그 봉우리가 서해바다 기슭에 있을 때부터 시작한다. 물장수와 땅장수들이 이 봉우리를 차지하려고 무려 3년 3개월 동안 혈투를 치렀다. 싸움에서 이긴 땅장수들은 혈망봉 이마에 구멍을 뚫은 뒤 긴 창을 꿰어 지금 이곳 동쪽으로 옮겨왔다. 이때 혈망봉 꼭대기에 커다란 구멍이 났다는 것이다.

전설은 또 있다. 거대한 용이 뚫고 지나간 흔적이라거나 우레를 관장하는 뇌신雷神이 뚫어놓았다고도 한다. 아득한 옛 조물주가 땅을 만들 때 바다밑 산속 굴에 용이 살고 있었다. 오랜 세월이 흘러 물이 줄어들어 육지로 변했고 굴도 막혀버렸다. 이에 바다로 가려는 용이 벼락신인 뇌신과 합세해 산꼭대기에 구멍을 내버렸

정선, 〈혈망봉〉, 《겸재화》, 25×19.2, 비단, 1747년경, 개인.

정선, 〈혈망봉〉, 《겸현신품첩》, 33.2×22, 비단, 1754년경, 서울대박물관.

다는 이야기다.[27]

그런 혈망봉을 본 성제원은 「유금강록」에서 '민둥산이 우뚝 솟아 마치 연꽃이 물에서 튀어나온 것처럼 생겼다'[28]고 멋지게 빗대었다. 망군대에서 혈망봉을 바라본 이만부는 '빼어나게 솟아올라 단아하고도 올곧아서 교만하게까지 느껴진다'고 했다.[29]

기이하게도 망군대 구역의 경물을 그린 그림은 정선이 그린 두 점의 〈혈망봉〉뿐이다. 그나마도 꼭대기에 뚫린 구멍이 없다. 처음 사생 여행의 결과물이라 할 수 있는 1711년 《신묘년풍악도첩》 중에 〈혈망봉〉이 있었다면 구멍 뚫린 혈망봉을 그렸을지도 모르겠다. 하지만 《겸재화》 중 〈혈망봉〉은 1747년 무렵, 《겸현신품첩》 중 〈혈망봉〉은 1754년 무렵의 작품이다. 현장에 가서 사생한 게 아니다. 만약 상상으로 그렸다고 해도 혈망이란 게 뚫린 구멍으로 본다는 뜻이라 어딘가에 구멍을 냈을 텐데 이상한 일이다.

《겸재화》 중 〈혈망봉〉은 수직의 옅고 가는 선으로 가득한 바위 기둥을 아래쪽에서 수평의 쌀눈 점인 미점米點이 감싸고 있어 편안하다. 특히 하단에 구름 띠를 그려넣어 봉우리를 지상으로부터 붕 띄워 놓았다. 세속과의 단절을 의도한 구성이다. 《겸현신품첩》 중 〈혈망봉〉은 쌀눈 점을 없애고 수직선이 빠르고 강한 데다 하단에 영원암 건물을 그려넣음으로써 세속성을 부여했다. 그렇다고 해도 여전히 어둡고 깊은 것이 깊고 깊은 심산유곡임을 부인하기 어렵다. 화폭 전체에 먹물을 옅게 베풀었기 때문이다.

태상 구역,
내금강의 북서쪽

태상천 따라 원통암까지, 원통동

태상 구역은 내금강의 북서쪽을 차지하고 있다. 원통동과 수미동으로 나뉘는데 남쪽의 첫 출발점은 표훈사에서 조금 올라가면 나오는 금강대다.

먼저 원통동은 금강대에서 왼쪽으로 꺾어 태상천을 따라 3킬로미터를 올라가면 나오는 원통암까지다. 원통동에는 빼어난 못인 청호연, 표주박소, 용상담, 용곡담, 용추, 구류연이 즐비하고 그 끝이 원통암이다. 용상담부터 용추까지 모두 '용'자를 갖추고 있는 것은 원통동에 용이 살았기 때문이다. 원통동을 만폭동의 축소판 같다고들 하는데, 외형만 닮았을 뿐 만폭동과 달리 물소리가 숲속에 잠겨버린 듯 고요하고 어느 곳부터는 골짜기가 넓어 마치 원시림의 적막 속인 듯 환하다. 이처럼 그윽하고 넓어 크고 뛰어남을 뜻하는 태상이라는 이름을 얻었나보다.

수미동은 원통암을 지나 수미암까지다. 수미동에는 자운담을 포함하여 일곱 곳의 빼어난 못이 있어 수미칠곡담이라고 부른다. 여기에 원통동의 구류연을 합해 수미팔담이라고도 한다. 각각 못 옆 바위에 그 이름을 써놓아 혼동을 피할 수 있게

김윤겸, 〈내원통〉, 《봉래도권》, 27.5×39, 종이, 1768, 국립중앙박물관.

미상, 〈내원통암〉, 《금강산도권》, 26.7×43.8, 종이, 19세기, 국립중앙박물관.

배려해 놓았다. 수미동이 끝나는 수미암에서 계속 동쪽으로 올라가면 높이 1,601미터의 영랑봉이 나오고 계속 가면 비로봉인데 비로봉 전에 진불암이 있다.

둥글게 사방이 트인 집이란 뜻의 원통암은 봉우리를 등 뒤에 두고 계곡을 앞에 두어 전망이 아주 좋다. 내원통암이라고도 하는데 외금강에 원통암이 또 있기 때문에 구별하기 위해서다.

외금강의 원통암은 은선대 구역과 송림 구역 두 곳에 있다. 외금강 은선대 구역의 원통암은 가운데 있다고 해서 중내원, 송림 구역의 원통암은 바깥쪽에 있다고 해서 외원통암이라고 부른다. 본래는 둥글게 통해 있다는 뜻의 '원통'圓通을 쓰지만 구별을 위해 부르는 이름은 집이란 뜻의 '원'院으로 바꿔 쓰는 게 재미있다.

진재 김윤겸의 《봉래도권》 중 〈내원통〉은 경물을 가장 시원하게 연출한 작품이다. 양쪽 시냇물로 둘러싸인 복판에 솟아오른 언덕 양지바른 곳에 암자가 단아한데 사방에 호위무사가 감싸는 지형을 이루고 있다. 암자 담장 안쪽 모서리에 두 사람의 유람객을 배치해 그 전망의 뛰어남도 짐작할 수 있게 했다.

《금강산도권》 중 〈내원통암〉은 김윤겸의 〈내원통〉과 완연히 다르다. 시점을 바꿔 정면에서 암자를 보는 가운데 화폭 하단을 기세 좋게 흐르는 시냇물과 돌기둥을 눕혀 놓은 돌다리가 인상 깊다. 유람객도 이곳저곳 배치해두는가 하면 나무와 풀에 연두에 노랑과 초록을 칠해 활기에 넘치는 풍경을 연출하는 데 성공했다.

수미동은 원통암 지나 수미암까지

자운담은 자줏빛 안개 드리운 곳으로 수미동의 일곱 못 가운데 가장 신비롭다. 김응환이 그린 《해악전도첩》 중 〈자운담〉을 보면 그 수려한 모습이 한눈에 들어온다. 한복판의 물줄기가 사선으로 누워 있고 그 주변 바위도 모두 같은 기울기로 누웠다. 붓질도 빨라 속도감도 느껴진다. 화폭 상단 중앙에는 사각형 상자를 쌓아올린 듯 기이하고 그 왼쪽 봉우리에는 흰색을 칠해 신묘함을 더했다. 물줄기 옆 너럭바위에 앉거나 선 세 사람의 유람객이 그 위치 탓인지 유별나 보인다. 《해악전도첩》 중에서도 빼어난 작품이다.

수미동의 막바지인 극락현은 둔행칠리臀行七里라고 해서 엉덩이 걸음으로 엉기적거리며 7리를 가야 할 만큼 지나치게 가파른 영마루 고개다. 기어가듯 다 넘어가면 드디어 수미암이 나타난다. 수미암에서 동북쪽 방향을 보면 영랑봉이 보인다. 신라 효소왕孝昭王, 687-702 때 화랑인 영랑의 이름을 딴 영랑봉 산줄기의 끝에 위태롭게 선 영랑대가 서 있다. 그리고 그 영랑봉과 영랑대 사이로 난 계곡에는 끝도 없을 돌탑들이 즐비하다. 돌탑 계곡의 막바지에 이르면 높이 60미터 탑이 우뚝 서 있는데 바로 돌탑의 우두머리란 뜻의 수미탑이다. 수미동이라는 이름도 바로 이 수미탑에서 따왔다.

영랑대에 올라서면 북쪽으로 영랑봉과 더불어 높이 1,456미터 능허봉 그리고 수미탑을 비롯한 수미동 자연 돌탑들이 한눈에 들어온다. 남쪽으로도 봉황, 거북, 장수, 노장 같은 이름을 지닌 바위들이 즐비하다. 그런 까닭에 영랑대는 망군대, 백운대, 원통암과 함께 내금강에서 전망이 가장 뛰어난 곳으로 꼽힌다.

전망이 좋으니 많은 화가들이 경관에 도전했을 법하지만 겸재 정선이나 진재 김윤겸은 이곳까지는 올라오지 않았는지 남은 작품이 없다. 다만 김응환의 《해악전도첩》 중 〈수미탑〉이 전해와 수미동을 채우고 있는 자연 석탑이 전개하고 있는 장관을 한눈에 보여준다. 화폭 왼쪽에 우뚝 솟은 수미탑의 생김생김은 기이하다. 둥근 방석 같은 것을 쓰러질 듯 겹겹이 포개서 쌓아올렸는데 그 모습이 낯설어 오히려 눈길을 끈다.

1788년 김응환과 함께 사생 여행을 한 김홍도는 선배 김응환이 기묘한 상상

김응환, 〈자운담〉, 《해악전도첩》, 32×42.8, 비단, 1788, 개인.

김응환, 〈수미탑〉, 《해악전도첩》, 32×42.8, 비단, 1788, 개인.

력으로 대상을 변형시켜 묘사하고 나면 그것을 사실의 형상으로 환원시키는 작품을 토해냈다. 이번에도 마찬가지다. 수미동 자연 석탑의 실상을 풀 한 포기 놓치지 않고 묘사했다. 비로소 사진을 보는 듯 실제의 모습을 만날 수 있다. 화폭 하단 시냇가에 앉아 넋을 놓고 수미탑을 보는 두 사람의 선비가 너무 작아 오히려 수미탑을 더욱 크게 보이게 한다.

지우재 정수영이 1821년에 그린 〈금강수미탑〉 두 점 가운데 한 점은 거북바위·촛대바위·장수바위를, 또 한 점은 봉황바위와 함께 수미탑을 그렸다. 화제에 스스로를 '79세'라고 썼음을 보면 1821년 작품인데 또 다른 화제를 보면 '1797년 정사년丁巳年' 때 사생했던 것을 옮겨 그렸다고 써 있다. 긴장감을 놓칠 수 없는 붓질의 속도감으로 말미암아 팽팽한 기운이 흘러넘친다.

유재 김하종의 《해산도첩》 중 〈돈계탑〉頓阶墖은 어디를 그린 것인지 그 지명을 아직 찾지 못했다. 다만 수미탑과 그 형태가 유사하여 여기서 언급을 해둔다. 위대한 선배 화가인 정수영과 김응환, 김홍도가 이미 훔쳐가버린 수미탑의 형상에도 불구하고 김하종은 또 다른 탑의 감춰진 모습을 찾아냈다. 먼저 탑은 책 수천 권을 첩첩이 쌓아올린 형태로 그렸다. 그리고 탑을 둘러싼 주변의 탑들은 삭제한 채 아주 매끄럽고 날렵하기 그지없는 모습의 바위산으로 바꿔버렸다. 탑 아래에 흐르는 시냇물도 매끄러운 곡선의 선율처럼 묘사했다. 오직 탑 하나만을 다르게 하여 빛나게 하는 중심과 주변 대비법은 앞선 누구도 하지 않은 것이었고 그 결과 비교 불가능한 걸작이 탄생했다.

《금강산도권》 중 〈수미탑〉은 장엄함도 장엄함이지만 곱고 예쁜 화폭이 눈길을 끈다. 먼저 수미탑 꼭대기 묘사가 미소를 자아낸다. 모자 같은 지붕 위에 소나무 한 그루가 자라났고 아래에는 둥근 바윗덩어리를 옹기종기 모아두었다. 하단 시냇물과 그 아래 너럭바위를 넓게 전개시킨 뒤 다섯 사람의 유람객을 자세히 묘

김홍도,
〈수미탑〉,
《해산도첩》,
30.4×43.7,
비단, 1788,
개인.

정수영, 〈금강수미탑〉 1, 64×52, 종이, 1821, 개인.

정수영, 〈금강수미탑〉 2, 64×52, 종이, 1821, 개인.

김하종, 〈돈계탑〉, 《해산도첩》, 29.7×43.3, 비단, 1815, 국립중앙박물관.

미상, 〈수미탑〉, 《금강산도권》, 26.7×43.8, 종이, 19세기, 국립중앙박물관.

김응환, 〈진불암〉, 《해악전도첩》, 32×42.8, 비단, 1788, 개인.

사했다. 그들의 이야기 소리가 들리는 듯해서 화폭의 분위기와 잘 어울린다.

진불암, 한가하게 노니는 곳

1531년 5월 장인을 모시고 금강산에 들어간 성제원이 비로봉 등정을 하루 앞둔 날 진불암에 도착해 그날밤을 보냈다. 그는 진불암을 다음처럼 묘사했다.

> "진불암으로 들어가니 암자의 양쪽에 있는 큰 소나무와 늙은 회나무가 푸르게 얽혀 그늘을 만들어놓았다. 비석 같은 돌 7~8개가 나란히 서 있다. 한가하게 노닐며 화창함을 노래하고 보니 참으로 아름다운 경치다. 늙은 중 지한志閑과 계공이 참선을 하고 있는데 슬기롭고 똑똑하여 말도 잘하였다."[30]

이 글을 읽고서 김응환이 그린 《해악전도첩》 중 〈진불암〉을 보면 거의 같다. 화폭 하단은 흙산이고 상단은 바위산이다. 암자 앞마당에는 세 개의 바윗돌이 비석처럼 장대한 모습으로 나란히 서 있고 그 사이로 노니는 유람객들도 보인다. 한가롭고 또 화창하여 노랫소리가 들리는 듯하다.

비로봉 구역,
금강의 주봉이며 으뜸

하늘 밖을 보여주는 봉우리

김금원은 내금강에서 외금강으로 나가는 고개인 내무재령 혹은 내수점을 넘으며 비로봉을 다음처럼 묘사했다.

"내금강 봉우리는 대개 기이하지만 그중 비로봉이 제일인데 위는 둥글고 두터우며 모두 흰빛으로 밝게 비치는 것이 내금강 가운데 으뜸이라 할 만하다."[31]

비로봉은 실로 금강의 으뜸이자 하늘 밖을 보여주는 봉우리다. 금강의 주봉, 비로봉을 향해 올라가는 길은 모두 네 갈래다. 북쪽에서는 구성 구역의 끝인 비로담·용마석을 거쳐 올라가고, 서쪽에서는 백운대 구역의 영랑봉을 거쳐 올라가며, 동쪽에서는 외금강 구룡연 구역 비사문 또는 은선대 구역의 안무재골을 거쳐 오를 수 있다. 하지만 기본은 남쪽 만폭 구역을 거쳐 백운대 구역의 묘길상을 지나 올라가는 길이다. 묘길상 왼쪽으로 꺾어 오르다가 다시 원적골에서 갈림길을 만나는데 여기서 왼쪽으로 꺾어 오르다보면 또 한 번 갈림길이 나온다. 바로 이 갈림길에서 비로봉과 중향성으로 나뉜다. 여기서 오른쪽으로 꺾어 오르면 20년고개에서 관음바위라고도 하는 시랑바위를 만난다. 자식이 없는 금슬 좋은 부부가 20년 동안 고개를 오르내리며 바위에 빌고 또 빌어 비로소 아이를 얻었다는 전설 때문에 그 고개는 20년고개라는 이름을 얻었다.

고개를 넘어 쭉 가다보면 톱날 같은 바위들을 만나는데 이게 은사다리, 금사다리다. 하늘로 이어지는 이 톱날 바위들은 아침에는 은빛으로 물들고 저녁에는 금빛을 뿜어낸다. 또한 구름의 변화에 따라 변해서 구름다리라고도 한다. 그 끝에 이르면 둘레가 4킬로미터나 되는 평평한 비로고대毘盧高臺를 만난다. 쟁반처럼 생긴 이곳은 구름도 쉬어갈 수밖에 없게 평안하다. 또한 이곳의 소나무, 전나무, 잣나무, 자작나무는 모두 바닥에 엎드려 있어 '누운' 자를 붙여 누운소나무, 누운전나무, 누운잣나무, 누운자작나무라고 한다. 바람이 세차게 불기 때문에 모두가 누운 채 서로가 서로를 붙잡아주는 것이다. 각시꽃, 만병초, 진달래 등을 비롯한 숱한 고산식물이 자라는 비로고대를 지나 두려운 벼랑을 끼고 1킬로미터를 오르면 비로봉 꼭대기에 다다른다. 사방팔방으로 트여 있어 금강산 1만 2천 봉우리와 그 사이 계곡은 물론 멀리 동해바다까지의 자태가 한눈에 들어온다.

비로봉 아래 사이좋은 오누이가 살고 있었다. 오빠는 돌 다루는 솜씨가 빼어난 석공이었다. 어느 날 금강 바위를 다듬어 천하 명승지로 만들겠다는 꿈을 안고 3년을 약속한 뒤 떠났다. 3년이 지났는데 오빠가 돌아오지 않았다. 오빠를 찾으러 산속으로 들어갔으나 어둠이 밀려들어 길을 잃고 말았다. 초롱불조차 없는 먹물 같은 암흑 속에 헤매다보니 희망조차 사라질 것만 같아 구슬 같은 눈물이 떨어지기 시작했다. 신기하게도 눈물방울이 떨어진 곳마다 초롱처럼 생긴 꽃이 피어나

빨간 불빛으로 길을 비춰주었다. 불빛을 따라가다가 바위 아래 쓰러진 오빠를 찾았지만 정신을 잃은 상태였다. 어쩔 줄 몰라 하고 있는데 초롱꽃에서 맑은 향기가 흘러 오빠의 눈을 뜨게 했다. 그뒤 오누이는 금강산을 찾는 사람들을 위해 곳곳에 초롱꽃을 심기 시작했다. 오직 금강산에서만 자라기에 사람들은 그 초롱처럼 생긴 꽃에 금강초롱이라는 이름을 붙여주었다.

비로봉 북쪽 구성 구역을 향해 내려가다보면 용마석이 나오고 그 옆으로 마의태자릉이 있다. 용마석은 말이 선 듯 높이 50미터의 바위로 마의태자가 타고 다니던 태자마였다고 한다. 마의태자는 명경대 구역과 망군대 구역을 거점 삼아 신라왕조의 회복을 준비했지만 살아생전에 이루지 못했다. 하지만 포기하지 않았다. 외금강으로 나가는 길목에 자신을 묻어줄 것을 당부했고 추종자들은 그의 시신을 이곳에 모셨다. 어쩌면 내금강으로 숨어들 때 바로 이 길을 통해 들어왔는지도 모르겠다. 그곳에서 그는 못 다한 꿈을 아직도 꾸는 중일지도 모르겠다.

1531년 5월 22일 동주 성제원이 비로봉에 올랐다. 전날 마하연을 지나 북쪽 백운대 구역으로 올라와 수미암을 거쳐 진불암에서 밤을 보낸 성제원은 비로봉 등정을 다음처럼 썼다.

"5월 22일. 새벽에 일어나 날씨를 살펴 점을 쳤다. 가벼운 바람이 구름을 걷어내 하늘은 씻은 듯 푸르렀다. 내가 뛸 듯이 기뻐 말하기를 '날씨가 이와 같은데도 비로봉을 오를 수 없겠소' 하고 계공을 데리고 북쪽 높은 언덕을 올라 동쪽으로 향해 산등성이를 탔다."[32]

가시밭길을 헤치고 신라의 화랑 영랑이 노닐던 고개인 영랑점을 지나 동쪽으로 계속 나아갔다.

"우물 옆에서 쉬다가 드디어 비로봉 정상에 올랐다. 남쪽에서 은벽을 깎아 세운 듯 서 있고 아래를 보니 땅이 보이지 않는다. 북쪽에는 푸른 넝쿨이 무성하게 덮인 언덕이 우뚝하다. 돌 틈을 부여잡고 조금씩 나가니 홀로 하늘 밖에 솟았다. 허공에 서니 한없이 그윽하고 고요하다. 하늘에 구름 한 점 없고 바다에도 안개 한 점 없다. 사방을 봄에 거리끼는 것이 없었으므로 천봉만학이 총총히 드러나 보였다. 동쪽으로 호호망망한 바다에 닿아 있는데 바람은 잠잠하고 파도는 고요하다. 은빛 물결은 기름처럼 반짝이고 광활한 물은 끝이 보이질 않는다.

지리산이 남쪽 끝에 머리를 드러내고, 묘향산은 서쪽에 상투를 드러냈다. 삼각산, 도봉산, 천마산, 성거산이 발밑에 빙 둘러 나열하였는데 올록볼록한 것이 마치 개미집 같았다. 대개 조선은 삼면이 모두 바다요 오직 평안도 한 면만 요동과 경계를 지어 아득할 뿐이다. 정신과 기분이 상쾌하여 나부껴 날아오르고 싶었다. 해동의 작은 땅을 하루 만에 두루 보고 말았다."[33]

해 저물녘에야 비로봉에서 내려와 도로 영랑점에 이르자 기다리던 계공이 '절정에 오르니 어떻습니까'라고 물었다. 이에 성제원이 답했다.

"무아무물無我無物이라, 나도 없고 사물도 없더이다."[34]

계공은 그런 성제원을 보고 정상을 잘 오른 인물이라는 의미로 선등정자善登頂者라고 불러주었다.

성제원과 마찬가지로 평생 관직을 멀리한 학자 식산 이만부는 정양사와 표훈사 일대의 만폭 구역을 떠돌며 비로봉을 보았다. 멀리서 본 비로봉은 어떤 것이었을까. 이만부는 「금강산기」에 비로봉의 상하단을 따로 묘사했다. 먼저 비로봉 하단에 대한 기록이다.

"비로봉 허리 아래는 단풍으로 속옷을 입고 돌벽은 서리에 젖어 붉은 연지를 바른 듯하다. 그 사이로 늙은 소나무가 솟아 울퉁불퉁 응어리졌고 구렁이처럼 굽어 푸른 소나무 잎이 수북하고 또 오랜 넝쿨이 무더기채로 솟아 서로 얽혀 자주색, 노란색이 찬란히 어려 마치 오색비단이 섞인 것 같았다."

다음은 비로봉 상단에 대한 묘사다.

"그 위에 흰 바위가 마주보며 엎드려 맑게 빛나는 게 마치 흰눈이 햇빛에 비친 듯 눈부시다. 그 바위는 모두 살을 베어내고 가죽을 벗겨 투명한 뼈만 서 있었다. 갑자기 구름이 회오리쳐 돌아 바위에 부딪혀 하늘로 날아올랐다 다시 바위를 덮치니 비로봉 정수리 쪽으로 서풍이 세차게 일어나며 은은한 소리가 생겼다."[35]

1554년 3월부터 1555년 봄까지 한 해 동안 금강에서 생활한 19살 소년 율곡 이이는 훗날 강릉이 배출한 위대한 인물이 되었다. 마하연에서 시작하여 사찰과 암자를 떠돌던 소년 율곡 이이의 금강행은 수련과 유람 그리고 시정으로 가득 찬 나날이었다. 어느 날이었을까. 비로봉 정상에 오른 그는 장편 서사시「풍악행」에서 절로 흐르는 마음을 노래했다.

"가슴 속에 산수가 들어 있으니
여기 머물 필요 있겠나
한 번 보고 족히 아는 척한다고

정선, 〈비로봉〉, 《겸재화》, 25×19.2, 비단, 1747년경, 개인.

정선, 〈비로봉〉, 99.6×47.4, 종이, 손세기·손창근 기증. 국립중앙박물관.

김응환, 〈안문점 망 비로봉〉, 《해악전도첩》, 32×42.8, 비단, 1788. 개인.

조물주가 나를 꾸짖지야 않겠지"[36]

비로봉을 그린 단 한 사람

비로봉을 단독으로 그린 화가는 오직 정선뿐이다. 두 점의 〈비로봉〉이 전해 온다. 개인 소장품으로 1747년 무렵에 그린 《겸재화》 중 〈비로봉〉은 부드러움을 살리려다보니 느슨해지고 말았다.

참으로 경탄을 자아내는 작품은 대작 〈비로봉〉이다. 화폭을 위아래로 크게 나누어 하단에 날렵한 바위 기둥 20여 개를 수직으로 세우고서 봉우리의 높낮이에 변화를 주어 양끝은 높이고 가운데로 갈수록 낮게 파내려갔다. 이렇게 생긴 움푹한 둥지는 위로 솟구치는 거대한 비로봉의 감춰진 아래를 드러내준다. 위로 올라갈수록 좁아지다가 봉우리가 둥근 원형으로 뭉치는데 마치 용암이 밀려서 뭉클거리듯 삐져나오는 것 같다. 이처럼 비로봉을 둥글게 원만한 모습으로 형상화한 것은 1만 2천 봉우리를 거느린 주인의 넉넉함을 보여주려는 의도에 따른 것이다. 그럼에도 답답하기는커녕 아주 유쾌하다. 삼베 실처럼 가느다란 선인 피마준을 아주 빠른 속도로 휘둘러서 경쾌한 기분을 한껏 살려냈기 때문이다.

복헌 김응환은 묘길상을 지나 비로봉을 향해 오르던 도중 안문점에 도착했다. 내수점이라고도 부르는 고개다. 여장을 풀고서 북쪽을 향하니 비로봉이 모습을 드러낸다. 김응환의 《해악전도첩》 중 〈안문점 망 비로봉〉은 안문점에서 바라보는 비로봉의 모습을 그린 것인데 하늘을 찌르는 금강의 분위기와는 많이 다르다. 그렇게 느껴서 그렇게 보였을 것이지만 뜻밖이다.

03

외금강, 강경한 장엄미

외금강은 비로봉을 기준으로 동쪽이며 내금강에 비할 수 없이 넓은 지역으로 전개되어 있다. 모두 11개 구역이다. 온정 구역을 제외하여 모두 10개 구역으로 나누기도 한다.

먼저 금강산 북쪽 3개 구역을 살펴보자. 별세계라고도 부른다. 최북단 통천군 백정봉 구역은 추지령으로 넘어가는 바리봉, 백정봉 기슭에서 발원해 동해로 흘러가는 광교천 물길에 형성되어 있다. 그로부터 한참을 남하해 장전항에서 멀지 않은 곳에 있는 고성군 선창 구역은 오봉산과 선창산 기슭에서 발원해 동해로 흐르는 선창천 물길에 자리하고 있다. 선창 구역보다 더 남쪽에 있는 천불동 구역은 세지봉과 오봉산, 천불산 기슭에서 발원해 동해로 가는 천불천 물길에 형성되어 있다.

금강산 동쪽의 7개 구역은 모두 금강산 차일봉에서 발원해 굽이굽이 흐르는 길이 85킬로미터의 남강 지류다. 남강은 동해에 이르기까지 굉장히 많은 갈래를 이루는 강이다. 금강산 계곡만큼이나 수도 없이 많은 물길과 계곡이 형성되어 있으므로 북부, 중부, 남부 세 지역으로 구분해서 보기로 하자.

첫째, 북부 지역은 만물상 구역과 수정봉 구역이다. 만물상 구역은 온정령 기슭에서 발원해 동쪽으로 흐르는 온정천 상류의 계곡 한하계에 자리하였고, 수정봉 구역은 수정봉 기슭에서 발원해 온정천으로 합류하는 계곡이다. 온정천은 더 내려가 신계천과 합류한 뒤 북강이란 이름으로 바뀌고서야 끝내 바다로 흘러나간다.

둘째, 중부 지역은 구룡연 구역과 선하 구역 그리고 발연 구역이다. 구룡연 구역은 비로봉과 옥녀봉, 세존봉 기슭에서 발원해 흐르는 옥류천으로 신계천에 합류하는 계곡이다. 선하 구역은 집선봉과 채하봉 사이 기슭에서 발원해 흐르는 동석동으로 신계천에 합류하는 계곡이다. 발연 구역은 집선봉과 강선대, 소반덕 동쪽 기슭에서

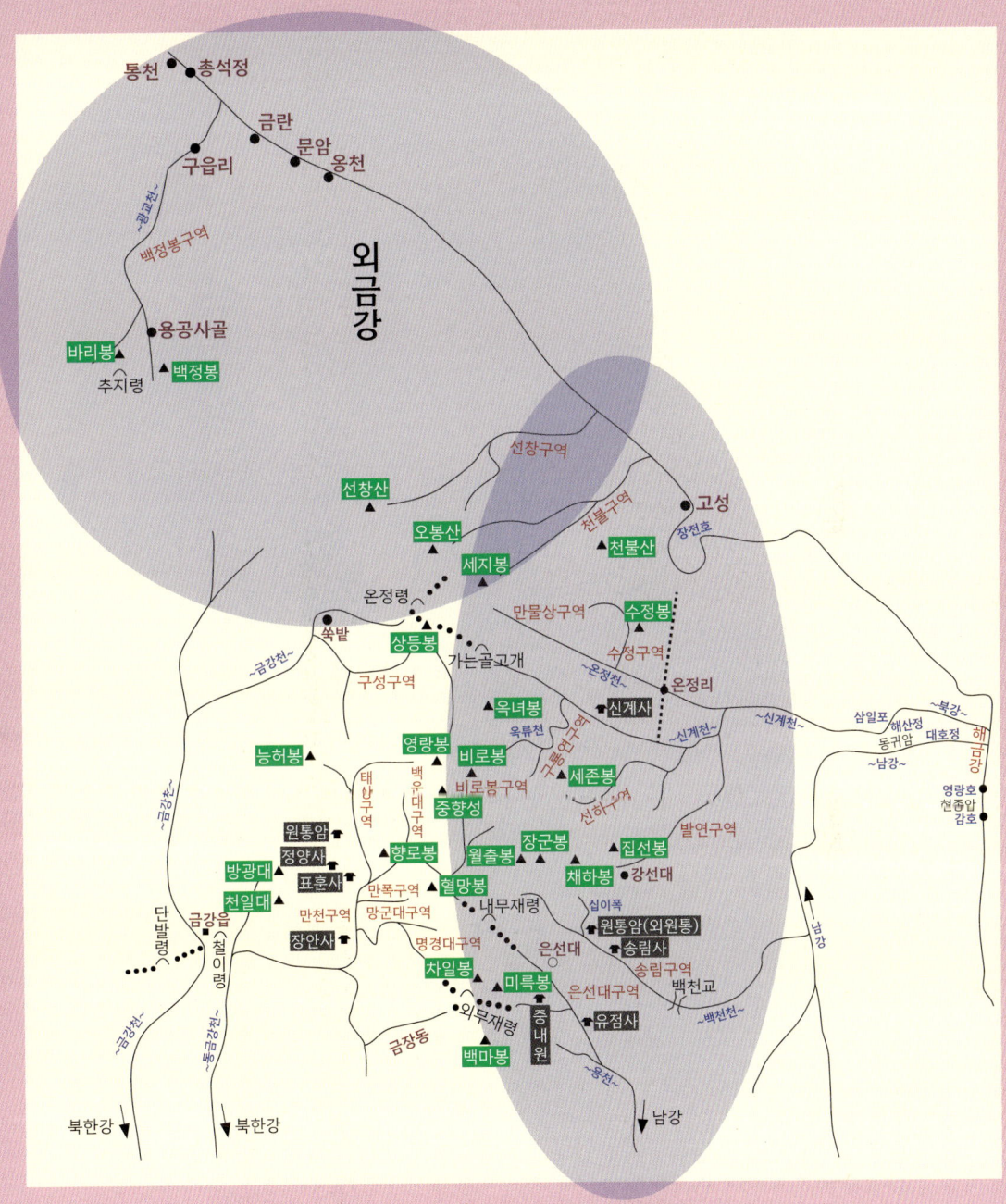

발원해 흐르는 영신동과 발연동 두 줄기로 신계천에 합류하는 계곡에 위치하고 있다. 신계천은 삼일포에 가까이 와 바다로 빠져나간다.

셋째, 남부 지역은 송림 구역과 은선대 구역이다. 이 두 구역을 일제강점기 때 신금강으로 불렀으나 그 명칭은 곧 사라졌다. 먼저 송림 구역은 월출봉 기슭에서 발원해 흐르는 성문동, 만상동, 송림동 계곡으로 백천강에 합류하는 계곡이다. 백천강은 동쪽으로 흘러 남강 본류로 흘러들어간다. 은선대 구역은 향로봉 기슭과 미륵봉 기슭에서 발원해 흐르는 효운동과 백마봉 기슭에서 발원해 흐르는 만경동 두 줄기로 흐르다가 합쳐지는 용천동계곡이다. 용천은 한참을 남하해 남강 본류로 합류한다.

외금강은 서쪽으로 내금강을, 동쪽으로 해금강을 거느리고 있는 몸통이다. 남쪽에서 금강산 몸통인 비로봉을 바라보면 내금강은 왼쪽 날개, 외금강은 오른쪽 날개를 펼치고 있는 모양이다. 비로봉 기슭에서 뻗어나오는 줄기를 타고 동해까지 펼쳐지는 숱한 봉우리와 그 기슭의 화려한 전개는 거대한 독수리의 날개보다도 더욱 거세다. 그래서 외금강의 형세는 강경한 장엄미라는 한마디로 함축할 수 있다. 외금강 가는 길은 크게 세 갈래다.

첫째, 북쪽 관문으로 육로다. 북쪽 원산에서 통천을 거쳐 남쪽으로 내려와 고성으로 진입하면 운전천의 백정봉 구역, 창천의 선창 구역, 천불천의 천불동 구역이 연이어 맞이한다. 외금강 북쪽 세 구역의 가장 남쪽에 있는 천불천에서 약간 남하하면 고성읍 장전항이다.

둘째 관문은 해로다. 장전항에 기착하여 북쪽으로 가면 천불동·선창·백정봉 구역이고, 남쪽으로 가면 온정리에 도착한다. 온정리에서는 만물상, 구룡연, 선하, 발연 구역으로 들어갈 수 있다. 온정리의 온천인 온정溫#은 아주 약한 방사능을 품은 라듐 온천이다. 여러 가지 질환에 효력이 있어 인기가 높다.

셋째 관문은 삼일포를 품고 있는 해금강 구역에서 출발하는 것이다. 강물은 크게 두 줄기다. 한 줄기는 신계천이다. 서쪽 금강산에서 동쪽 고성읍을 향해 흘러내려와 동해로 빠진다. 또 한 줄기는 남강이다. 금강산 남쪽에서 발원해 서쪽으로 흐르는 여러 지류들이 합수해 북쪽을 향해 쭉 흐르다가 고성읍에서 동쪽으로 꺾어 바다로 나간다.

셋째 관문은 훨씬 복잡하다. 따라서 세 갈래로 나누어 보아야 한다.

하나는 신계천으로 가지 않고 남쪽 방향의 남강 본류를 따르는 경로다. 한참을 남하하면 외금강 남부로 접어든다. 여기서도 두 갈래다. 먼저 남강의 지류인 백천천을 따라 올라가면 송림 구역이다. 다음, 백천천의 백천교에서 남쪽의 박달고개를 넘어가면 유점사를 품고 있는 용천의 은선대 구역으로 진입한다.

둘은 신계천을 타고 계속 거슬러 올라가는 경로다. 여기서도 둘로 나뉘는데 먼저, 서쪽 방향으로 직진하는 냇물인 온정천을 따라 온정리를 지나쳐 계속 직진하면 외금강 북부인 수정봉 구역, 만물상 구역으로 들어간다. 다음, 온정리에서 남쪽 방향으로 가는 길이 있다. 이 길은 물길이 아니라 원호고개라 부르는 극락현 너머에 있는 신계사로 가는 길이다. 신계사에 도착하면 절 앞에 흐르는 신계천 지류가 있다. 그 지류를 따라 서쪽 방향으로 거슬러 올라가면 구룡연 구역에 접어든다.

셋은 두 번째와 마찬가지로 신계천을 타고 거슬러 올라가지만 두 번째와 달리 온정리에 도착하기 훨씬 전에 남쪽 방향으로 꺾어지는 신계천 본류를 따라 거슬러가는 경로다. 신계천 본류는 곧장 두 갈래로 나뉘고 여기서 각각 선하 구역과 발연소 구역으로 접어든다.

백정봉 구역,
외금강의 가장 북쪽

조물주가 미리 만들어본 금강의 모형

　외금강 가장 북쪽에 있는 세 개의 구역은 모두 해안선 일대다. 고성군 북쪽 해안의 운전리 운전강의 백정봉 구역, 그 아래 선창천의 선창 구역 그리고 고성읍 바로 위쪽 천불천의 천불동 구역이 그것이다. 이들 세 개 구역은 외금강으로 분류하고 있긴 하지만 금강의 머리에 씌워놓은 모자처럼 북쪽 해안선에 연이어 있어 신세계를 형성하고 있다.

　백정봉 구역은 외금강의 가장 북쪽이다. 북쪽 통천군에서 고성군으로 내려오면 운전리란 마을이 있고 여기에 운전강이 흐른다. 서남쪽 방향으로 운전강을 거슬러 올라가면 높이 748미터의 백정봉과 658미터의 바리봉이 우뚝 버티고 서 있다. 이 구역은 조물주가 금강산을 만들기 위해 선택해 모형을 제작해둔 곳이라고 한다. 실제로 금강산의 절경을 축소해놓은 듯하다. 그런 까닭에 예부터 소금강이라 하였다. 워낙 움푹 패인 돌확이 많아 백 개의 솥이란 뜻을 담아 백정봉이라 하였다. 둥그런 것, 우묵하게 패인 것, 구불거리며 돌아간 것 등 천태만상의 돌확에는 맑은 물들이 고여 반짝거린다.

　　백정봉은 두 개로 이루어졌는데 북쪽은 하백봉, 남쪽은 상백봉이고 하백봉에는 오리바위·가인바위·백중못·말등바위가, 상백봉에는 고래등바위·병풍바위가 즐비하고 더 나아가면 백정봉이다. 백정봉에서 남쪽으로 향하면 바리봉 또는 발우봉이 나온다.

　　백정봉과 바리봉에는 금강의 정신이 담긴 전설인 곱돌 이야기가 전해온다. 고성 운전리에 삼덕이가 딸 달래와 아들 곱돌이를 데리고 살고 있었다. 예쁜 달래에게 눈독을 들인 지주가 삼덕에게 빚 대신 달래를 데려가거나 아니면 산봉우리에 돌솥 1백 개를 사흘 안으로 만들어내라고 했다. 곱돌이는 사흘 안으로 1천 개를 만들 테니 빚 탕감은 물론이고 1천 냥을 내라고 장담하고 떠났는데 운전강을 건널 때 급류에 휩쓸렸다. 이때 동해바다에서 고래가 오더니 등에 태워 곱돌이를 산봉우리로 데려다주었다. 하지만 이틀 동안 열 개밖에 만들지 못했다. 절망 끝에 깜빡 잠이 들었는데 꿈속에 백발노인이 나타나 정이 있는 곳을 알려주었다. 이 정으로 바위를 한 번 쪼으니 솥 하나가 생겼다.

　　한편 달래는 급류에 쓸려간 곱돌이를 찾아나섰다가 물살에 휘말렸다. 이때 바다에서 오리떼가 날아와 상류로 데려다주었다. 곱돌이를 찾았지만 잠들어 있었고 돌솥은 겨우 열 개뿐이었다. 절망한 달래가 외마디 비명을 지르며 굴러 넘어지다가 바위로 변했고 따라오던 오리는 물론 이미 와 있던 고래까지 모두 바위로 변했다.

　　곱돌이는 요술방망이와도 같은 정으로 사흘째 1천 개의 돌솥을 완성하고서 내려오는 길에 바위로 굳어버린 달래를 발견했다. 고통을 견디며 귀가한 곱돌이는 지주에게 가 약속한 돈을 받아내고야 말았다. 이 돈을 마을 사람들에게 나누어 준 뒤 산봉우리에 가서 솥에 어울리는 그릇인 밥바리를 쪼아 만들었다. 그뒤 사람들은 돌솥을 쪼은 봉우리는 백정봉, 밥바리를 쪼은 봉우리는 바리봉이라 불렀으며

김응환, 〈백정봉〉, 《해악전도첩》, 32×42.8, 비단, 1788, 개인.

달래가 굳은 바위는 가인바위, 오리와 고래가 굳은 바위는 오리바위, 고래등바위라고 이름을 지어주었다.

복헌 김응환의《해악전도첩》중〈백정봉〉은 매우 사실에 충실한 실경이다. 동해 가까운 백정봉 구역을 염두에 두었으므로 화폭 상단에 바다를 넓게 배치했다. 검은 기암괴석 사이사이에 푸른 숲과 흰색 바위봉우리들이 없었다면 해금강, 총석정을 소재로 그린 작품으로 착각하기에 좋은 그림이다.

그림에서 가장 눈길을 끄는 부분은 화폭 오른쪽 중단에 사선으로 미끄러지는 바위인데 거기엔 16개의 동그란 구멍이 뚫려 있다. 그 곁에 네 사람의 유람객이 구멍을 관찰하고 있는데 바로 이 흰색 구멍이 돌솥이다. 돌솥바위 옆으로 바위를 가로질러 두 개의 흰색 물줄기가 흐르고 안쪽에 타원형의 푸른 빛 감도는 백중못도 보인다. 전설 속 달래가 굳었다는 가인바위며 큼직한 고래등바위나 자잘한 오리바위가 있는 듯한데 찾기 어렵다. 다만 화폭 한복판에 세 명의 사람 형상을 세워놓았는데 아버지인 삼덕, 딸인 달래, 아들인 곱돌이의 동상이다. 실로 실제 경치와 전설을 결합시킨 걸작이다.

그림을 찾지 못한 선창 구역과 천불동 구역

선창 구역과 천불동 구역은 고성읍 바로 북쪽 선창천과 천불천 일대다. 이 두 구역은 예부터 별금강이라 불러왔다. 하지만 지금껏 그 일대를 그린 작품을 찾지 못했다.

만물상 구역, 금강제일승

땅과 하늘의 만물을 숨겨놓은 곳

외금강 북부에 위치한 만물상 구역은 한하계와 만상계 계곡으로 구성되어 있다. 만물상 구역으로 가는 길은 두 갈래다. 하나는 장전항에서 남하하는 길이고 또 하나는 삼일포에서 서행하는 길이다. 두 갈래 길이 온정리에서 만난다. 온정리에서 서쪽으로 가다 오른쪽으로 꺾어지면 수정봉 구역이고 직진하면 만물상 구역이다.

한하계 물길은 만물상 구역의 시작이고 이 길이 끝나면 만상계 물길이다. 한하계는 금강의 계곡 가운데 폭이 가장 넓어 환한 데다가 차가운 안개와 시원한 온정천 물길이 맑은 기운으로 맞이해준다. 오른쪽으로는 수정봉이며 문주봉 그리고 세지봉이 치솟았고, 왼쪽으로는 문필봉·하관음봉·중관음봉·상관음봉이 연이은 관음연봉이 즐비하다. 관음연봉은 비로봉 북쪽에 높이 1,227미터의 상등봉에서 동쪽 온정동으로 10킬로미터를 줄달음치는 장거리 능선이다.

관음연봉은 하한계 입구에 자리잡은 거대한 바위가 관음상을 닮아 그렇게 부르기 시작했는데 천불동 구역 천신암과 더불어 쌍벽을 이루는 자연 조각, 천연 조각으로 널리 알려졌다. 관음연봉 기슭 아래 계곡인 하한계의 초입에 곰바위가 있는데 그 곰은 본시 비로봉의 곰이었다. 수백 년 동안 살던 곰이 어느 해 봄 동쪽 온정리 부근의 양지바른 수정봉을 향해 가던 중 문주봉 기슭 문주담의 맑은 물 속 돌들이 도토리처럼 보이자 단숨에 삼키려고 힘껏 뛰어내렸는데 그만 엉뚱한 곳으로 떨어지고 말았다. 바위틈에 끼어버린 발 때문에 꼼짝할 수도 없었다. 그럼에도 문주봉을 향해 미련을 못 버린 채 굳어버렸고 사람들은 그 곰을 곰바위라 불렀다.

곰바위를 지나 관음폭포가 있는 하한계를 6킬로미터가량 오르고 나면 만상계로 이어진다. 맨 처음 눈꽃바위라 이르는 육화암을 마주치는데 눈꽃바위 왼쪽으로 상관음봉 절벽 아래 높이 10미터의 장수바위가, 오른쪽으로 동자바위·촛대바위·망아지바위·말바위·낙타바위가 연이어 맞이한다. 그야말로 만물상이라 아니 할 수 없다. 샘물인 만상천 옆에 만상정이 있어 휴식을 취하는데 그 동안 네 가지 갈래 길 중 고민을 할 수밖에 없다. 여기서는 오른쪽으로 꺾어 금강제일승이라 이르는 만물상 쪽 길을 택한다. 입구 오른쪽에는 무사바위가, 왼쪽엔 삼선암이 맞이한다. 조금 더 올라가 정성대에 서면 삼선암이 더욱 강건해 보인다. 세 바위 중 가장 큰 기둥의 높이는 무려 75미터다. 약간 떨어진 곳에 홀로 선 독선암이 있다. 신선들의 장기판에 끼어 훈수를 지나치게 하다보니 미운털이 박혀 밀려났다고 한다. 그리고 신선들의 놀이터를 지키는 귀면암도 험상궂게 서 있다.

귀면암을 지나면 천선계로 접어든다. 온갖 기암괴석이 즐비한데 7층으로 쌓인 칠층암, 도끼로 자른 듯한 절부암은 물론 독수리·곰·두더지·오리·닭·병아리·토끼를 닮은 기묘한 바위들이 눈길을 어지럽힌다.

가파른 오르막의 끝에 말안장처럼 생긴 안심대가 있어 비로소 마음을 놓는다. 안심대에서 왼쪽으로 오르면 틈새의 샘물이 솟는데 이 물을 마시면 힘이 솟아 지팡이마저 잊고간다는 망장천이 나온다. 망장천을 지나 계속 오르면 하늘문인 천일문 또는 만물상 금강문을 만난다. 사람들은 중묘문, 극락문이라고도 부른다. 바위에 '금강제일관'金剛第一關이라는 글씨가 새겨져 있다. 참으로 금강에서 하늘로 들어가는 첫째 관문답게 우뚝하다. 천일문은 금강산 5개 금강문 가운데 하나로 나머지 금강문으로는 앞서 살핀 내금강 만폭 구역의 원화동천 원화문이 있고 외금강 구룡연 구역에 있는 옥류동 금강문과 구룡동 비사문, 외금강 수정봉 구역의 수정봉 수정문을 꼽는다.

이곳을 내려와 두 개의 쇠사다리를 건너 높이 969미터의 천선대를 향한다. 하늘의 선녀들이 내려와 놀던 곳이라 그렇게 부른다. 천선대에서 북쪽으로 만물상 연봉이 즐비한데 천태만상을 이루고 있다.

천선대에서 되돌아와 동쪽으로 꺾으면 바다가 보인다는 망양대로 향하는데 높이 1,041미터의 세지봉이 보이고 망양대 쪽으로 꺾어 한하계로 되돌아가는 길을 세지계라 한다. 세지계는 동해바다가 한눈에 펼쳐지는 게 말 그대로 만경창파의 절경이다. 방랑 시인 삿갓 김병연金炳淵, 1807-1863은 이곳 만물상을 다음처럼 읊었다.

"한 봉 두 봉 세네 봉
다섯 봉 여섯 봉 일고여덟 봉
갑자기 천 봉 만 봉 나타나더니
구만 리 높고 넓은 하늘아래 모두 산봉우리뿐이더라"[1]

금강제일관이라 하는 천일문까지의 만상계를 옛 만물이라 하여 구만물상, 천일문부터 이곳 천선대까지의 천선계를 새로운 만물이라 하여 신만물상, 세지봉에서 망양대의 세지계를 속에 숨은 만물이라 하여 오만물상이라 부르는 사람들도 있는데 땅의 만물과 하늘의 만물과 숨겨놓은 만물을 구분하고 싶어서일 것이다.

옛사람들은 구만물상이나 신만물상이나 오만물상이나 만물상 구역의 모든 형상을 가리켜 조물주가 세상의 만물을 창조할 때 먼저 시험 삼아 만들어본 초본이라고 해서 만물초라는 이름을 붙여주었다.

19세기의 문인 어당 이상수가 「동행산수기」에서 구만물초를 가리켜 '천태만상을 이루 다 형언할 수 없다'며 '차라리 부질없는 말을 그만둘 수밖에 없다'고 포기해버렸다. 신만물초에 대해서도 몇 마디 설명한 뒤 '천상 같다'고 하고 말았다. 그 대신 만물초에 관해 다른 쪽으로 깊이 있는 이야기를 펼쳐냈다. 이상수는 『주역』에 '하늘이 천지개벽 이전의 거칠고 어두운 초매草昧를 만든다 하였다'는 문장을 인용하고서 조물주가 초매시대를 열어놓고서 색과 맛과 모양과 성품을 뜻하는 색미형성色味形性을 정할 때 수십 가지만 정했을 뿐 나머지는 일찍이 정한 것이 없다고 썼다. 다시 말해 이상수는 조물주가 금강산에서 만물의 초본을 만든 까닭은 잘못이 있을까 염려하여 미리 정하지 않고 저렇게 초를 잡는 구구한 노릇을 되풀이한 게 아니냐고 되물은 것이다.[2]

외금강 만물상 구역을 이처럼 만물초라고도 부르는데 여러 폭으로 나누어도 만 가지 경물을 다 그릴 수 없어 복헌 김응환은 《해악전도첩》 중 〈만물초〉라는 제목의 실경 한 점만을 그렸다. 화폭 하단 평평한 너럭바위에 유람객이 앉아 있는데 이곳이 어디인지 알 수 없지만 안심대 혹은 망양대로 보인다. 화폭 오른쪽 상단 화제인 '만물초'라고 쓴 부분을 보면 동해바다가 보이는 까닭에 망양대로 보이지만 유람객이 앉아 있는 바위가 말안장 같기도 하고 또 한 사람이 바위 아래쪽으로 내려가 무언가를 퍼올리는 모습을 보면 안심대다. 그 퍼올리는 장소가 안심대 아래 틈새에서 샘물이 솟는 망장천이 아닌가 싶은 것이다. 그리고 화폭의 한복판에 길고 긴 계곡은 온정리로 향하는 온정천으로 만상계, 한하계를 흐르는 시냇물이다.

단원 김홍도의 《해산도첩》 중 〈만물초〉는 김응환의 《해악전도첩》 중 〈만물초〉보다 시야를 넓혔다. 화폭을 오른쪽으로 확장해서 계곡을 왼쪽과 오른쪽 두 개로 배치했다. 물론 안심대에서 볼 때 왼쪽으로 세지계계곡, 오른쪽으로 만상계계곡이 따로 있으니까 실제의 지세와도 일치한다. 그리고 화폭 중단 가운데에 동해 바다가 살짝 얼굴을 내밀고 있다. 김홍도의 섬세한 묘사로 말미암아 만물상 구역 전경을 구분해서 볼 수 있는데 오른쪽 만상계계곡 옆으로 마치 부챗살이 펼쳐진 듯 둥근 산기슭과 능선은 관음연봉이다. 왼쪽 세지계계곡은 시냇물 바닥에 크고 작은 바위들이 촘촘하게 놓여 있어 볼 만하다.

청류清流 이의성李義聲, 1775-1833의 《산수화첩》과 유재 김하종의 《풍악권》은 김홍도가 《해산도첩》에서 이룩한 관동 실경의 전형을 계승했다. 김응환의 《해악전도첩》 역시 김홍도의 《해산도첩》만큼은 아니어도 후배 화가들에게 일정한 영향을 미쳤다. 색채나 선묘와 같은 세부에서는 각자 나름의 탁월한 개별 특성을 발휘하지만 구도만큼은 거의 유사하다. 청류 이의성의 《산수화첩》 중 〈만물초〉는 눈부시게 아름답다. 김홍도의 구도를 계승했으나 산천을 가을빛으로 물들이면서 또한 멀리 바위를 날카로운 침 모양에 흰 빛깔을 입혀 반짝거린다. 여기에 채색 면들이 까칠한 질감이어서 부드럽고 편안하기 그지없다.

유재 김하종의 《풍악권》 중 〈만물초〉는 김응환, 김홍도가 그린 구도를 계승하되 유람객을 둘러싼 바위를 더욱 키워 장엄하게 만들었다. 아주 짧게 꺾어치는 각진 꺾쇠 모양을 수도 없이 되풀이해 만들어낸 바위의 모습은 마치 톱니바퀴가 맞물려 움직이는 것처럼 보여 활기에 넘친다.

《금강산도권》 중 〈만물초〉는 빼어나게 아름답다. 경물의 모양은 물론 뒤덮고 있는 색채가 환상이다. 화폭 상단을 차지하고 있는 바위숲은 흰빛으로 반짝거리고 하단을 채우고 있는 바닥의 나무숲은 초록빛이 우아하며 가까이에 우뚝 선 바위 기둥은 먹색과 붉은빛이 섞여 장대하다. 이뿐만이 아니다. 상단의 바위숲을 보면 건물 모양이 있는가 하면 다양한 차림을 한 사람들이 무수히 자리하고 있음

김응환, 〈만물초〉, 《해악전도첩》, 32×42.8, 비단, 1788, 개인.

을 알 수 있다. 화제에 쓴 것처럼 형상과 색깔이 그야말로 형형색색이다.

《금강산 10폭 병풍》 중 〈만물상〉은 드물게도 눈 내린 한겨울 풍경이다. 사물 주변을 먹으로 칠해 흰눈 쌓인 모습을 보이면서 밤 풍경처럼도 보인다. 화제에 '신만물상'新萬物相이라고 쓴 것을 생각하면 만물상 구역의 만상계, 천선계, 세지계 세 곳 중 중간인 천선계의 끝부분을 그린 것이다. 화폭 하단에 알 수 없는 암자가 한 채 있는데 다른 어떤 그림에서도 찾을 수 없는 것이다. 유람객이 하룻밤 신세질 만하지만 이처럼 아늑한 암자가 금강 계곡의 깊은 곳에 흔히 있었는지는 모르겠다.

봉우리에 얽힌 신선 세계의 타임머신

1822년 양양부사로 부임한 백운白雲 심동윤沈東潤, 1759-?은 관동팔경을 묘사한 그림을 남긴 화가다. 심동윤은 일찍이 보편화된 문인산수화의 기법과 달리 스스로 창안한 필선과 묘법으로 대상을 묘사하는 방식을 취했다. 짧게 꺾어진 직선에 옅은 담묵을 곁들인 선묘를 거듭 반복해 바위산을 큰 덩어리로 드러내고 그 사이사이에 나무를 끼워넣어 생기를 불어넣었다. 중앙 양식에 대응하는 변방 양식의 하나를 이룩해낸 것이다.

《백운화첩》에는 심동윤이 외금강 만물상 구역을 그린 세 점의 작품이 있다. 〈외금강 구만물상 삼선암〉, 〈외금강 구만물상 귀면암〉 그리고 〈외금강 신만물상 천선대〉다. 심동윤은 세 봉우리의 특성을 따라 뾰족하고 원만하며 가늘게 그렸고 이끼 점을 잔뜩 찍은 독선암도 곁들였다.

삼선암은 신선들의 놀이터였다. 온정마을 사람들이 매년 산신에게 올리는 제사를 지냈는데 제사를 준비할 때면 월명수좌가 찾아와 제물 마련을 도와주었다. 10주년이 되던 해 월명수좌가 마을 노인을 초대했다. 그곳이 바로 삼선암이었다.

김홍도,
〈만물초〉,
《해산도첩》,
30.4×43.7,
비단, 1788,
개인.

이의성, 〈만물초〉,
《산수화첩》, 32×44,
종이, 1826년경,
개인.

김하종, 〈만물초〉, 《풍악권》, 30.9×49.7, 종이, 1865, 개인.

미상, 〈만물초〉, 《금강산도권》, 26.7×43.8, 종이, 19세기, 국립중앙박물관.

미상, 〈만물상〉, 《금강산 10폭 병풍》, 108.7×31, 천, 1940년 이전, 최열 기증, 국립현대미술관연구센터.

심동윤, 〈외금강 구만물상 삼선암〉, 《백운화첩》, 32.5×43, 종이, 1822, 관동대박물관.

심동윤, 〈외금강 구만물상 귀면암〉, 《백운화첩》, 32.5×43, 종이, 1822, 관동대박물관.

심동윤, 〈외금강 신만물상 천선대〉, 《백운화첩》, 32.5×43, 종이, 1822, 관동대박물관.

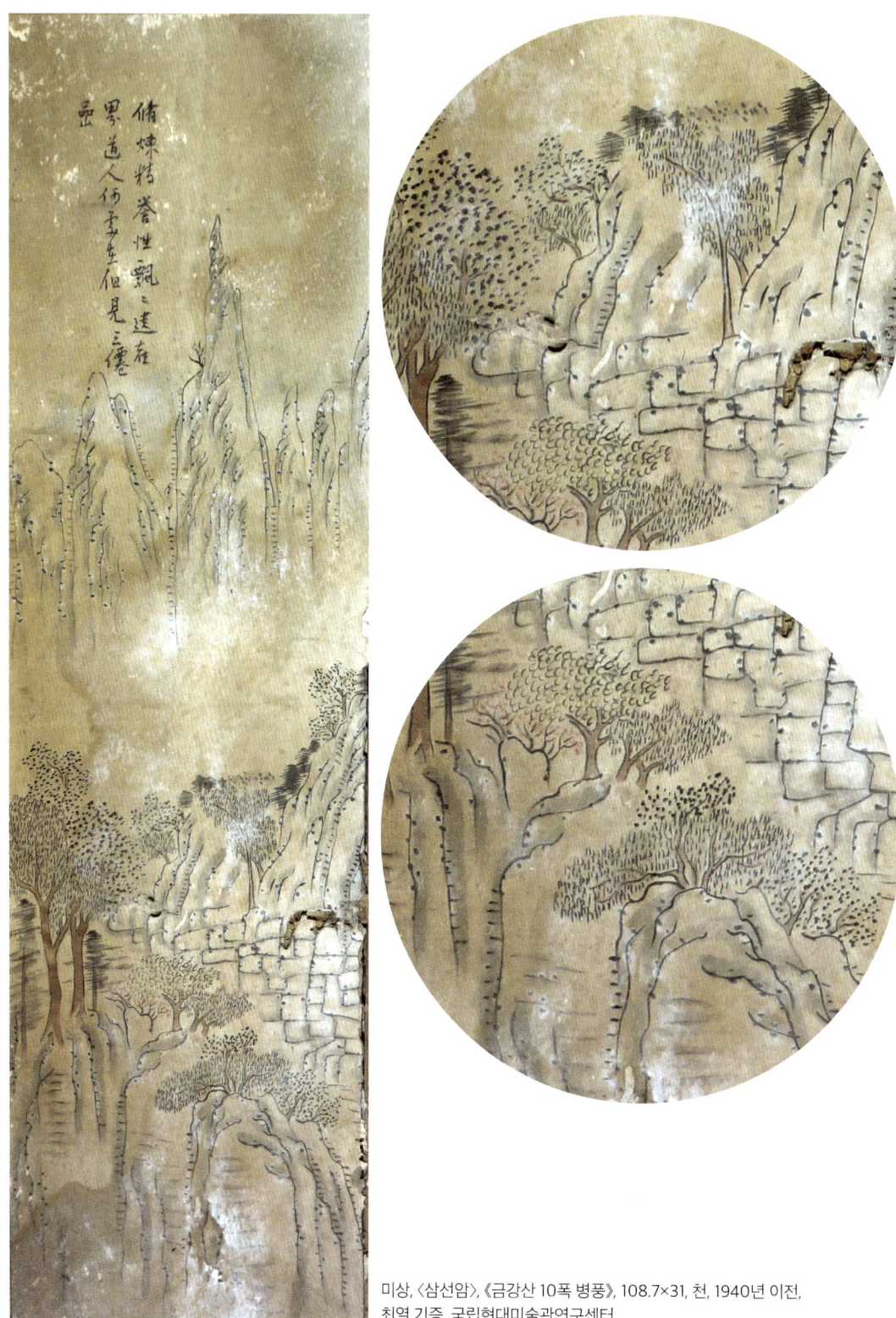

미상, 〈삼선암〉, 《금강산 10폭 병풍》, 108.7×31, 천, 1940년 이전, 최열 기증, 국립현대미술관연구센터.

노인들은 그 화려한 집에서 성대한 대접을 받으며 사흘 동안 노닌 끝에 귀가했다. 웬일인지 마을이 사라진 터에 황량한 벌판만 보일 뿐이었다. 옆 마을로 찾아가 91세 노인에게 연유를 물었더니 옛날에 신선의 초대를 받아 온정마을 노인들이 떠난 때가 무려 210년 전이라고 했다.[3] 삼선암의 사흘이 속세에서는 210년이었으니 신선 세계는 타임머신이었나보다.

《금강산 10폭 병풍》 중 〈삼선암〉은 익숙한 세 개의 봉우리보다는 화폭 하단의 풍경 묘사에 주력했다. 벽돌을 쌓아올린 듯한 바위 모양과 각양각색 나무들이 아름답다.

삼선암과 독선암을 지나면 귀면암이 나온다. 심동윤은 귀면암을 그리면서 그 봉우리에 구름이 부풀어오른 듯한 귀신의 얼굴을 그려넣었다. 두려움은커녕 즐거운 미소를 자아낼 귀여운 귀신의 모습이다.

만물상 구역의 끝에 있는 천선대 서북쪽에는 둥그런 두 개의 돌확이 있는데 천녀화장호天女化粧壺 또는 천녀세두분天女洗頭盆이라고 부른다. 선녀들이 놀다가 귀환하기 위해 화장을 하는 곳 또는 머리를 감는 곳이란 뜻이다. 선녀들이 내려와 노닐며 화장까지 하는 곳인 만큼 다시없을 절경인 이곳의 모습을 심동윤은 네 개의 바위 기둥으로 구성했는데 봉우리 하나하나가 다 다른 천변만화의 아름다움을 뽐내기 위해 그렇게 했을 것이다.

구룡연 구역, 깊은 계곡 속
절정의 승경

금강 제일의 폭포 여럿을 품다

외금강 구룡연 구역으로 향하는 길은 만물상 구역과 마찬가지로 두 갈래다. 하나는 장전항에서 남쪽으로 향하는 갈래고 또 하나는 삼일포에서 서쪽으로 향하는 갈래다. 어느 쪽에서나 온정리에서 만난다. 온정리에서 신계천을 타고 남쪽으로 내려가다 슬기넘이고개에서 서쪽으로 향한다. 이렇게 서쪽으로 가면서 남쪽의 세존봉을 끼고 왼쪽으로 휘어 돌아간다.

크게 신계동, 옥류동, 구룡동으로 나뉘는 구룡연 구역은 금강 제일의 폭포 여럿을 품고 있어 외금강의 으뜸가는 승경지다. 물론 금강제일승이라는 별명을 지닌 만물상 구역에 버금간다는 뜻이지 홀로 으뜸간다는 건 아니다. 하지만 폭포와 그에 딸린 못을 품은 계곡의 아름다움만을 생각한다면 홀로 으뜸이라 해도 지나침이 없다.

신계사가 있어 신계동

신계동이란 이름은 신계사가 여기 있어 생긴 이름이다. 신계사는 유점사, 표훈사, 장안사와 더불어 금강산 4대 사찰의 하나로 신라의 승려 보운普雲, 6세기이 창건했다. 한국전쟁이 한창 때인 1951년 6월 24일 무차별 폭격으로 소실된 터에 3층 석탑만 남았으나 이것마저 각 층의 지붕이 이리저리 파괴된 모습이다.

신계사라는 이름은 소리는 같아도 한자가 다른 세 가지 이름이 전해온다. 지금 쓰는 신계사神溪寺 이외에 신계사新溪寺와 신계사神鷄寺가 그것인데 전설이 있다. 연어가 알을 낳기 위해 신계천을 거슬러 올라오는 철이 되면 많은 사람들이 몰려왔다. 유난히 개울이 넘칠 만큼 연어가 많았기 때문이다. 이에 주지가 살생을 금하고 싶어 동해바다 용왕에게 요청했다. 그때부터 오직 신계천만 연어가 올라오지 않았으므로 그 이름을 새롭다는 신계新溪에서 신통한 골이란 뜻의 신계神溪로 바꿔 불렀다는 것이다. 신통한 닭을 뜻하는 신계神鷄라는 이름은 한 승려가 새벽에 목욕하고 예불을 하루도 그치지 않자 새벽 그 시간이면 건물 남쪽 바위틈에서 닭 울음소리가 나기 시작했기 때문에 붙였다고 한다.

복헌 김응환의《해악전도첩》중〈신계사〉를 보면 넓은 평지에 건물들이 사방으로 들어앉아 소나무에 둘러싸였으며 외곽으로는 둥그런 원형을 그리며 숱한 봉우리가 자리잡아 마치 활짝 핀 꽃 속에 자리한 모습이다. 실제로 신계사 외곽을 문필동, 관음연봉, 세존봉, 집선봉 줄기가 둘러싸고 있다.

유재 김하종의《풍악권》중〈신계사〉는 실제 지형에 맞게 기본 구도는 원형으로 하되 수평으로 늘린 타원 구도를 채택했다. 외곽의 봉우리 줄기와 소나무 숲, 내부의 사찰 건물과 신계천이 더욱 확장되었고 특히 사찰 중심에 3층 석탑이 우뚝 솟았다. 무엇보다 눈길을 끄는 것은 사람들이다. 화폭 왼쪽에 남여를 타고 신계사로 진입하는 선비와 허리를 굽혀 그를 맞이하는 승려가 보이고 오른쪽 소나무 숲

김응환, 〈신계사〉, 《해악전도첩》, 32×42.8, 비단, 1788, 개인.

김하종, 〈신계사〉, 《풍악권》, 30.9×49.7, 종이, 1865, 개인.

미상, 〈신계사〉, 《금강산도권》, 26.7×43.8, 종이, 19세기, 국립중앙박물관.

사이를 걸어가는 다섯 사람도 보여 활력이 더해졌다.

《금강산도권》 중 〈신계사〉는 단풍으로 둘러싸인 절집을 묘사했는데 그 단풍의 색깔이 참으로 어여쁘다. 가까운 산은 매끄럽게 미끄러지고 멀리 있는 산은 구름바다에 잠겨 있어 그윽하고 신비롭다. 절집 마당 복판에 선 탑의 모양도 우뚝하고 멀찍이 떨어져 사찰을 감싼 그 화사한 단풍을 감상하는 유람객의 행색도 눈길을 끈다.

화가들이 특히 사랑한 옥류동

신계동을 지나 옥류동에 이르는데 옥류동은 금강문에서 비봉폭포까지 긴 골짜기에 수정같이 맑은 물이 구슬처럼 흘러내린다고 해서 옥류동이다. 입구의 왼쪽 거대한 바위에 봉래 양사언의 '옥류동 구룡연'玉流洞 九龍淵이라는 글자가 웅건한 모습으로 새겨져 있다. 계곡 오른쪽으로 무대바위가 우뚝한데 선녀들이 노래하고 춤추는 무대라서 그런 이름을 붙였다.

신계사를 지나 배처럼 생긴 배소 또는 선담에서 왼쪽 세존봉 중턱에 부부폭포 또는 형제폭포가 보인다. 신계다리를 건너 한참을 가면 갈래길이 나온다. 직진하면 내금강 구성동으로 넘어가는 가는골 또는 군선협 계곡이다. 왼쪽으로 꺾어지면 삼록수 샘물부터 시작하는 옥류동이다. 삼록수는 마시면 장수한다고 해서 인기가 높다. 이곳에서 만경다리를 건너면 금강문이다. 구룡연 구역의 옥류동 금강문은 금강산 5대 금강문의 하나다. 이밖에 금강산 5개 금강문은 옥류동 금강문과 같은 외금강 구룡연 구역에 있는 구룡동 비사문과 외금강 수정봉 구역의 수정봉 수정문, 그리고 앞서 살핀 만물강 구역의 천선계 천일문, 그리고 내금강 만폭 구역의 원화동천 원화문을 꼽는다.

만경다리를 지나자 토끼바위와 왼쪽의 옥황상제바위, 오른쪽의 자라바위가 나타난다. 이어 금강문에 도착하는데 집채보다 훨씬 큰 바윗덩어리가 길을 막고 있다. 하지만 한가운데 'ㄱ'자 모양의 구멍이 뚫려 돌계단을 밟고 통과할 수 있다. 바위 왼쪽 벽에 '금강문'과 더불어 '옥룡관'玉龍關이라는 글자가 새겨져 있다. 옥룡관이란 옥류동을 거쳐 구룡동으로 가는 관문이라는 뜻이다. 아주 오래전에는 구멍이 뚫려 있지 않았으므로 이곳을 담맥이라고 불렀다. 담맥이 탓에 구룡연 구역 옥류동과 구룡동이 열리지 않았었다. 언젠가 엄청난 장마로 커다란 홍수가 지면서 기이하게도 구멍이 뚫렸고 이때부터 구룡연이 제 모습을 보여주었다고 한다.

금강산 소문이 하늘나라에도 알려졌다. 달나라 토끼마저 그 오랜 소문을 듣고 옥황상제에게 보름달 뜨기 전에 되돌아오는 조건으로 금강산 여행 허락을 얻었다. 세존봉 줄기를 따라 금강문에 도착한 토끼는 이곳 일대의 경치에 취해 그만 날짜 흐르는 것도 잊었다. 보름달이 동해에 떠오르고 옥황상제의 목소리가 들렸다. 예전에 거북이와 달리기에서도 노느라 지더니 지금도 노느라 늦었다며 앞으로는 거북이로 살도록 하라는 명이었다. 이에 토끼의 몸뚱이가 거북이로 바뀌기 시작했는데 그럼에도 토끼는 달보다 금강산이 더욱 좋다며 기뻐했다고 한다.[4]

김응환이 그린 《해악전도첩》 중 〈금강문〉의 왼쪽을 보면 층층이 쌓아올린 것 같은 거대한 바위 더미가 보인다. 그 아래 둔덕에 두 사람은 앉고 한 사람은 서 있다. 그 뒤에 세모난 구멍이 환하게 뚫렸고 구멍 아래로 긴 오르막길이 보인다. 화폭 오른쪽 하단에 신계천이 힘차게 흐르고 그 위로 보이는 뾰족한 바위들은 금강문을 지나자 마주치는 옥류동의 기암괴석들이다.

옥류동 계곡 양쪽으로는 즐비한 바위들이 톱니처럼 줄지어 있고 옥류폭포, 연주폭포가 연이어 경탄을 자아낸다. 옥류폭포는 높이 50미터나 되고 그 아래 옥류담은 그 넓이가 무려 600제곱미터나 되는 거대한 호수다. 깊이 6미터의 못 한가운데 커다란 바위 기둥이 서 있어 돛대바위라고 했는데 홍수에 무너져 돛대는

김응환, 〈금강문〉, 《해악전도첩》, 32×42.8, 비단, 1788, 개인.

사라졌고 삼각형 바위만 남았다.

28세의 젊은 날인 1737년 금강산 여행을 한 화가 능호관凌壺觀 이인상李麟祥, 1710-1760이 여행 이후 언젠가 그린 〈옥류동〉은 대상 묘사가 아니라 화가의 내면 감정 표현에 치중한 작품이다. 필세도 부드럽게 굴려 유연성을 더했으며 폭포와 호수를 안개 속에 가두어 여백으로 처리했다. 바위와 나무도 화폭 한쪽으로 밀어서 뭉뚱그렸다. 게다가 화제 '옥류동 원령'도 초서 느낌이 나게 휘갈겨 썼다. 그린 시기가 정확하지 않은데 아무래도 젊은 날을 보내고 중년에서 노년으로 접어들던 시절 옛 추억을 되살려 그린 것이다.

지우재 정수영은 1797년 가을과 1803년 9월 두 차례에 걸쳐 금강산 여행을 했다. 《해산첩》은 첫번째 유람 직후인 1799년에 완성한 것이다. 여기 실린 〈옥류동〉은 《해산첩》의 여느 장면과 비교해볼 때 가장 아름다운 걸작이다. 화폭을 위아래 6단으로 나누어 최상의 6단은 하늘, 5단은 찌를 듯한 봉우리, 4단은 단풍으로 물든 나무, 3단은 기암괴석, 2단은 600제곱미터 크기를 자랑하는 옥류담, 최하의 1단은 텅빈 공간의 여백을 배치했다. 4단의 붉은 빛과 2단의 푸른 빛은 보색 대비를 일으켜 반짝인다. 5단의 날카로운 기둥바위와 3단의 넓적한 바윗덩어리도 대비 효과를 강화하고 있다.

정수영의 또다른 〈옥류동〉은 옅은 먹빛으로 물들인 화폭 사이를 가르는 옥류폭포가 중심을 차지하고 있다. 1797년 여행 당시 그린 작품일 수도 있고 아니면 뒤에 따로 그린 것일 수도 있다. 다만 필치가 거칠고 겹치는 걸 보면 여행 당시 그린 밑그림에 가까운 것이 아닌가 한다. 물론 거꾸로 두 번째 여행 때인 1803년의 작품일 수도 있을 것이다.

복헌 김응환의 《해악전도첩》 중 〈옥류동〉은 폭포보다도 호수인 옥류담과 그 주변을 휘감고 있는 거대한 바위의 규모에 주목했다. 그 바위가 마치 이불 여러 개를 겹쳐서 못을 덮고 있는 형세를 이루고 있다. 유람 일행 다섯 명의 모습도 각양각

이인상, 〈옥류동〉, 44.3×28.7, 종이, 1737년경, 개인.

정수영, 〈옥류동〉, 《해산첩》, 37.2×31, 종이, 1799, 동원 이홍근 기증, 국립중앙박물관.

정수영, 〈옥류동〉, 34.8×28, 종이, 1797년 이후, 서울역사박물관.

김응환, 〈옥류동〉,《해악전도첩》, 32×42.8, 비단, 1788, 개인.

색이며 또한 호수 가운데 펄럭이는 듯 솟아 있는 돛대바위가 돋보인다.

청류 이의성의 《산수화첩》 중 〈옥류동〉은 김응환의 《해악전도첩》 중 〈옥류동〉과 비슷한 구도이지만 가을날의 화려한 빛깔과 날렵한 필치가 어울려 지금껏 본 적이 없는 옥류동 풍광을 보여준다. 바위를 변화 없는 선으로 툭툭 자르듯 이어 감에 따라 시원스럽기조차 하다.

유재 김하종의 《풍악권》 중 〈옥류동〉은 시야를 넓혀 옥류동 일대의 범위를 최대한 확장했다. 이뿐만 아니라 은빛으로 빛나듯 가장 맑고 눈부신 풍광을 연출했다. 화폭 하단을 좌우로 양분해서 왼쪽에는 이불을 겹친 듯한 바윗덩어리를, 오른쪽에는 넓은 못과 한가운데 돛대바위를 배치하고 화폭 상단은 깊고도 널리 전개되는 옥류동 계곡을 멀리 그려놓았다. 다시 말해 위아래의 멀고 가까움은 물론이고 오른쪽 왼쪽의 꽉참과 텅빔에 이르기까지 대비 효과가 최적의 수준에 이른 걸작이 탄생한 것이다.

《금강산도권》 중 〈옥류동〉은 앞서 본 이의성, 김하종과 같은 거장의 구도를 따르고 있지만 선묘와 색채를 깔끔하고 시원하게 구사하여 자신만의 세상을 연출하고 있다.

끝으로 그린 이를 알 수 없는 《금강산 6폭 병풍》 중 〈옥류동〉은 다소 낯설고 흔치 않은 작품이다. 한 화폭에 등장 인물이 무려 40명이다. 옥류천 계곡에서 펼쳐진 큰 잔치를 그린 것인데 등 뒤에 장막을 두르고 붉은 의자에 앉은 인물이 이 연회의 주인공이다. 그는 품계가 높은 무관의 모자인 안올림벙거지를 쓰고서 자신의 앞에 특별히 큰 반상과 양쪽 옆에 검은색 향로를 갖추고 있어 위엄이 넘친다. 또한 참석자들의 옷차림으로 미루어 신분을 나누자면 갓을 쓴 도포 차림의 선비는 주인공 포함 모두 24명이다. 울긋불긋한 철릭 차림의 무장이 두 명이고 심부름을 하는 시종이 네 명이다. 또 솥을 걸어두고 음식을 준비하는 주모 두 명도 자리를 차지하고 있다. 행사장 밖 외곽에는 가마꾼 여덟 명이 옹기종기 대기 중이다. 또한 잔치

이의성, 〈옥류동〉, 《산수화첩》, 32×44, 종이, 1826년경, 개인.

김하종, 〈옥류동〉, 《풍악권》, 30.9×49.7, 종이, 1865, 개인.

미상, 〈옥류동〉, 《금강산도권》, 26.7×43.8, 종이, 19세기, 국립중앙박물관.

를 치르기 위해 동원한 도구도 상당하다. 참석자 모두가 음식을 놓고 먹을 수 있는 아주 작고 가벼운 소반이 무려 30개가 넘는다. 소반 위에는 모두 흰색 음식이 놓여 있다. 음식을 준비하는 주모도 등장하고, 주모 앞에 음식을 끓이는 솥도 두 개나 놓여 있다. 견여는 모두 세 대가 보인다. 따로 쓴 화제나 기록이 없어 연회의 시기와 주인을 알 수 없지만 이처럼 대규모 장비와 인원을 동원할 정도로 큰 재물을 아낌없이 쓰고 있는 주인공이라면 꽤나 부유한 인물일 것이다. 인근 도시에 사는 부자가 환갑과 같은 특별한 기회에 가을 금강산 유람을 겸하여 잔치를 개최한 것이 아닌가 한다. 참석자 대부분이 관복 차림이 아니라는 점을 볼 때 민간 행사일 뿐이고 전립을 쓴 붉은 철릭 차림의 무장 두 명도 초대를 받아 휴가를 내고 온 손님으로 보인다.

다른 해석도 가능하다. 붉은 의자에 앉아 안올림벙거지를 쓰고 있는 주인공은 강원도 관찰사 겸 병마절도사로 볼 수도 있다. 그렇다면 양로연과 같은 공식 행사로 볼 수도 있다. 아무런 기록이 없어 더 이상 추측하기는 어렵다.

이 작품이 경이로운 것은 이런 금강산 잔치를 그린 거의 유일한 작품이라는 사실에 있다. 옥류동이 신계사와 가까이 있어 장비와 도구를 동원하기에 용이한 점이 있다고 해도 그리 쉬운 일이 아니었을 게다.

확실히 옥류동은 화가들이 사랑한 풍경이었나보다. 이처럼 오랜 세월 여러 화가들이 옥류동을 그린 것을 보면 말이다.

옥류폭포에서 얼만큼 올라가면 하나의 폭포에 두 개의 못이 연이은 연주담이 나온다. 구슬이 연이어 있다는 뜻을 담아 연주連珠라 하였는데 실제로 두 개의 파란 구슬을 꿰어놓은 듯 잇달아 있는 게 신기하다. 위쪽 못은 너비 6미터에 길이 10미터, 아래쪽 못은 너비 9미터에 길이 30미터나 된다. 깊이가 9미터나 되는 까닭에 색이 더욱 더 짙어 파란 빛이 맑고 깊다. 하늘에서 내려온 선녀들이 흘리고 간

미상, 〈옥류동〉,
《금강산 6폭 병풍》,
39.7×52.6, 종이,
19세기, 개인.

구슬 두 개가 변해서 생겼다고 한다. 구슬 위에 쏟아지는 연주폭포는 비단을 펼쳐 놓은 것처럼 가지런하다.

복헌 김응환의 《해악전도첩》 중 〈연주담〉은 폭포 아래에서 위를 보는 각도에서 구도를 잡았다. 그래서인지 두 개의 못이 뚜렷한데 못 사이로 삐져나온 긴 너럭바위를 경계삼아 위아래로 두 개의 못이 잘 보인다. 이 작품의 특별한 점은 못 옆의 바위벽에 보이는 파란색 칠이다. 못에서 발하는 파란 빛을 비춘 것이다. 또한 화폭 오른쪽 하단을 보면 유람객 세 사람이 못을 향해 가는데 나무다리를 놓은 게 보인다.

유재 김하종의 〈연주담〉은 측면에서 보는 시선을 선택했다. 그렇게 하고 보니 못이 아니라 흐르는 냇물처럼 바뀌고 말았다. 이 그림에서 눈길을 끄는 부분은 화폭 오른쪽 하단이다. 사람이 지나갈 수 있을 정도의 폭에 양쪽으로 손잡이를 설치한 것이 보인다. 매우 특이한 형태인데 그 길을 따라가는 두 사람의 모습을 보면 걷는 게 아니라 주저앉은 듯 조심스럽다. 연주담으로 가는 길목의 경사진 바위가 매우 미끄러웠음을 짐작할 수 있다.

연주폭포 위쪽 높이 1,160미터의 세존봉 중턱에 층층이 쌓아올린 돌계단을 타고 쏟아지는 폭포가 나타난다. 비봉폭포다. 세존봉 절벽을 타고 흐르는 폭포의 높이는 139미터다. 하늘을 나르는 봉황 같다고 해서 비봉폭포란 이름을 얻었는데 두 가지 설이 있다. 하나는 폭포 꼭대기에 날개를 활짝 편 봉황바위가 있어서 폭포 줄기가 마치 날아오르는 봉황의 꼬리같이 생겼으므로 비봉폭포라고 했다는 것이다. 또 다른 하나는 폭포수가 돌개바람에 휘날려 뽀얀 물안개가 되어 허공에 피어오르는 것이 마치 봉황새가 하늘로 날아오르는 것 같아 비봉폭포라고 했다는 것이다.

폭포 맞은편 전망대에서 보면 은빛 무지개가 쏟아져내리는 착각을 불러일으키고 또 바위의 생김에 따라 발을 드리운 것 같은 수렴폭이 되었다가 활처럼 매끄

김응환, 〈연주담〉, 《해악전도첩》, 32×42.8, 비단, 1788, 개인.

김하종, 〈연주담〉, 《풍악권》, 30.9×49.7, 종이, 1865. 개인.

럽게 휘는 활폭, 누운 것 같은 누운폭, 서 있는 것 같은 수직폭으로도 바뀌는 천변만화를 일으키다가 끝내 봉황새를 품는 못인 봉황담으로 마감을 한다. 금강산에서 최대의 폭포인 비봉폭포는 금강산을 대표하는 4대 명폭의 하나로 더욱 잘 알려졌다. 이밖에 4대 명폭으로는 옥류동의 구룡폭포, 성문동의 십이폭포, 구성동의 옥영폭포를 꼽는다.

복헌 김응환의 《해악전도첩》 중 〈비봉폭〉은 폭포를 감싼 주변의 바위 묘사에 치중한 작품이다. 모든 바위가 층층으로 쌓아올린 탑과 같다. 옆으로 긴 판석을 차곡차곡 겹겹으로 올리는데 화폭 오른쪽 바위를 보면 바닥부터 꼭대기까지 하늘로 올라가는 계단을 보는 것 같고 왼쪽 바위를 보면 약간 휘어진 듯한 판석이 폭포 줄기를 받쳐주고 있다. 그 사이로 벽돌같이 조그만 바위들이 여기저기 모여 있어 여러 수종의 나무와 더불어 활기를 띄지만 정작 주인공이어야 할 폭포는 빈약해서 안타까울 정도다.

단원 김홍도 역시 비봉폭포를 소재로 삼아 그림을 남겼다. 그 가운데 복헌 김응환과 함께 사생 여행을 할 때인 1788년에 그린 《해산도첩》 중 〈비봉폭〉은 김응환과 마찬가지로 폭포가 아니라 주변 바위를 주인공으로 삼았지만 김응환과 완연히 다르다. 화폭은 크게 둘로 나뉜다. 오른쪽은 얇고 긴 판석 바위를 층층이 쌓아올린 바위탑과 멀리 우뚝 선 세존봉 봉우리를 배치했다. 왼쪽은 회오리처럼 휘감고 돌아 깊은 동굴을 파고드는 듯한 나선형 바위벽을 만들었다. 자세히 보면 벽돌을 쌓은 것 같다. 회오리치는 나선형 공간을 연출한 까닭은 분명 김홍도가 봉황이 날개를 펼쳐 비상하는 장면을 의도했기 때문일 것이다. 게다가 그 회오리 절벽을 타고 길게 내려오는 폭포 줄기의 끝에 못을 만들고 거기에 푸른색을 칠해놓았다. 무엇보다도 회오리의 꼭지점에 널따란 판석을 만들어놓고 네 사람을 배치한 것이 놀랍다. 이뿐만 아니라 화폭 오른쪽 하단을 텅 빈 여백으로 두어 안개가 가득한 듯 신비로운 공간으로 만들어냈다. 이와 같은 화면 구성은 경탄을 자아낸다.

김응환, 〈비봉폭〉, 《해악전도첩》, 32×42.8, 비단, 1788, 개인.

김홍도, 〈비봉폭〉, 《해산도첩》, 30.4×43.7, 비단, 1788, 개인.

김홍도, 〈비봉폭〉, 52.6×41.5, 비단, 18세기 후반, 국립중앙박물관.

김홍도의 또 다른 그림으로 연대를 알 수 없는 〈비봉폭〉은 앞의 그림과는 사뭇 결이 다르다. 배경을 없애고 오직 폭포와 못과 그리고 폭포를 품고 있는 봉우리에 집중했으며 회오리치는 나선형 공간 같은 것은 애초에 염두에 두지도 않았다. 그런 까닭에 무려 139미터나 되는 비봉폭포가 선명하고 비봉담도 여유가 생겼다. 더구나 화폭 오른쪽으로 바짝 치우쳐 또 다른 폭포까지 배치했는데 앞으로 나아가야 있는 무봉폭이 아닌가 싶다.

지우재 정수영은 김응환이나 김홍도보다 10여 년 뒤늦은 1799년에 비봉폭포를 그렸다. 《해산첩》 중 〈비봉폭〉은 눈부신 걸작이다. 김응환이나 김홍도의 〈비봉폭〉과 달리 정수영의 〈비봉폭〉은 폭포가 화폭 전체를 지배하는 주인공이다. 화폭 중앙을 사선으로 배치하고 층계를 만들었고 그 층계의 숫자만큼 폭포 줄기를 모두 11개로 끊어놓았다. 계단폭포 양옆의 경물도 그 층층의 형태에 맞춰서 배치했다. 오른쪽 봉우리도 사선의 층계식 구성으로 쌓아올렸고 왼쪽의 암벽도 사선으로 펼쳐놓았는데 무엇보다도 나무가 서 있는 모양새가 계단폭포에 맞춰 줄지어 도열해 있도록 그려넣은 것이 눈길을 끈다. 현란하고 화사한 색깔과 잘게 나눈 선묘에도 불구하고 중심과 주변이 아주 분명한 까닭은 역시 화폭 중심을 장악하고 있는 계단형 물줄기 때문일 것이다.

유재 김하종의 《해산도첩》 중 〈비봉폭〉은 앞선 시대의 거장들이 남겨놓은 걸작과는 전혀 다른 또 하나의 걸작이다. 먼저 폭포의 위치를 보면 앞선 작품들과 달리 그 위치를 오른쪽으로 가져와버렸다. 그 대신 왼쪽 봉우리를 크게 키우고 주름을 좌우로 교차시켜 꿈틀대는 활력을 부여했다. 반대편 오른쪽 봉우리는 크기를 줄인 대신 수직의 벼랑을 추가해 수평과 수직 바위들이 결합된 형상으로 변화를 꾀했다. 거기에 옅지만 붉은색을 칠하여 돋보이게 했는데 그 밖의 바위 전면에 짙푸른 색채를 베풀어 단단한 질감을 살려냈고 뾰족한 부분은 흰빛으로 두어 날카로운 감각을 살려두었다. 핵심은 화폭 오른쪽으로 치우친 폭포와 그 폭포를 받치고

정수영, 〈비봉폭〉, 《해산첩》, 37.2×31, 종이, 1799, 동원 이홍근 기증, 국립중앙박물관.

있는 매끄러운 바위벼랑이다. 폭포 줄기의 윗부분을 보면 부비듯이 아주 거칠게 문질러놓고 있다. 봉황이 날개를 펄럭이며 흩어지는 물보라처럼 보인다. 아래쪽 계곡물을 건너 폭포수 옆으로 올라가는 경로를 자세히 살피면 두 개의 잔도가 보인다. 하나는 냇물을 건널 수 있도록 길다란 나무기둥을 걸쳐놓았고 또 하나는 가파르게 경사진 숲길을 통과할 수 있도록 크고 긴 통나무 기둥을 비스듬히 설치해 두었다. 기둥을 타고 오르는 세 사람이 지팡이를 짚고 가파른 경사를 위태로운 자세로 올라가는 모습이 모두 아슬아슬해 보이는데 특히 앞의 두 사람이 서로 붙어 의지하는 게 긴장감을 자아낸다. 유람객을 이토록 생생하게 형상화한 경우는 흔치 않다. 덧붙이자면 화폭 왼쪽 상단 구석에 쓴 화제 '비봉폭' 세 글자 또한 봉황이 하늘을 나르는 듯 우아하고 세련된 힘이 끝이 없다.

19세기 예원에 김홍도의 영향력을 확인하는 세 점의 작품이 있다. 《동유첩》 중 〈비봉폭〉과 《금강산도권》 중 〈비봉폭〉, 청류 이의성의 《산수화첩》 중 〈비봉폭〉이 그것이다. 세 작품 모두 김홍도가 1788년에 그린 《해산도첩》 중 〈비봉폭〉을 임모한 것으로 보일 정도다. 겹겹으로 쌓아올린 듯한 판석바위와 나선형 회오리 절벽 모양이 같고 유람객도 네 사람이다. 하지만 김홍도의 판석바위가 모두 부슬부슬한데 비해 이들 그림 속 바위는 매끄럽고 질기며 단단하고 강하다. 속도감 있는 필치도 한몫을 하였고 또 계절이 가을이라 단풍나무며 풀들이 화사해서 너욱 달라 보인다. 또한 화폭 하단 못 옆으로 돌을 쌓아 만든 계단도 공통적으로 보인다. 못에 쉽게 접근할 수 있도록 길을 낸 것이다. 특히 이의성의 〈비봉폭〉은 천자만홍의 화사한 단풍으로 물든 나무와 자잘하게 쌓아올린 바위가 서로 조화를 이루어 더욱 아름답다.

무봉폭포는 높이가 20미터에 불과하지만 물이 많고 또 비스듬하게 누워 흐르다가 턱진 바위에 부딪혀 휘감고 떨어지기를 몇 번씩 반복하는 게 마치 봉황의

김하종, 〈비봉폭〉, 《해산도첩》, 29.7×43.3, 비단, 1815, 국립중앙박물관.

미상, 이풍익 편, 〈비봉폭〉, 《동유첩》, 20×26.6, 종이, 1825, 성균관대박물관.

미상, 〈비봉폭〉, 《금강산도권》, 26.7×43.8, 종이, 19세기, 국립중앙박물관.

김응환, 〈무봉폭〉, 《해악전도첩》, 32×42.8, 비단, 1788, 개인.

이의성, 〈비봉폭〉,
《산수화첩》, 32×44,
종이, 1826년경,
개인.

춤추는 모습이라서 춤추는 봉황이란 뜻의 무봉이라는 이름을 얻었다. 그리고 비봉폭포와 무봉폭포 사이에 치솟은 바위 기둥을 가리켜 봉황바위라고 부르는데 딱 한 가지 모양이 아니라 보는 위치에 따라 독서하는 사람이나 앉은 토끼 같은 형태로 바뀌곤 한다.

김응환의 《해악전도첩》 중 〈무봉폭〉은 사선으로 누워 흐르는 물줄기를 제대로 그렸고 또 멀리 흰색을 칠한 바위봉우리를 배치했다. 하늘에 핀 흰 꽃송이라고 해서 천화대라는 이름을 가진 봉우리인데 꽃잎 같기도 하지만 칼날을 엮어놓은 것 같은 모습이다. 김응환의 실경에서 흥미로운 것은 사람들이다. 〈무봉폭〉에서도 폭포 바로 옆에 세 사람을 배치해놓고 화폭 왼쪽 하단 구석에 지팡이를 짚고서 바삐 걸어 올라오는 사람을 그려놓았다.

구룡폭이 있어 구룡동

옥류동의 끝인 무봉폭포를 지나면 두 계곡이 합쳐지는 곳이 구룡동 입구다. 구름다리인 구룡교를 지나가다보면 가늘디 가는 은실처럼 흐른다고 해서 은사류라는 이름을 얻은 냇물을 만난다. 주렴폭포를 지나면 구룡각이라는 전망대에 도달한다. 이곳에서 아홉 마리의 용이 머무르는 구룡폭포가 한눈에 들어온다. 구룡폭포는 옥류동의 비봉폭포, 성문동의 십이폭포, 구성동의 옥영폭포와 함께 금강산을 대표하는 4대 명폭 중 하나이자, 설악산 대승폭포, 개성 대흥산 박연폭포와 더불어 조선 3대 폭포의 하나다. 비로봉과 옥녀봉 사이에서 시작하는 신계천이 동쪽을 향해 구정봉을 거쳐 내려오다가 상팔담을 이룬 뒤 곧장 쏟아져내려 폭포를 이룬다. 세상의 향기어린 무리를 뜻하는 중향폭포라는 이름으로 부르기도 한다.

구룡폭포는 100미터가 훨씬 넘는 절벽을 품은 두 개의 봉우리 사이에서 물안개를 뿜어내며 떨어진다. 물줄기는 74미터나 된다. 그러다 보니 폭포 하단에 깊게 패인 못에는 워낙 물이 많다. 못의 깊이가 13미터나 되는 절구통 돌확인데 그렇게나 깊음에도 불구하고 물줄기는 한 번 들어갔다가 다시 솟구쳐 나온다. 마치 성난 소용돌이와도 같고 울리는 소리는 천둥 같으며 드리운 물보라에 무지개가 걸쳐 있어 아름다움이 끝이 없다.

바로 그 절구통처럼 생긴 구룡연에는 아홉 마리 용이 살고 있었다. 어느날 인도에서 온 53불이 근처에 다다르자 아홉 마리의 용은 불청객인 그들을 내쫓기 위해 일대를 물바다로 바꿔버렸다. 그러자 그들은 이 땅에서 살 것을 용에게 호소했고, 그 호소를 받아들인 용의 허락을 받아 세운 절이 바로 유점사다. 그뒤 유점사에 봉안된 부처 53존은 각각의 이름을 부르며 예불을 올리면 사방의 부처를 만나고 또 모든 죄업에서 벗어날 수 있다는 전설을 지닌다. 유점사의 위력뿐만 아니라 구룡연의 신비에 대한 궁금증을 풀어주는 전설이다.

어당 이상수는 「동행산수기」에서 구룡연에 당도했을 때 '나는 무서워서 감히 다가서지 못하였다'고 했다. 그리고 이상수는 조선의 3대 폭포를 열거하고서 개성의 박연폭포와 비교했다.

> "박연폭포는 계류를 따라 내려와야 보는 것이고 이 구룡폭포는 계류를 거슬러 올라가서 보는 것이다. 박연은 몸집이 크고 구룡은 키가 크니 이것이 다른 점이다. 기이하고 장엄함을 말한다면 마땅히 백중지간이라 하겠다."[5]

버금간다는 뜻의 백중지간이라고 해버려서 재미야 없지만 자연의 우열이란 없는 것이다. 오직 보는 사람의 것일 뿐이므로 뒷날 직접 보고서 말할 수 있길 기다릴 뿐이다. 다만 이상수는 설악산의 대승폭포를 아직 못 가보았다고 했는데 세 개의 폭포를 나란히 비교했다면 어떤 평가를 내렸을지 궁금하다.

구룡폭을 그린 그림은 13점을 볼 수 있다. 정선이 1747년 무렵에 그린 《겸재화》 중 〈구룡연〉이 가장 앞선다. 필치는 무르익었고 구도 또한 장엄을 꾀했다. 이후에 탄생하는 여러 후배들의 그림에 비하면 단순성이 돋보이는 작품이다. 다만 1711년, 1712년 연이은 사생 여행 길에 그린 구룡연을 볼 수 없어 처음에는 어떤 모습과 분위기로 그렸을지 궁금하다.

능호관 이인상이 1752년에 그린 〈구룡연〉은 1737년 여행 때의 기억을 되살려 그린 작품이다. 이인상이 화폭 왼쪽 하단에 쓴 화제에서 밝힌 대로 이 작품은 대상 묘사에 목표를 둔 것이 아니라 마음에 둔, 재심在心의 그림이다. 이인상은 끝이 갈라진 붓인 '독필禿筆로 뼈만을 그렸으며 또 채색하지 않았다'고 했다. 살과 색을 더하지 않았다고 했는데 실제로 아주 가는 선만을 사용해 바위를 묘사했고 폭포 줄기는 거의 보이지 않을 정도로 엷게 그렸다. 하단으로 내려가 못에 이르면 유려한 선으로 바위와 나무를 그리고 또 바위에 부딪혀 부서지는 물거품과 물결무늬도 겹겹으로 묘사했다. 여러 가지 요소를 제거하고 뼈만을 남기는 추상화 기법으로 그린 이인상의 〈구룡연〉은 다시 볼 수 없는 이인상만의 추상화한 실경산수다.

복헌 김응환이 1788년에 그린 《해악전도첩》 중 〈구룡연〉은 실제 대상의 모습을 충실하게 묘사했다. 정선의 단순화, 이인상의 추상화와 전혀 다른 태도를 취한 것이다. 화폭 상단에 멀리 장엄한 봉우리를 배치했다. 또 폭포 양쪽으로 거대하고 거친 암석 절벽을 어둡게 그린 다음 그 안쪽에 옅은 회색의 암벽을 속살처럼 밝게 그려놓고 그 가운데를 수직으로 가르듯 흰선의 폭포 줄기를 묘사했다. 70여 미터가 넘는 폭포 줄기가 그대로 느껴진다. 하단의 못은 하얀 물거품과 짙은 청색으로 칠해 두드러져 보이게 했다.

지우재 정수영은 무려 네 점의 〈구룡연〉을 그렸다. 《해산첩》 중 〈구룡연〉 1과 〈구룡연〉 2는 화폭에 '구룡연'이라는 화제를 써넣지 않았고 비교해 보면 폭포와 못의 생김새가 다르다. 〈구룡연〉 1은 폭포 줄기 상단 저 멀리 뾰족한 봉우리가 솟

정선, 〈구룡연〉, 《겸재화》, 25×19.2, 비단, 1747년경, 개인.

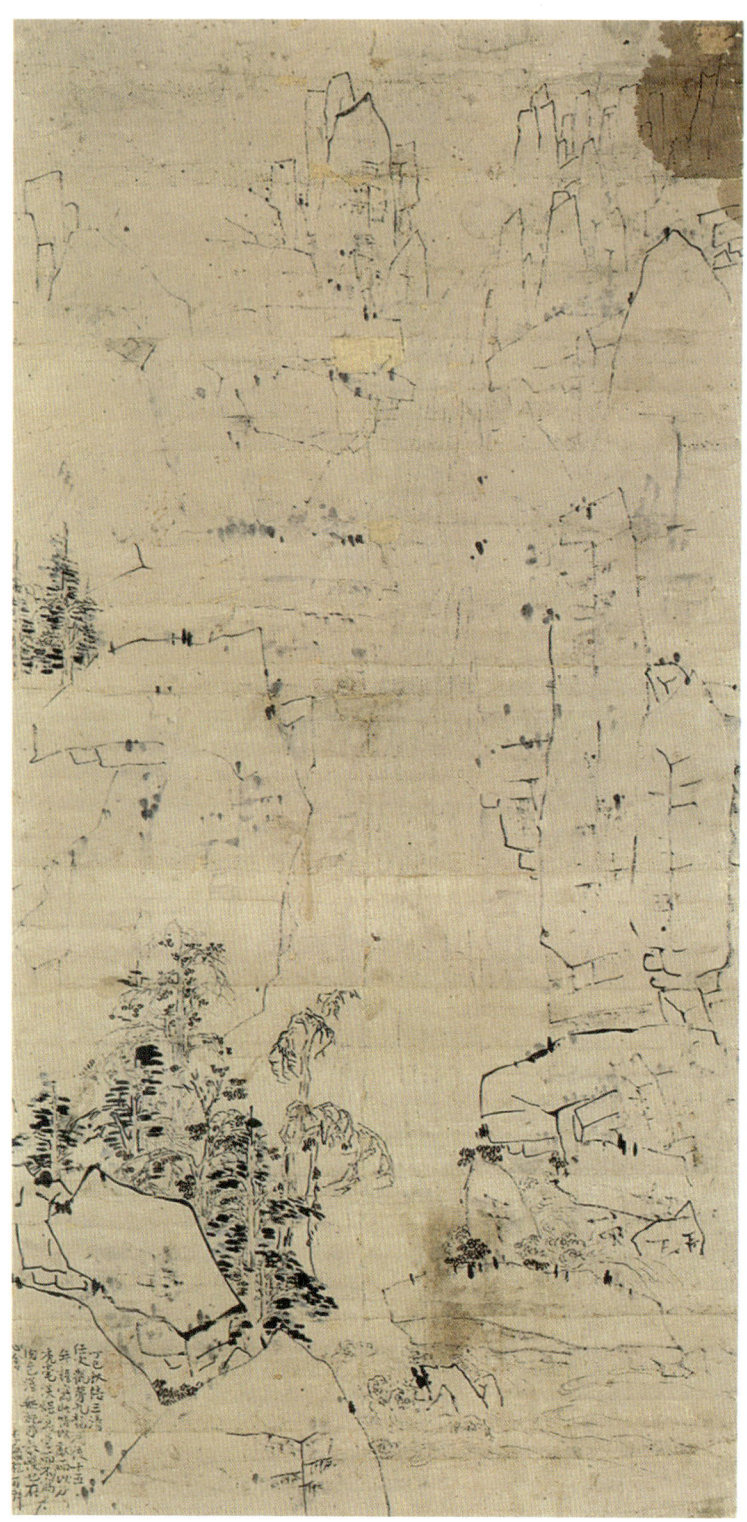

이인상, 〈구룡연〉, 118.2×58.5, 종이, 1752, 국립중앙박물관.

김응환, 〈구룡연〉, 《해악전도첩》, 32×42.8, 비단, 1788, 개인.

아 있는데 〈구룡연〉 2를 보면 폭포 줄기 상단이 군더더기 없이 깔끔하다. 이렇게 다르다보니 다른 폭포를 그린 게 아닌가 싶지만 그렇지 않다. 정수영보다 앞선 시기에 구룡연을 그린 정선과 김응환이 각각 다르게 그린 것처럼 달리 그렸을 뿐이다. 다시 말해 시선과 구도를 달리 잡은 것일 뿐 정수영의 두 작품은 봉우리가 있거나 없거나 구룡연을 그린 작품이다.

봉우리가 있는 〈구룡연〉 1은 붓놀림이 빠르고 바위의 구성이 성글다. 그런데 봉우리를 없앤 〈구룡연〉 2는 화폭의 좌우를 늘려 물줄기 양쪽 바위를 크게 넓히고 먹물로 담채를 칠해서 수직으로 쏟아지는 폭포 줄기를 흰빛으로 환하게 묘사했으며 하단의 못도 넓게 확장하고 푸른색을 짙게 칠해 장식성을 드높였다. 그러고 보면 〈구룡연〉 1은 현장 사생화처럼 보이고 〈구룡연〉 2는 뒷날 재구성해 제작한 것이다.

서울역사박물관 소장 〈구룡폭〉은 화폭 하단 오른쪽 바위 빈 면에 '구룡폭'이라는 화제를 선명하게 써넣었다. 게다가 바위의 구성이 한결 밀도가 높은 짜임새로 그려져 꿈틀거리는 생동감이 넘치고 하단의 물거품과 출렁거리는 물결이 실감나는 작품이다.

평양의 조선미술박물관 소장 〈구룡연〉은 사진 도판으로만 볼 수 있는 작품이다. 도판을 보면 지금껏 그린 어떤 작품보다도 시야가 가장 광활하다. 상단의 멀리 솟은 봉우리들도 다채롭고 구룡폭포를 받치고 있는 거대한 바위도 장대하여 황홀하다. 둥그렇게 원통처럼 깎여 매끄러운 폭포 바닥과 그 위를 쏜살같이 흐르는 물줄기도 날렵하다. 특히 하단의 첫 번째 못에서 튕겨나와 그 아래 두 번째 못을 거쳐 방향을 틀어 세 번째 못까지 실감을 뛰어넘어 눈부시게 현란하다. 그 앞 너럭바위에 앉아 넋을 놓은 다섯 사람과 곳곳에 포진시킨 노란 빛깔 나무들이 화폭을 황금빛으로 물들이고 있다. 아름답다.

김홍도의 《해산도첩》 중 〈구룡연〉은 폭포 물줄기 양쪽으로 어깨를 치켜올린 듯 으쓱대며 넓은 가슴을 활짝 펴고 있는 모습을 가장 빼어나게 연출했다. 더욱 경탄을 자아내는 부분은 물줄기가 떨어지는 못이다. 둥근 못 전체를 뒤덮고 있는 거품을 자세히 보면 방울이 아니라 끝이 뾰족한 봉우리다. 마치 금강산 1만 2천 봉이 못 안으로 빨려 들어간 듯하다. 어찌 이런 상상을 했으며 숱한 봉우리를 이 못 안에 모아놓을 생각을 했는지 그저 놀라울 뿐이다.

강원도 흡곡현감으로 여러 차례 사생 여행을 한 청류 이의성은 《산수화첩》 중 〈구룡연〉에서 전혀 색다른 분위기의 구룡연을 연출하는 데 성공했다. 구도는 김응환, 김홍도의 것을 그대로 가져왔어도 세부 묘사는 완연 다르다. 톡톡 자르듯 짧은 선으로 바위를 묘사해 마치 벽돌을 쌓아올린 건축물 같은데 그 위에 고운 색을 입혀 어여쁘고 아름답다.

도화서 화원 관호觀湖 엄치욱嚴致郁, 1770무렵-?의 〈구룡폭〉은 가장 깔끔하고 단정한 작품이다. 같은 도화서 화원 유재 김하종의 《해산도첩》 중 〈구룡폭〉은 바위와 물줄기가 매끄럽고 빠르기 그지없는 작품이다. 엄치욱이나 김하종은 앞선 거장들의 구룡폭과 구별되는 오직 자신만의 구룡폭을 그리기 위해 고심한 이들이었다. 그리고 실제로 오직 자신만의 구룡폭을 그려냈다.

《금강산도권》 중 〈구룡폭〉은 김홍도의 구도를 따랐으되 자신이 관찰한 바를 반영했다. 좀 더 거리를 두고 뒤로 와서 바라본 구도라서 바위 기둥이 몇 개가 더 늘어나 있고 오른쪽 하단의 사다리와 그 아래로 다리가 하나 더 보인다. 폭포 옆 너럭바위에 세 명의 유람객이 한 승려로부터 설명을 듣고 있는 장면도 김홍도의 작품에는 없는 모습이다. 다만 70미터가 넘는 길이의 폭포가 짧아 보이는 게 아쉽다.

《동유첩》의 〈구룡연〉도 구도가 다르지 않으나 좀더 근접한 시선이어서인지 무겁고 가파르다.

구룡폭 위쪽으로는 여덟 선녀가 머무르는 상팔담도 아찔한 모습을 드러낸다. 상팔담의 전설 나무꾼과 선녀 이야기는 굳이 상팔담이 아니어도 유명하다.[6] 상팔담은 팔선녀가 목욕하는 곳이었다. 인근에 부지런한 나무꾼 청년이 살고 있었

정수영, 〈구룡연〉 1, 《해산첩》, 37.2×31, 종이, 1799, 동원 이홍근 기증, 국립중앙박물관.

정수영, 〈구룡연〉 2, 《해산첩》, 37.2×31, 종이, 1799, 동원 이홍근 기증, 국립중앙박물관.

정수영, 〈구룡폭〉, 28×34.8, 종이, 18세기 후반, 서울역사박물관.

정수영, 〈구룡연〉, 38×43, 종이, 18세기, 평양 조선미술박물관.

김홍도,
〈구룡연〉,
《해산도첩》,
30.4×43.7,
비단, 1788,
개인.

이의성, 〈구룡연〉, 《산수화첩》, 32×44, 종이, 1826년경, 개인.

엄치욱, 〈구룡폭〉, 28.5×39.5, 종이, 19세기, 국립중앙박물관.

김하종, 〈구룡폭〉, 《해산도첩》, 29.7×43.3, 비단, 1815, 국립중앙박물관.

미상, 〈구룡연〉,《금강산도권》, 26.7×43.8, 종이, 19세기, 국립중앙박물관.

미상, 이풍익 편, 〈구룡연〉,《동유첩》, 20×26.6, 종이, 1825, 성균관대박물관.

다. 이 청년은 금강산을 사랑하여 살아 있는 나무를 베지 않고 죽은 나무만을 모았다. 또한 새와 짐승도 보호했다. 동식물 지킴이였던 청년은 사냥꾼에 쫓기던 노루를 숨겨 살려주었다. 꿈에 백발노인 산령이 등장해 아무도 가본 적 없는 깊은 골 안을 알려주었다. 그곳에 여덟 선녀가 하늘에서 내려와 목욕을 하곤 하는데 그중 한 선녀의 옷을 감추면 결혼해 잘살 것이라고 했다. 깨어 가보니 여덟 개의 못에 선녀들이 각각 목욕을 하고 있었다. 그중 한 선녀의 옷을 감추어 마침내 배필로 맞아 아들딸 3남매를 낳기에 이르렀다. 하지만 자식 넷을 보기 전에는 옷을 내주지 말라는 말을 잊고 선녀복을 보여주었더니 선녀는 옷을 입고 하늘로 가버렸다. 꿈에 산령이 나타나 이르기를, 옷을 감춘 뒤로는 이를 경계한 선녀들이 두레박으로 물을 길어올려 목욕을 하고 있다는 것이다. 따라서 두레박이 내려왔을 때 타고 하늘로 올라가 남편을 기다리는 선녀와 함께 살라고 했다. 하지만 금강산 지킴이인 그는 고향을 버리고 찾을 행복이 어디에 있겠냐고 했다. 이에 산령은 감탄을 금치 못하며 천상의 선녀에게 소식을 전해주었다. 가족이 함께 하는 생활과 금강의 아름다움을 그리워하던 선녀는 용을 타고 내려와 그와 재회했다. 용도 이곳에 살기로 했다. 자연을 마구 파헤쳐온 인간에게 들려주어야 할 상팔담의 아름다운 이야기다.

구룡각 다음 전망대가 비룡대다. 비룡대에서는 상팔담과 구룡폭은 물론 서남쪽으로 아홉소골이란 구담곡계곡, 남쪽으로 비사문 바위, 동남쪽으로 세존봉 천화대, 동쪽으로 옥류동, 북쪽으로 옥녀봉과 관음연봉이 한눈에 들어 온다. 비룡대는 턱을 걸어놓는 바위라는 뜻의 괘이암이라는 이름도 갖고 있는데 대 위에 오르면 위태로워 오직 엎드려 턱만 내놓고 아래를 볼 수밖에 없다는 것이다. 구룡동에서 비로봉으로 오르기 위해서는 아홉소골인 구담곡을 거쳐 올라가야 한다.

높이 1,423미터의 옥녀봉은 비로봉에서 북쪽 능선을 따라 내려가다 마주치

미상, 〈옥녀봉〉, 《금강산 10폭 병풍》, 108.7×31, 천, 1940년 이전, 최열 기증, 국립현대미술관연구센터.

는 봉우리다. 옥으로 깎은 듯 아름다운 모양을 하고 있어 옥녀라는 이름을 얻었다. 구룡연 구역의 옥류동에서 보면 서쪽의 봉우리인데 곧장 오르는 길은 없다. 옥류동 상류인 아홉소골을 따라 비로봉 쪽을 향해 오르다가 오른쪽으로 꺾어지는 곳이기 때문이다.

《금강산 10폭 병풍》 중 〈옥녀봉〉은 옥류동 입구인 옥류담에서 보이는 봉우리를 묘사한 작품이다. 가늘고 가벼운 먹선에 옅은 먹물과 짙은 점으로 바위를 그리고 또 하단은 침엽수와 활엽수를 배치했다. 특히 하단에 복사꽃으로 보이는 나무를 여기저기 그려넣었다. 옥녀가 보이는 이곳 옥류동이야말로 바로 도원 아닐까.

선하 구역,
외금강의 계곡 더 깊이

칼끝처럼 날카로운 집선봉을 품은 곳

선하 구역으로 가는 길도 만물상 구역 및 구룡연 구역 가는 길과 마찬가지다. 장전항에서 남하하는 길과 삼일포에서 서쪽으로 향하는 길 두 갈래다. 먼저 삼일포에서 신계천을 지나 온정천을 따라 서쪽으로 가다가 온정리를 지나 남쪽으로 꺾어진 도로를 따라 술기넘이고개를 넘어 다시 신계천을 만나는데 여기서 남쪽으로 향하면 선하 구역이고 서쪽으로 향하면 구룡연 구역이다.

선하 구역은 동석동 물길을 따라 쭉 가다보면 오른쪽으로 꺾어 세채동, 왼쪽으로 꺾어 선하동으로 구성되어 있다. 북서쪽으로는 웅장한 세존봉, 남쪽으로는 풍채가 좋은 채하봉과 칼끝처럼 날카로운 집선봉이 우아하게 버티고 있다. 선하仙霞란 집선봉의 '선'仙과 채하동의 '하'霞를 따와서 지은 이름이다. 이곳 선하의 땅이야말로 선녀들이 모여 저녁노을의 아름다움을 한껏 누리던 곳이었나보다.

선하 구역의 첫 물길인 동석동이란 이름은 흔들바위라 부르는 동석이 있어 생긴 이름이다. 동석동의 가을 단풍은 금강의 제일이라 하는데 저 동석에 못 미쳐

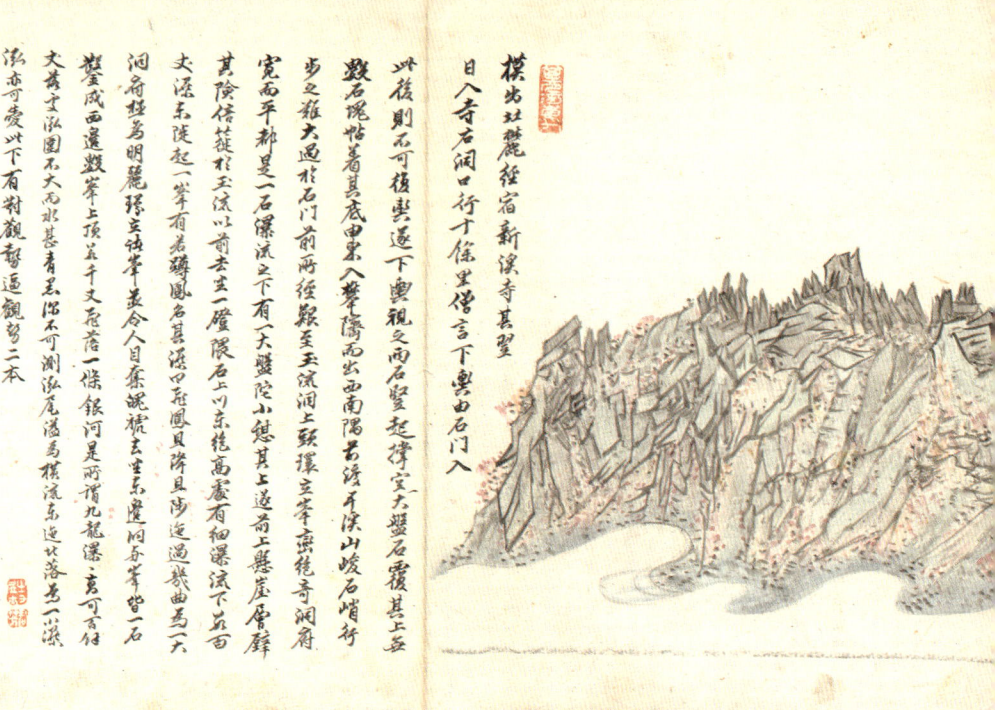

樸出址麓經宿新溪寺其翌
日入寺石洞口行十餘里僧言下與由石門入
此後則石可復奧遂下雲視之兩石聳起撐空大盤石覆其上五
數石魂帖著其底申束八峰隨而出西南隅為浮于溪山崚石峭行
步之雖大逼於石門前兩經跟至玉流洞上頭環立峯高懸奇洞府
寬而平郁是一石瀑流之下有一天鹽陀小憇其上遙前上懸崖屋屋
其險倍捷於玉流以前去生一障隉石上川东绕高奮有細瀑流下五百
丈源东陡起一峯有若瓚圇名其深曰奇圓貝隅且陽遲過欷通爲一六
洞府經爲明麗珠立诘峯盡倉人目萘毗禠去臺岛峯曾一石
盤盛西邁數峯上頂益千丈居齊一條銀河是兩謂九龍瀑亦可言
大奪文泓圓不大而甚青玉沼不可測泓尾澏爲橫流而造块落爲八漾
澄亦可愛此下有對觀臺逐觀影二本

정수영, 〈집선봉 북록〉, 《해산첩》, 37.2×126, 종이, 1799, 동원 이홍근 기증, 국립중앙박물관.

삿갓봉이 있다. 삿갓봉 아래에는 금강이 배출한 최고의 명필인 봉래 양사언이 자라난 마을이 있고 그곳에서 양사언이 붓글씨 연습을 하곤 하던 너럭바위가 있는데 그 이름을 분필판이라고 불렀다.

집선봉은 선하 구역의 남동쪽에 자리잡은 높이 1,351미터 봉우리다. 칼로 깎은 톱니처럼 날카로운 봉우리가 일곱이나 줄지어 잇달아 선 연봉으로 금강산 동북칠연봉이라는 호칭이 붙었다. 정상에 올라 동쪽을 보면 동해바다가 바로 앞에서 일렁여 두렵기조차 하다. 이토록 신묘하여 하늘의 선녀들이 끊이지 않고 내려와 노닐던 곳이다. 두 개의 봉우리 사이로 선녀를 맞이하는 영선대며 선녀가 하늘에서 내려오는 강선대, 하늘로 올라가는 승선대와 같은 바위들이 즐비하다. 신선이 모인 봉우리란 뜻을 지닌 집선봉답게 말이다. 집선봉은 오로지 바위만으로 이루어진 봉우리라 소나무가 한 그루도 자랄 수 없었다.

집선봉의 전설은 달나라에 사는 노인과 손녀 반달의 이야기다. 반달이 시집갈 나이가 되자 사방에서 청혼이 들어왔는데 노인은 하늘나라는 기후가 변화무쌍해 싫었다. 금강산이 아름답다는 소문에 반달과 함께 용이 이끄는 용선을 타고 금강산 1만 2천 봉우리를 유람하였다. 그러던 중 음악 소리가 들려 보니 신선들이 모여 노는 것이었다. 배를 내려 보니 마침 단오 명절이라 잘 맞이해주었다. 신선들은 가장 맑고 힘과 슬기가 뛰어난 금강산 신선을 반달의 배필로 정해주었다. 며칠 뒤 음악과 새와 짐승들까지 하루종일 춤추고 노래하는 혼인식이 열렸다. 그 뒤 그날이면 이곳에서는 선녀와 신선이 모여 놀았다고 한다. 집선봉이란 이름은 이때 생겼으며 노인과 반달이 타고 왔던 용선은 용선바위라고 부른다.

집선봉의 북쪽 기슭을 그린 지우재 정수영의 〈집선봉 북록〉은 《해산첩》에 포함되어 있다. 일곱 봉우리가 연이어 있는 동북칠연봉을 옆으로 긴 구도로 설정해 한 화폭에 모두 담아 아주 장대해졌다. 상단 봉우리로 이루어진 능선은 하늘에 닿아 있고 하단 계곡 기슭은 구름에 닿아 있다. 누구도 다가서지 못할 신성한 땅처럼 위아래로 하늘과 구름에 감싸여 허공에 떴다. 다른 곳을 그릴 때면 각각의 경물에 그 이름을 써넣곤 했지만 〈집선봉 북록〉은 어디에도 쓰지 않았다. 유장하게 이어진 일곱 개의 봉우리가 모두 한결같아 따로 부를 이름이 불필요했기 때문이다.

발연 구역,
외금강이 품은 연못

언덕 사이로 쏟아지는 물길이 만든 세 개의 연못

해금강 삼일포에서 신계천 물길을 따라 서쪽으로 가다가 온정천과 갈라지는 곳에서 남쪽으로 꺾어져 남하하면 신계천계곡이다. 계곡은 두 갈래로 나뉜다. 하나는 영신동으로 오른쪽이고, 또 하나는 발연동으로 왼쪽 계곡이다.

신통한 곳으로 여기는 영신동계곡의 첫 시작은 높이 10미터의 전주폭포다. 그 물소리가 음악 연주를 하는 것 같아 전주前奏란 이름을 얻었다. 이어 누워 있는 모습의 폭포인 길이 30미터의 5단 폭포를 비롯해 모두 다섯 개의 폭포가 연이어 보인다.

발연동계곡의 발연은 바리소의 한자말인데 못의 생김새가 발鉢, 다시 말해 스님의 밥그릇인 바리때처럼 생겼다고 해서 붙인 이름이다. 그 발연이 있는 일대를 발연 구역이라고 부른다. 가파른 양쪽 절벽 같은 언덕 사이로 쏟아지는 물길에 움푹 파인 세 개의 못이 있고 그 중간에 있는 것을 바리소 또는 발연이라 한다. 그 위쪽 못을 윗소 또는 상발연, 그 아래쪽 못을 아랫소 또는 하발연이라 한다.

지금껏 영신동계곡을 그린 작품은 찾지 못했다. 따라서 모두 발연동을 그린 것인데 그것도 바리소라고 하는 발연에 집중되어 있을 뿐이다.

고송유수관 이인문이 그린 〈발연〉은 병풍에서 떨어져나와 《실경첩》이라는 제목을 붙여놓은 세 점의 실경화 중 한 점이다. 화폭 하단 오른쪽에 세 사람의 선비가 앉아 그 중간에 자리한 발연을 보고 있다. 발연은 그 폭이 11미터나 되고 깊이는 2.3미터쯤이다. 그림에는 나와 있지 않은데 발연 옆쪽에 보물단지처럼 생긴 돌확이 있어 더욱 이름을 떨쳤다고 한다. 폭포 물길을 따라 올라가면 물보라인지 안개구름인지 텅 빈 여백으로 처리했고 양쪽 벼랑 틈 사이에 아주 멀리 칼처럼 솟은 집선봉이 날카롭다. 앞에서 이미 살핀 〈단발령 망 금강〉과 더불어 금강산을 그린 이인문의 또 다른 걸작이다.

상발연은 발연 세 개의 못 가운데 가장 위쪽에 자리한 못이다. 복헌 김응환의 《해악전도첩》 중 〈상발연〉을 보면 비스듬이 기운 바위 사이사이로 여러 개의 물줄기가 흐르고 한복판에 자리한 유람객 세 명의 시선이 향하는 곳에 못 하나가 보인다.

유재 김하종의 《풍악권》 중 〈상발연〉은 경이로운 작품이다. 부드러운 곡선을 자유자재로 구사하는 필선의 묘미와 사선으로 누운 듯한 구도의 속도감이 우아하고 세련되어 보인다. 노랗고 푸른 활엽수 나무도 생기를 더한다. 화폭 한복판에 푸른색 담채를 칠해 거울같이 반짝이는 둥근 못이 윗소, 다시 말해 상발연이다. 하지만 이 작품이 특별한 것은 어디에서도 볼 수 없는 소재를 형상화해서다. 백미는 화폭 하단 오른쪽 물줄기 복판에 있다. 물길도 비단결처럼 유연하고 부드럽게 휘어지듯 흐르는데 그 아래 물장구치는 사람이 있다. 그냥 지나치기 십상이므로 눈을 부릅뜨고 봐야 한다. 홀딱 벌거벗은 사람이 두 팔을 활짝 들고 다리 또한 이리저리 휘둘러 물장구를 치니 물거품이 흩날린다. 화가는 나체의 이 사람 몸에 살색을 칠했고 또 한쪽 다리까지 보이도록 묘사했다. 그 맞은편 물가에서는 세 사람의 선비가

이인문, 〈발연〉, 《실경첩》, 77×45, 비단, 18세기 말~19세기 초, 국립중앙박물관.

이인문, 〈발연〉 부분.   김응환, 〈상발연〉, 《해악전도첩》, 32×42.8, 비단, 1788, 개인.

김하종, 〈상발연〉, 《풍악권》, 30.9×49.7, 종이, 1865, 개인.

이의성, 〈발연〉, 《산수화첩》, 32×44, 종이, 1826년경, 개인.

鉢潤汲
便客易撈
月

미상, 〈발연〉, 《금강산도권》, 26.7×43.8, 종이, 19세기, 국립중앙박물관.

김응환, 〈하발연〉, 《해악전도첩》, 32×42.8, 비단, 1788, 개인.

김하종, 〈하발연〉, 《풍악권》, 30.9×49.7, 종이, 1865, 개인.

물놀이하는 사람을 지켜본다. 일찍이 알몸으로 물놀이하는 사람을 그린 그림은 지금껏 보지 못했을 만큼 드문 장면이다.

이의성의 〈발연〉과 《금강산도권》 중 〈발연〉은 김응환의 〈상발연〉과 같은 구도를 선택한 다음 경물을 깔끔하고 섬세하게 묘사했다. 필선도 매끄럽고 색채도 맑고 곱게 칠해 분위기를 한껏 살렸다. 선비 두 명에 머리 깎은 시동 두 명이 서로를 바라보는 모습도 담담하여 보기 좋다. 이의성의 작품이 선명하고 또렷하여 더욱 곱다.

하발연은 발연의 가장 아래에 있는 못이다. 복헌 김응환의 《해악전도첩》 중 〈하발연〉은 수면에 물이 밀려나서 생기는 물결 주름을 묘사해놓은 것이 특별하다. 허리를 굽혀 못 안을 보는 선비의 위태로운 동작도 더불어 재미있다.

유재 김하종의 《풍악권》 중 〈하발연〉은 김응환의 〈하발연〉 구도와 같지만 폭포 줄기와 푸른 못의 모습이 아름답다. 구도의 짜임새와 경물의 변화에 선묘의 굴곡이 있어 깊이가 있어 보인다.

무지개다리 건너 마주하는 달리는 폭포, 치폭

발연에 들어서 바리소를 지나 무지개다리 또는 홍예교라는 돌다리를 건너면 발연사로 들어간다. 커다란 화강암 덩어리를 다듬어놓은 무지개다리는 금강산 일대의 자랑거리인데 여기에 깃든 이야기가 없을 수 없다.

사람들이 재물을 내 불공을 드리는데 이를 관장하는 승려는 욕심이 많아 돈은 돈대로 먹고 불공에 차린 음식을 나눠주지 않았다. 이곳을 지나던 백발 도사가 이곳 풍수를 보았다. 시내 이쪽에는 노적가리를 고양이가 지키고 있고, 저쪽에는

馳瀑

김홍도, 〈치폭〉, 《해산도첩》, 30.4×43.7, 비단, 1788, 개인.

밭에 늙은 쥐가 내려온 형국이었다. 다시 말해 고양이가 시내를 건너지 못해 쥐가 밭의 곡식을 마음껏 훔치고 있었던 게다. 어느 날이었다. 주민의 재물을 걷어 불공을 올리던 날 백발 도사가 절에 들기를 청하였으나 허름한 옷차림의 백발 도사를 보고 승려는 문전박대하여 쫓아버렸다. 이에 백발 도사는 욕심 많은 네가 제아무리 재물을 모으고자 인색하게 굴어도 절 앞 시내에 무지개다리인 홍예교를 놓기 전까지 큰 부자가 될 수 없다고 했다. 이 말을 들은 승려는 욕심이 더욱 생겨 모아 둔 재산을 다 털어 무지개다리를 놓았다. 하지만 거꾸로 불공 올리는 사람도 줄어들어 날이 갈수록 망해갔다. 사실은 다리를 놓음에 따라 이쪽 고양이가 저쪽 밭으로 건너가자 늙은 쥐는 더 이상 곡식을 훔칠 수 없어진 것이다. 그러니 그 다리는 재앙을 불러온 욕망의 다리였던 게다. 이에 격분한 승려가 다리를 헐려고 했지만 이미 힘이 빠져 무거운 바위를 건들 수조차 없었고 끝내 망하고 말았다.[7]

발연사에서 계곡으로 가면 60미터 길이의 누운폭포가 나온다. 누운폭포는 금강산에 숱하게 많지만 이곳 발연동의 누운폭포야말로 가장 잘 알려졌다. 누운폭포 가운데 최고를 자랑하는 이 폭포의 이름은 치폭이다. 달리는 폭포라는 뜻의 치폭은 미끄럼 놀이를 할 수 있을 만큼 신기한 폭포다. 물론 인공이 아니라 천연인데 실제로 사람들이 미끄럼을 탈 수 있을 만큼 길고 긴 홈이 패였고 중간중간에 움푹 파인 돌확이 있어 안전하기까지 하다. 동주 성제원은 1531년 5월 이곳에 이르러 미끄럼을 타는 현장을 묘사하였다.

"승려들은 나뭇가지를 꺾어서 엉덩이를 대고 두 다리를 쭉 펴고는 합장하고 앉은 채 상류로 올라가 물결 따라 달려내려오는 놀이를 하였다. (중략) 폭포 타는 기술을 배우지 못한 사람들은 반드시 엎어지고 거꾸러져 흘러내려 서로 킥킥대고 웃었고 이미 배운 이들은 백 번 중 한 번도 미끄러지지 않았다."[8]

단원 김홍도가 그린 《해산도첩》 중 〈치폭〉을 보면 길고 긴 폭포 줄기가 완만한 경사에 적당한 굴곡이 졌다. 물론 미끄럼을 타는 사람을 그리지 않았듯이 미끄럼틀을 의식하고 그린 건 아니다. 다만 사람들이 앉은 곳보다 위쪽으로 폭포의 줄기를 따라 올라가보면 미끄럼타기에 안성맞춤으로 생겼구나 싶어 보인다. 화폭 하단을 꽉 채우고 있는 넓고 환한 바위가 아름답고 또 하단 왼쪽으로 커다란 못에는 물결무늬가 도드라지는 가운데 푸른 빛깔도 아름답다.

송림 구역,
외금강의 남쪽

백천교를 건너 소나무 숲을 지나다

　　송림 구역은 외금강의 남쪽에 자리하고 있다. 동해안 삼일포에서 남강을 따라 남쪽으로 한참을 직진하다보면 서쪽에서 흘러내려오는 백천천을 만난다. 백천천을 따라 거슬러 올라가다보면 백천교를 만난다. 백천교에서 서쪽으로 계속 올라가면 소나무가 지나칠 정도로 아름다워 송림이라는 이름을 얻은 숲과 계곡을 만난다. 송림 구역의 첫 번째 계곡인 송림동의 외원통암과 송림사를 지나면 나오는 두 번째 계곡인 만상동에는 또 다른 만물상이 경이롭다. 이어지는 세 번째 계곡 성문동에서도 즐비한 폭포 소리를 듣다보면 마지막에 엄청난 십이폭포를 만난다.

　　백천교는 삼일포에서 남강을 따라 거슬러 오르다가 서쪽으로 꺾어지는 백천천에서 만나는 다리다. 외금강과 해금강의 나들목이기도 하고, 워낙 급류가 심해 홍수가 지면 아무리 튼튼한 돌다리도 쓸려 내려가곤 했다. 이곳은 또한 유람객의 이동 수단을 교체하는 지점이기도 했다. 다리를 건너면 송림사와 유점사로 나뉘는 갈림길이 있다. 1671년 8월 29일 백천교를 건넌 농암 김창협이 '돌다리가 건장하다. 예전에는 채색 누각이 그 위에 앉혀 있었는데 지금은 없다[9]고 했으니 언젠가 화려한 누각이 무너져버린 모양이다.

겸재 정선이 처음으로 사생 여행을 떠났던 1711년에 그린 《신묘년풍악도첩》 중 〈백천교〉는 무엇보다 등장인물이 많은 작품이다. 승려 13명, 유람객 일행 13명까지 모두 26명이나 된다. 화폭은 계곡 물줄기를 경계 삼아 좌우로 나뉜다. 왼쪽에 13명의 승려와 죽장을 들고 선 시동 한 명에 선비 네 명이 있다. 대머리에 흰색 모자를 쓴 이들이 승려다. 이들 일행 사이에 남여 네 대가 놓여 있다. 숫자로 보아 승려는 남여를 들쳐메는 가마꾼들이다. 해당 지역 사찰 승려들은 유람객들의 길을 안내하거나 또는 신분이 높은 이들의 경우에는 짐과 가마를 들고 유람길에 함께 했다. 무려 18명이나 되는 대규모 행색으로 보아 한양의 고관대작 일행이 아닌가 싶다. 화폭 오른쪽에는 모두 여덟 명인데 선비 네 명, 시동 네 명에 말 네 마리다. 구성으로 보아 냇물 건너편 일행과는 전혀 다른 유람객이다.

정선의 또다른 그림으로 연대를 알 수 없는 〈백천교 출산〉에는 시내를 건너는 석교가 나온다. 1711년의 작품에 없던 석교를 〈백천교 출산〉에 그려넣을 수 있었던 까닭은 1738년에 다시 설치했기 때문이다. 설치한 이후인 1747년에 정선이 이곳에 다시 들렀을 때 본 다리를 그린 것이 바로 〈백천교 출산〉에 보이는 모습이다. 〈백천교 출산〉은 제목 그대로 유람을 마친 뒤 백천교를 건너 동해안 삼일포로 나가는 장면이다. 이 작품에도 등장인물 숫자가 만만치 않다. 화폭 왼쪽으로 승려 일곱 명에 남여 두 대, 다리를 건너는 선비 두 명에 시동 네 명, 말 세 마리다.

외금강의 원통암은 두 군데다. 하나는 은선대 구역에 또 하나는 송림 구역에 있다. 이들의 구별을 위해 은선대 구역의 원통암은 중내원으로 부르고 이곳 송림 구역의 원통암은 외원통암 혹은 외원통이라고 부른다.

복헌 김응환과 단원 김홍도가 나란히 1788년 이곳 송림 구역에 이르러 마주

정선, 〈백천교〉, 《신묘년풍악도첩》, 33×38, 비단, 1711. 국립중앙박물관.

정선, 〈백천교 출산〉, 21×22, 비단, 18세기, 개인.

五松臺

김홍도, 〈오송대〉, 《해산도첩》, 30.4×43.7, 비단, 1788, 개인.

김응환, 〈원통암〉, 《해악전도첩》, 32×42.8, 비단, 1788, 개인.

김홍도, 〈원통암〉, 《해산도첩》, 30.4×43.7, 비단, 1788, 개인.

한 첫 풍경을 그린 것이 원통암이다. 두 화가가 그린 구도는 거의 비슷하지만 김응환은 조금 가까우나 거칠게, 김홍도는 조금 멀지만 섬세하게 그렸다. 건물 구조나 유람객의 행색도 비슷하다.

오송대는 송림사 가까이 자리한 바위라고 하지만 정확히 알 수 없다. 다만 김홍도가 그린 《해산도첩》 중 〈오송대〉를 보면 계곡을 둘러싼 다섯 개의 바위에 소나무가 유난히도 많이 자라고 있음을 알 수 있다. 소나무 숲 사이에 숨은바위라 그 이름도 소나무를 따라 오송대라 했나보다. 이뿐만 아니다. 소나무가 숲을 이루고 있어 절집 이름도 송림사요 굴 이름도 송림굴이다. 그 앞에 흐르는 계곡도 소나무로 뒤덮였으니 송림동으로 부르는 것일 게다.

드디어 마주하는 십이폭포의 장대함

십이폭포는 송림 구역의 마지막 성문동 계곡에서도 거의 끝에 위치한 폭포다. 높이 289미터에 총 길이 390미터. 상상하기 어려울 정도다. 너비가 4미터밖에 되지 않아 더 길게 여겨진다. 물줄기는 북쪽 채하봉 남쪽 벼랑을 타고 12개의 층계를 거쳐 쏟아져 십이폭포라는 이름이 생겼다. 계곡 아래서는 겨우 절반밖에 보이지 않는다. 오죽하면 물줄기는 보이지 않고 쏟아지는 소리만 들린다고 해서 성문동이라는 이름이 생겼을까.

길고 긴 폭포 주변 벼랑 틈새에 뿌리내린 소나무, 철쭉, 단풍나무들이 아름답다. 단풍이 물든 가을의 십이폭포가 가장 눈부시다는 게 세평이다. 옥류동의 비봉폭포, 구룡폭포, 구성동의 옥영폭포와 함께 금강산 4대 명폭의 하나인데 그 넷 가운데 으뜸이다.

김홍도, 〈은선대 십이폭〉, 《해산도첩》, 30.4×43.7, 비단, 1788, 개인.

김하종, 〈은선대 망 십이폭〉, 《해산도첩》, 29.7×43.3, 비단, 1815, 국립중앙박물관.

김하종, 〈은선대 십이폭〉,《풍악권》, 30.9×49.7, 종이, 1865, 개인.

미상, 〈은선대〉,《금강산도권》, 26.7×43.8, 종이, 19세기, 국립중앙박물관.

십이폭포의 전모를 다 보려면 송림 구역으로 가지 않는다. 송림사와 외원통암에서 남쪽의 박달고개를 넘어 은선대 구역으로 향한다. 먼저 박달고개에 있는 불정대에서 멀리 십이폭포를 한 번 보고 유점사를 거쳐 효운동 계곡을 지나 신선이 숨어 있다는 은선대에 이르러서야 십이폭포가 제 모습을 드러낸다. 결국 십이폭포를 다 보려면 한 번은 성문동 계곡, 또 한 번은 은선대 구역의 불정대, 마지막으로 은선대 구역의 효운동과 은선대를 차례로 방문해야 한다.

1788년에 그린 김홍도의 《해산도첩》 중 〈은선대 십이폭〉은 무려 390미터에 12번 꺾어지는 장대한 폭포의 위용을 고스란히 보여준다. 정확히 12개의 층계를 그렸고 각 층마다 향하는 방향을 틀어 살아 있는 듯한 기운을 주었다. 폭포를 받쳐주는 채하봉도 왼쪽은 굵고 큰 암벽으로, 오른쪽은 자잘하고 작은 봉우리로 묘사하여 울림을 달리 하였다. 또한 자신이 서 있는 은선대는 그리지 않아서 보는 사람이 하늘을 나는 느낌이다. 화폭 오른쪽은 동해바다까지 틔워둠으로써 폭포와 봉우리의 입체감과 공간감을 더욱 살려놓았다.

1815년에 그린 김하종의 《해산도첩》 중 〈은선대 망 십이폭〉은 김홍도의 그림과 또 다르다. 김홍도와 달리 채하봉과 십이폭포를 앞으로 바싹 당겨 화폭 전면을 채우고 동해바다를 그리지 않았다. 바다를 그리지 않은 까닭은 폭포에 좀 더 집중하기 위해서였다. 화폭 오른쪽 하단에는 네 명의 유람객이 은선대에 앉아 전망하는 모습을 묘사했다. 이 그림이 눈부신 이유는 화폭 전체를 감싸고 있는 안개구름 때문이다. 맨 앞쪽의 은선대를 제외하고 십이폭포와 그 폭포의 바탕을 이루는 채하봉의 온몸에 드리운 은빛 연기는 신비감을 극도로 끌어올린다. 가지 않으면 견딜 수 없는 은밀한 세계를 연출해낸 것이다.

그로부터 50년이 흐른 뒤 김하종이 다시 그린 《풍악권》 중 〈은선대 십이폭〉은 그 50년의 세월만큼 앞으로 더 나아간 걸작이다. 1815년 작품에서는 은선대를 화폭 오른쪽에 배치했으나 이번에는 화폭 왼쪽으로 옮겼다. 또한 필선은 더욱 빠른 속도로 그어 내리는 가운데 붓질은 마치 빗줄기가 쏟아져내리는 듯 쓸어내렸다. 그 위에 아주 옅은 먹물을 번지게 하는 선염법을 구사하여 흰 여백의 안개구름과 더불어 신비로운 분위기가 극에 이르렀다. 그런 가운데서도 십이폭포의 굴곡진 모습은 아주 또렷한 데다 정확히 12층계를 지어주었다. 은선대의 묘사도 경탄을 자아낼 만한데 사선으로 눕혀 가파름을 강조하였고 꼭대기부터 아래까지 3단의 계단을 만들어 네 명의 유람객으로 하여금 오직 십이폭포를 향하게 그려놓았다. 희뿌연 구름으로 뒤덮인 가운데 은선대와 폭포, 채하봉 기슭 일부만큼은 선명하게 묘사하여 현실과 몽환 사이를 오가는 듯한 신비경을 이룩해냈다.

《금강산도권》 중 〈은선대〉는 비장하지도 장엄하지도 않다. 앞선 거장들이 추구한 위대함에 맞서 신기한 세상의 풍물을 어여쁘게 다루었다. 화폭을 크게 셋으로 나누었다. 왼쪽은 은선대를, 가운데는 십이폭포를, 오른쪽은 멀리 동해바다를 배치했다. 은선대는 단풍으로 물들어 예쁘고, 가운데 십이폭 주변은 초록빛과 갈색 바위 기둥이 숲을 이루어 흐르는 선율이 흥겨운데 오른쪽 동해바다는 눈길을 시원스레 열어준다. 어느 곳 하나 가파르거나 두려움 같은 것도 없고 온갖 사물들이 오밀조밀하여 평안하다. 그러고 보니 은선대에 오른 유람객들의 모습마저도 여유롭다.

은선대 구역, 외금강의
깊고 깊고 깊은 곳

은선대를 품고 있어 은선대 구역

효운동 계곡에 높이 20미터의 바위인 은선대가 있어 일대의 이름을 은선대 구역이라고 부른다. 깊고 또 깊은 곳에 위치한 은선대야말로 신선들이 몸을 숨기기에 좋은 은신처였다. 은선대 구역으로 가는 경로는 동해안 삼일포에서 출발해 남강을 따라 남하를 계속하다가 서쪽으로 휘어져 백천천의 백천교에 도착한다. 여기서 두 갈래로 나뉜다.

첫째 경로는 백천교를 건너지 않고 계속 서쪽으로 가면 송림 구역으로 들어가는 길이다. 송림 구역으로 들어가 외원통암을 지나 송림사에서 남쪽으로 꺾어 박달고개를 넘어가면 유점사에 도착하고 여기서 은선대 구역으로 진입하는 길이다.

둘째 경로는 백천천의 백천교를 건너 남쪽으로 내려가는 길이다. 백천교를 건너 남쪽으로 가면 아흔아홉 구비라고 하는 개잔령 또는 구령을 넘고 이어 노루메기고개라고 하는 장항현을 넘어야 한다. 이 두 개의 고개를 넘어 용천교를 건너 용천동 물길을 따라 가다가 소년소를 지나 곧장 유점사에 도달한다.

소년소는 슬픈 이야기를 품고 있다. 가난한 소년이 유점사에서 일을 하는데 스승인 승려가 저녁마다 소년으로 하여금 금강산 108곳의 암자를 다 들른 뒤 새벽 종이 울리기 전 절로 되돌아오라고 했다. 만약 제 시각에 오지 못하면 호된 매질로 벌하곤 했다. 얼만큼 세월이 흐르던 어느 날 밤새 돌다가 기진맥진 유점사 문 앞에 왔을 때 그만 종소리가 울렸다. 소년은 두려웠다. 그 길로 개울물에 몸을 날렸고 다시는 돌아오지 못했다.[10] 악독한 승려의 악행을 경계하는 전설이다.

유점사에서 용천을 거슬러 북쪽으로 직진하면 반야대에 도착하고 여기서 두 갈래로 나뉜다. 반야대 오른쪽은 효운동, 왼쪽은 구연동 방향이다.

덧붙여야 할 이야기가 있다. 땅으로는 은선대 구역이지만 시선으로는 송림 구역인 곳이 은선대와 불정대다. 불정대와 은선대에 서면 송림 구역이 한눈에 들어오기 때문이다. 불정대는 유점사에서 오른쪽으로 꺾어 송림 구역으로 넘어가는 박달고개가 있고 거기에 불정대가 솟아 있다. 은선대는 은선대 구역의 끝인데 이곳 은선대에 올라서면 송림 구역의 끝인 십이폭포가 한눈에 들어온다. 그러니까 송림 구역과 은선대 구역은 전혀 다른 영역임에도 거의 닿은 것과 같다. 땅은 나뉘었어도 눈길로는 연결되어 있다. 땅과 사람이 합쳐서 일어나는 일이다.

이 구역의 오랜 절집, 유점사

느릅나무 절집이란 뜻을 지닌 유점사는 창건설화에 따르면 서기 4년 고구려 유리왕琉璃王, ?-18 때 인도의 53불이 도래해 창건한 가장 오랜 사찰이다. 실제로는 대략 9세기에 창건하였으며 1168년 고려 의종 때 500칸의 거대 사찰이 되었고 1408년 조선 태종의 후원에 힘입어 효령대군이 중창에 나선 결과 무려 3천 칸의 초대형으로 거듭났다. 규모는 건물만이 아니다. 1671년 김창협의 「동유기」에 따르면 이미 머무는 승려가 1천여 명이 넘었다고 한다.[11] 1882년 화재로 전각이 모두 불탔지만 곧바로 복구, 표훈사·장안사·신계사와 더불어 금강산 4대 사찰 가운데 으뜸이었다. 그러나 오늘날에는 한국전쟁으로 모두 불타 사라지고 터만 남았다. 그나마 돌로 만든 비석과 부도를 비롯해 유점사 돌다리는 그대로 남아 전해온다니 다행이라고 해야 할까.

인도의 53불이 유점사에 봉안되기까지 긴 이야기가 전한다. 금강산을 향해 오던 53불이 해금강에 상륙하려 할 때 사공이 배를 뒤집어 바다에 빠졌다. 하지만 53불은 종을 뒤집어 타고 남강을 거슬러 올라오다가 아흔아홉 구비라는 개잔령 고개를 넘어 지금의 유점사 땅인 늪지대에 도착했다. 이에 구룡연에 머물고 있던 아홉 마리 용이 신성한 땅을 침범한 불청객인 53불을 내쫓으려고 그 일대를 물바다로 바꿔버렸다. 느릅나무 위로 피신한 53불은 금강산 주변인 이 땅에서 살 것을 용에게 호소하였다. 이곳의 풍습과 법도를 지키고 남에게 베풀 것을 약속한 뒤 겨우 허락을 받았다. 53불은 이 땅 위에 절을 세우고 그 이름을 유점사라 하였는데 유점사의 '유점'榆岾은 느릅나무가 머무는 땅이란 뜻이다.[12]

1671년 8월 25일 유점사에 도착한 농암 김창협은 「동유기」에 쓰기를 금강산 일대에서 가장 큰 절이라며 그 구조를 다 알기 어렵다고 하고 '이 절에 있는 중은 1천 명이나 되지만 다 재물을 모아 가졌을 뿐'이라며 다음처럼 썼다.

> "불전 안에 53불이 있는데 향나무를 조각해 천축의 산 모양을 새기고 그 위에 앉혔으며 뜰에는 13층 석탑이 있는데 돌빛이 순정한 청색이며 만든 솜씨가 정교하다. 법희거사의 기록에 따르면 53불이 월지국에서 쇠로 만든 종을 타고 바다를 건너왔다고 하였다. 법희란 자는 고려 때 문인 묵헌 민지다. 그가 기록한 이 절의 유래는 다 허탄맹랑하여 믿을 것이 못 된다."[13]

물론 이와 같은 지적은 불가를 이단으로 여기는 조선시대의 관점이 낳은 것일 뿐이다. 식산 이만부도 「금강산기」에 민지의 저 기록을 인용해놓고 '허탄한 것을 좋아하여 귀신과 간음한 이상한 일을 많이 저술해 이미 선배들로부터 거짓이 판명된 사람'[14]이라고 했다.

복헌 김응환이 1788년에 제작한 《해악전도첩》 중 〈유점사〉는 대규모의 사찰이라는 사실을 보여준다. 절집을 그린 어떤 작품에도 이처럼 여러 채의 건물을 묘사한 적이 없고 절터를 화면 중앙에 아낌없이 배분한 일도 없었다. 하늘에서 내려다보는 부감법을 사용한 것도 사찰의 규모를 잘 보여주기 위해서였다. 특이한 점은 가람 한복판의 석탑이다. 저 유명한 유점사 9층 석탑이 아닌가 싶지만 그 석탑은 1798년에 조성했으므로 김응환이 그린 탑은 그 이전의 다른 석탑이다.

《금강산도권》 중 〈유점사〉는 가을날 아름다운 단풍에 둘러싸인 사찰의 풍광을 한껏 끌어올린 작품이다. 절집의 가람 배치는 물론 시냇물을 건너는 아치형 돌다리와 그 위의 누각도 보인다. 화폭 중단 왼쪽에 작은 암자가 보이고 오른쪽에는 부도탑이 어여쁘다. 한복판에 석탑도 볼 만하고 시냇물을 가로지르는 두 개의 나무다리도 재미있다. 다리를 건너는 사람, 아치형 누각에 앉은 사람, 절집 마당을 가로지르는 사람도 있어 활기에 넘치는 유점사의 분위기를 그대로 담고 있다. 다만 이 작품에 등장하는 탑의 지붕을 둥그런 원형으로 그린 것은 무슨 까닭일까. 노를 일이다.

《동유첩》 중 〈유점사〉는 시냇물을 건너는 무지개다리인 홍예교와 다리 위의 누각이 선명하다. 특히 사찰 마당에 우뚝 솟은 석탑 지붕이 원형으로 보인다.

《금강산 10폭 병풍》 중 〈유점사〉는 사찰 건물보다는 주변 풍경에 집중했다. 특히 절 앞 냇물을 아예 생략하고 걸어 올라가는 길을 계단식으로 그려놓았다. 화폭 상단과 화단을 둘로 나누어 하단은 사찰을 둘러싼 주변의 갖은 나무와 숲 표현을 아주 다채롭게 묘사해 풍성하고 상단은 크게 세 덩어리의 바위 기둥과 봉우리

김응환, 〈유점사〉, 《해악전도첩》, 32×42.8, 비단, 1788, 개인.

미상, 〈유점사〉, 《금강산도권》, 26.7×43.8, 종이, 19세기, 국립중앙박물관.

미상, 이풍익 편, 〈유점사〉, 《동유첩》, 20×26.6, 종이, 1825, 성균관대박물관.

미상, 〈유점사〉, 《금강산 10폭 병풍》, 108.7×31, 천, 1940년 이전, 최열 기증, 국립현대미술관연구센터.

를 엇갈리게 배치해 매우 깊어 보인다.

불정대와 효운동

불정대는 송림 구역의 송림사에서 은선대 구역의 유점사로 넘어오는 박달고개의 오른쪽에 자리한 전망대다. 불정대에서 북쪽으로 보면 송림 구역의 십이폭포가 장관이고 또 외원통암도 보인다. 이토록 시야가 트여 잘 보이므로 부처의 정수리에서 보는 것 같다고 하여 불정대라는 이름을 얻었다.

세상을 떠돌던 위대한 철학자 화담花潭 서경덕徐敬德, 1489-1546이 젊은 날 금강산 여행을 왔다가 고성군수를 찾아갔다. 군수는 가난뱅이 선비라 당연히 무시하여 일어나지도 않고 누운 채로 금강이 어떠하냐고 물었다. 이에 서경덕은 불정대 해돋이가 제일 기이했다며 청산유수처럼 말을 쏟아냈다.

"신새벽에 불정대에 올라 만 리나 되는 세상을 내려다보니 구름과 안개는 자욱하게 차 있고 하늘과 바다가 맞닿은 것이 마치 세계가 처음 생겨날 때 하늘땅의 구별이 없는 혼돈 상태에 있는 것 같았소. 얼마 안 되어 밝아오는데 온 세상을 가리웠던 장막을 걷어올리는 듯했는데 맑고 가벼운 것은 하늘이 되고 흐리고 무거운 것은 땅이 되어 천지가 제자리를 잡은 것 같고 만 가지 물건이 분간되었소이다.

조금 뒤 오색영롱한 구름이 바다를 내리누르는 듯하더니 붉은 기운이 하늘로 화살처럼 퍼져나가고 층층으로 밀려오는 파도는 붉은 빛깔로 반짝거리는데 둥그런 불덩어리가 솟아오르니 비로소 바다 빛이 밝아지고 구름 기운이 흩어졌소. 상서로운 햇빛이 넘쳐나니 눈이 부셔 바로 볼 수가 없는데 해는 뒹굴면서 점차 높아지니 온 우주가 광명에 차고 먼 봉우리들과 가까운 메 부리들이 수놓은 실오리처럼 뚜렷이 안겨왔소이다. 참으로 붓으로 다 그려낼 수 없고 말로 다 형용할 수 없었으니 이야말로 제일가는 장관이었소."

이 말을 듣던 군수가 이 남루한 선비의 지식과 재능에 진심으로 감탄하여 벌떡 일어나 소중히 맞이했다고 한다.[15]

겸재 정선이 첫 사생 여행 때인 1711년에 그린 《신묘년풍악도첩》 중 〈불정대〉는 가파르게 치솟은 바위 기둥을 험악한 개잔령 길목에 옆으로 삐져나온 모습 그대로 묘사했다. 불정대 정상의 건너편 송림 구역의 바위봉우리들이 끝없이 즐비한데 그 복판을 차지하고 있는 십이폭포가 아득하다. 봉우리마다 흰색을 칠해 날카롭게 빛나는 창끝과 같은 바위임을 연출해놓았다. 화폭 오른쪽 하단 불정대 아래에는 흐르는 냇물과 물가의 암자를 그렸는데 암자 위에 '외원통'이라는 글씨를 써놓아 이곳이 바로 송림 구역의 원통암임을 밝혀놓았다.

정선은 그로부터 36년이 흐른 뒤인 1747년 무려 72살 때 세 번째 금강산 사생 여행을 다녀와 《해악전신첩》 중 〈불정대〉를 다시 한 번 그렸다. 이때의 불정대는 1711년과는 크게 다르다. 거의 대부분 먹선으로 경물을 그렸고 앞쪽 개산령의 나뭇잎에 약간의 푸른 담채를 곁들였을 뿐이다. 개잔령 벼랑과 불정대 사이 틈을 푸른빛 담채로 칠해놓음으로써 멀리 십이폭포를 상상할 수 있게 해놓았다.

이 작품에서 무엇보다도 눈에 띄는 장면은 개잔령과 불정대 꼭대기를 이어주는 구름다리의 모습이다. 불정대 꼭대기에 오르기 위해서는 바로 옆에 나란히 솟은 산길을 이용해야 한다. 그림 속에서 한참을 올라가다보면 불정대 꼭대기로 건너갈 수 있도록 연결시킨 구름다리를 볼 수 있다. 거대한 바위 기둥을 눕혀 허공에 띄워놓은 돌다리인데 보는 것만으로도 아찔하다. 생김새를 보면 밧줄과 나무로 엮은 구

정선, 〈불정대〉, 《신묘년풍악도첩》, 37.5×34.5, 비단, 1711, 국립중앙박물관.

정선, 〈불정대〉, 《해악전신첩》, 33.6×25.6, 비단, 1747, 간송미술관.

름다리가 아니다. 굵고 강한 직선으로 처리한 모습이 돌다리처럼 보인다.

유점사에서 북쪽으로 올라가면 반야대에서 길이 나뉜다. 왼쪽이 구연동 또는 만경동이고 오른쪽이 효운동이다. 효운동은 항상 새벽구름에 잠겨 있다고 해서 효운동이다. 효운동으로 들어서서 처음 마주치는 구룡소를 지나면 쌍확소, 바리폭포가 연이어 나오는데 여기서 오른쪽 계곡으로 나가면 은선대, 칠보대가 있고 왼쪽 계곡으로 나가면 내금강으로 가는 안무재 영마루가 나온다. 안무재골을 지나 5킬로미터를 더 가면 내무재골 영마루에 이른다.

김응환의 《해악전도첩》 중 〈효운동〉은 계곡 입구 어떤 지점을 소재로 삼은 것인데 사다리가 깊은 인상을 남긴다. 김응환과 같은 위치에서 그린 김홍도의 《해산도첩》 중 〈효운동〉은 밝게 빛나는 풍광을 그렸다. 여기에서도 아주 반듯한 사다리를 사선으로 눕혀둔 모습이 눈에 띈다. 험하고도 매끄러운 바위 절벽은 빙 돌아가지 않으면 나아가거나 올라갈 방법이 없다. 이런 때는 잔도를 낸다. 선반처럼 무언가를 걸쳐 통로를 만들거나 나무기둥을 얹어 놓기도 한다. 김응환이나 김홍도의 그림에서도 바위가 늘씬하고 매끄러워 사람이 지나가기 어려우니 통나무 기둥을 연결하기도 하고, 경사진 곳에는 아주 튼튼한 사다리를 걸쳐두기도 했다. 그 위를 조심스럽게 지나는 사람들의 모습도 실감이 난다. 김홍도의 그림에는 흐르는 물가에 움푹움푹 파인 돌확 네 개가 듬성듬성 놓였다. 물 속에도 다섯 개가 잠겨 있다고 하는데 그림에는 수면만 표현해서 보이지 않는다.

《금강산도권》 중 〈효운동〉은 김홍도의 작품을 임모했는데 구도만 그런 게 아니다. 사다리와 연결된 잔교를 건너는 짐꾼의 모습까지 아주 비슷하다. 그럼에도 여기에 등장하는 짐꾼이 훨씬 실감난다.

김응환, 〈효운동〉, 《해악전도첩》, 32×42.8, 비단, 1788, 개인.

효운동의 빼어난 전망대, 은선대 그리고 칠보대

은선대는 신선이 몸을 감춘 채 노니는 곳이란 뜻이다. 가파른 바위 기둥을 올라서면 둥글고 우묵한 바위가 엇갈려 놓여 있으며 한쪽으로 기둥같은 바위가 솟아 있다. 두 손바닥을 맞댄 듯 생겼는데 절반쯤 열려 있어 그 안에 사람이 숨을 수 있는 곳이 있으므로 은신대라 한다. 전설은 선녀가 금강산 나무꾼 총각과 사랑을 나누었다는 것이다. 선녀로서는 숨겨야 할 사랑이었다.

전망이 좋아 북쪽으로 채하봉과 집선봉, 북서쪽으로 일출봉·월출봉·장군봉, 서남쪽으로 차일봉과 미륵봉이 즐비하고 동쪽으로 동해바다, 남동쪽으로 송림계곡이 잘 보이고 마주 보이는 십이폭포가 천하의 절승이다. 불정대에서도 십이폭포가 보이지만 이곳 은선대만큼 전모를 잘 보여주지는 못한다.

능호관 이인상의 〈은선대〉는 화폭 하단에 은선대를, 상단에는 채하봉과 그 사이를 내리꽂는 십이폭포를 그려넣고 중단은 안개구름으로 채워 두 경물 사이의 거리가 아득하다는 사실을 묘사했다. 하단의 은선대는 나무와 바위의 윤곽선을 짙은 먹선으로 묘사한 다음 그 안쪽은 먹물과 푸른 채색을 칠했고 상단의 채하봉은 부드러운 선과 더불어 먹물과 푸른 채색을 스며들 듯 번지게 칠했다. 폭포는 흰색 바탕에 사이사이 점을 찍어 힘찬 흐름을 나타냈다. 그러고 보니 우렁찬 물소리가 허공을 울리는 듯 장쾌한 느낌이 살아난다.

앞서 송림 구역의 십이폭포에서 살핀 김홍도와 김하종, 그리고 김홍도의 그림을 임모한 《금강산도권》에 실린 십이폭포는 모두 이곳 은선대에서 그린 작품들이다. 따라서 화제에는 모두 '은선대'라는 지명이 포함되어 있다. 이인상의 〈은선대〉도 그건 마찬가지다. 하지만 그 그림들은 은선대에서 그렸으되 모두 십이폭포를 주제로 삼고 있기 때문에 여기서 다루지 않고 송림 구역에서 다루었다.

김홍도, 〈효운동〉,《해산도첩》, 30.4×43.7, 비단, 1788, 개인.

미상, 〈효운동〉,《금강산도권》, 26.7×43.8, 종이, 19세기, 국립중앙박물관.

칠보대는 은선대에서 내려와 내금강으로 들어가는 고개인 내무재골 영마루를 향하다보면 나타나는 전망대다. 칠보 보석으로 장식한 것 같은 기기묘묘한 바위 봉우리라 칠보대라는 이름을 얻었다. 은선대와 더불어 전망이 뛰어나기로 이름난 효운동 마지막 전망대다. 북쪽으로 일출봉, 남쪽으로 차일봉과 미륵봉, 동쪽으로 은선대와 효운동의 숲이 뒤덮고 있어 마치 원시림 속에 보물을 찾아 들어온 탐험가나 된 듯 우쭐해진다.

김응환의 《해악전도첩》 중 〈칠보대〉는 칠보대가 보여주는 풍경을 광범위하게 보여준다. 북쪽에 즐비하게 연이어진 송림 구역의 한없는 봉우리들은 물론 자신이 속한 은선대 구역 효운동의 밀림 같은 수목 지대에 이르기까지 참으로 경이로운 풍경이다. 화폭 하단 너럭바위, 다시 말해 칠보대에 앉은 세 명의 유람객들도 장대한 경치에 흠뻑 적신 느낌이다. 하지만 정작 칠보대는 좋은 자리를 차지한 바위일 뿐이다. 그러니까 전망대란 멀리 보이는 경물이 중요하지 자신의 모양은 하등 중요하지 않다고 말하는 듯하다.

연못, 전망대, 봉우리를 즐기다

은선대 구역의 선담은 내금강 만폭 구역에 자리한 만폭팔담의 하나인 선담과 구별하여 외선담이라고 부른다. 반야대에서 왼쪽으로 꺾어지는 구연동에 위치한 선담은 배 모양으로 길쭉하게 생긴 못이다. 깊고 깊은 산속에서 배를 타는 선상 유람이라니! 게다가 그 위와 아래에 누운 폭포까지 잇닿아 아름다움이 말할 수 없다. 길이가 23미터, 너비가 8미터, 깊이가 4미터에 이른다. 아래쪽에 '선담'이라는 글씨가 새겨져 있고 그 주변에는 유람객의 이름이 여럿 있다.

김응환이 1788년에 그린 《해악전도첩》 중 〈외선담〉은 옆으로 길게 파인 배

이인상, 〈은선대〉, 34×55, 종이, 간송미술관.

김응환, 〈칠보대〉, 《해악전도첩》, 32×42.8, 비단, 1788, 개인.

모양의 못을 선명하게 묘사했다. 세 개의 배가 차곡차곡 자리를 잡은 모습이 신기하다. 삿갓을 쓴 승려가 옆에 선 유람객에게 왜 그처럼 기이한 모양으로 패였는지를 설명하는 듯 똑바로 서 있는 자세가 두드러져 보인다.

김웅환과 함께 사생 여행을 한 김홍도가 그린《해산도첩》중〈선담〉은 길게 가로지르는 모양의 못을 그윽하게 보여준다. 설명하느라 애쓰는 승려의 모습도 사라졌다. 주변의 경치도 아늑하여 더욱 평온하다. 그러고 보니 김웅환의 것이 거칠고 요란하여 떠들썩하다면 김홍도의 것은 담담하기 그지없다.

청류 이의성의《산수화첩》중〈외선담〉은 단풍의 울긋불긋한 빛깔이 화폭 전체를 물들이고 있어 요란하고 또 화사하기 그지없다. 화폭 한복판에 배처럼 옆으로 긴 못의 색은 반대로 하늘빛이어서 그 보색에 더욱 반짝인다.

《금강산도권》중〈선담〉은 김홍도의 분위기를 따르는 가운데 장식성을 드높였다. 색채도 곱고 필선도 섬세하여 은은한 화려함이 돋보인다.

구연동 계곡을 지나 만경동 계곡으로 접어들어 가파르게 오르면 만경대다. 만경동은 만 가지 풍경을 다 갖추었다고 해서 붙인 이름이고 만경대에 오르면 그 경물이 한눈에 들어온다고 해서 만경대라고 불렀다. 농암 김창협은 1671년 8월 26일 선담까지 갔으나 안개 때문에 오르지 못하여 다시 유점사로 돌아왔다. 다음 날도 비가 심해 못 갔지만 그 다음 날인 28일 비가 개어 출발해 비로소 도착했다. 서북쪽으로는 봉우리들이 시야를 가렸다면서「동유기」에 다음과 같이 썼다.

"남쪽으로는 수많은 산이 울룩불룩 개미둑처럼 보이고 동쪽으로는 망망대해가 끝이 없다. 아직 비로봉에 오르지 못했으나 이 또한 금강의 뛰어난 경관 아니겠는가. 한참 앉아 있는데 바람이 더욱 세차 사람이 날아 떨어질 듯했다. 붙들고 이끌고 서로 의지했지만 안정이 안 된다. 그래서 적당한 바위

김응환, 〈외선담〉, 《해악전도첩》, 32×42.8, 비단, 1788, 개인.

김홍도, 〈선담〉, 《해산도첩》, 30.4×43.7, 비단, 1788, 개인.

이의성, 〈외선담〉, 《산수화첩》, 32×44, 종이, 1826년경, 개인.

미상, 〈외선담〉, 《금강산도권》, 26.7×43.8, 종이, 19세기, 국립중앙박물관.

김응환, 〈만경대〉, 《해악전도첩》, 32×42.8, 비단, 1788, 개인.

김응환, 〈중내원〉, 《해악전도첩》, 32×42.8, 비단, 1788, 개인.

를 골라 함께 온 사람의 이름을 써 새기도록 하고는 내려왔다."[16]

복헌 김응환의 《해악전도첩》 중 〈만경대〉를 보면 꼭대기에 앉은 세 사람이 불안하기 그지없다. 하지만 편안한 자세를 볼 때 김창협 때와 달리 바람도 없고, 또 동해바다가 널리 보이는 것이 구름도 한 점 없던 날이었다.

길이가 70미터나 되는 구연계절폭포를 지나면 기이한 봉우리를 만난다. 향로봉인데 같은 이름을 지닌 내금강 만폭동의 향로봉보다 더욱 기기묘묘하다. 이 향로봉을 지나 험난한 계곡길을 피해 숲속 사자수령 고개를 넘어 다시 계곡으로 들어가서 나아가다보면 높이 1,538미터나 되는 미륵봉 중턱에 자리한 중내원에 도착한다. 본래 이름은 원통암이지만 다른 원통암과 구별하기 위해 중내원이라고 부른다. 금강의 복판에 위치해서 가운데 '중'中 자를 붙인 것이다. 이를테면 내금강 태상 구역의 원통암은 내원통이라 부르고 외금강 송림 구역의 원통암은 외원통암이라고 부르는 것과 같다. 은선대 구역의 중내원은 주변에 용화대, 구련대, 감로수와 같은 명소가 즐비하고 또 그 무엇보다도 남쪽을 향한 금강산 전망을 감상하기에 최적지다.

김응환이 그린 《해악전도첩》 중 〈중내원〉은 중내원 수변이 얼마나 화려하고 요란한 승경지인가를 제대로 보여주고 있다. 거칠게 생긴 용을 비롯한 온갖 형태의 바위들이 지나칠 정도로 즐비하다. 가는 길이 험한 만큼 이곳에 도착해 머무는 유람객이 많을 수밖에 없어 화폭에 보이는 사람 숫자만 해도 여섯이나 된다.

04

해금강, 기이한 절경의 바다

해금강은 바다의 금강이다. 산은 높고 바람은 거세며 바다는 깊다. 그 사이에서 오랜 세월을 견딘 바위는 전사의 장렬함을 닮았다. 해금강은 북쪽 통천군의 총석정 구역부터 고성군 삼일포 구역과 해금강 구역까지 3개 구역이다. 총석정 구역은 외금강 북쪽 해안선에 위치해 있고 삼일포 구역과 해금강 구역은 외금강 동쪽 해안선에 위치해 있다.

모두 호수와 해안선 그리고 바다를 아우르고 있다. 예전에 해금강은 오직 고성군의 해금강 구역만을 가리켰으나 20세기에 이르러 삼일포와 총석정을 포함해 해금강이라 이르고 있다. 또한 해금강은 충남 태안군 몽금포 및 남해 한려수도와 함께 3대 해안 승경으로 꼽힌다.

해금강 가는 길은 크게 두 갈래다. 첫째는 해안선을 따라 가는 경로다. 북쪽에서는 원산에서, 남쪽에서는 강릉에서 출발한다. 둘째는 내금강에서 외금강을 거쳐 넘어오는 경로다. 또한 금강산과 관계없이 북쪽 통천군부터 남쪽 울진군까지 이어진 관동팔경과 겹쳐 있으므로 아울러 유람을 하기도 한다.

해금강이라는 말은 17세기 무렵 퍼져나간 것이다.[1] 이 이름에 대해 조선시대의 탁월한 문인 김금원은 「호동서락기」에서 '바다 속 돌 봉우리가 금강산과 꼭같아 붙인 이름'이라고 했다. '마침 맑은 날이어서 배를 타고 나가 보았더니 1만 2천봉이 바다 가운데 가라앉아 층층이 겹쳐 기이한 데다 푸른빛과 흰빛이 영롱했다'는 것이다. 이어 김금원은 '조물주가 금강산 1만 2천봉을 만들고서도 다 하지 못한 기술을 바닷가 바위벽에 베풀어 버금가는 생김을 만든 것'이라고 했다. 그리고 끝내 '조화옹의 뜻이란, 아! 기이도 하다'고 탄식했다. 감탄에 이어 자연스레 흘러나오는 노래는 다음과 같았다.

"아름답게 푸르른 옥이 모여, 하늘을 받치고 물속에 서 있네
여섯 개의 모서리에 천만 개의 기둥이라
신의 도끼가 교묘한 솜씨 부렸구나"[2]

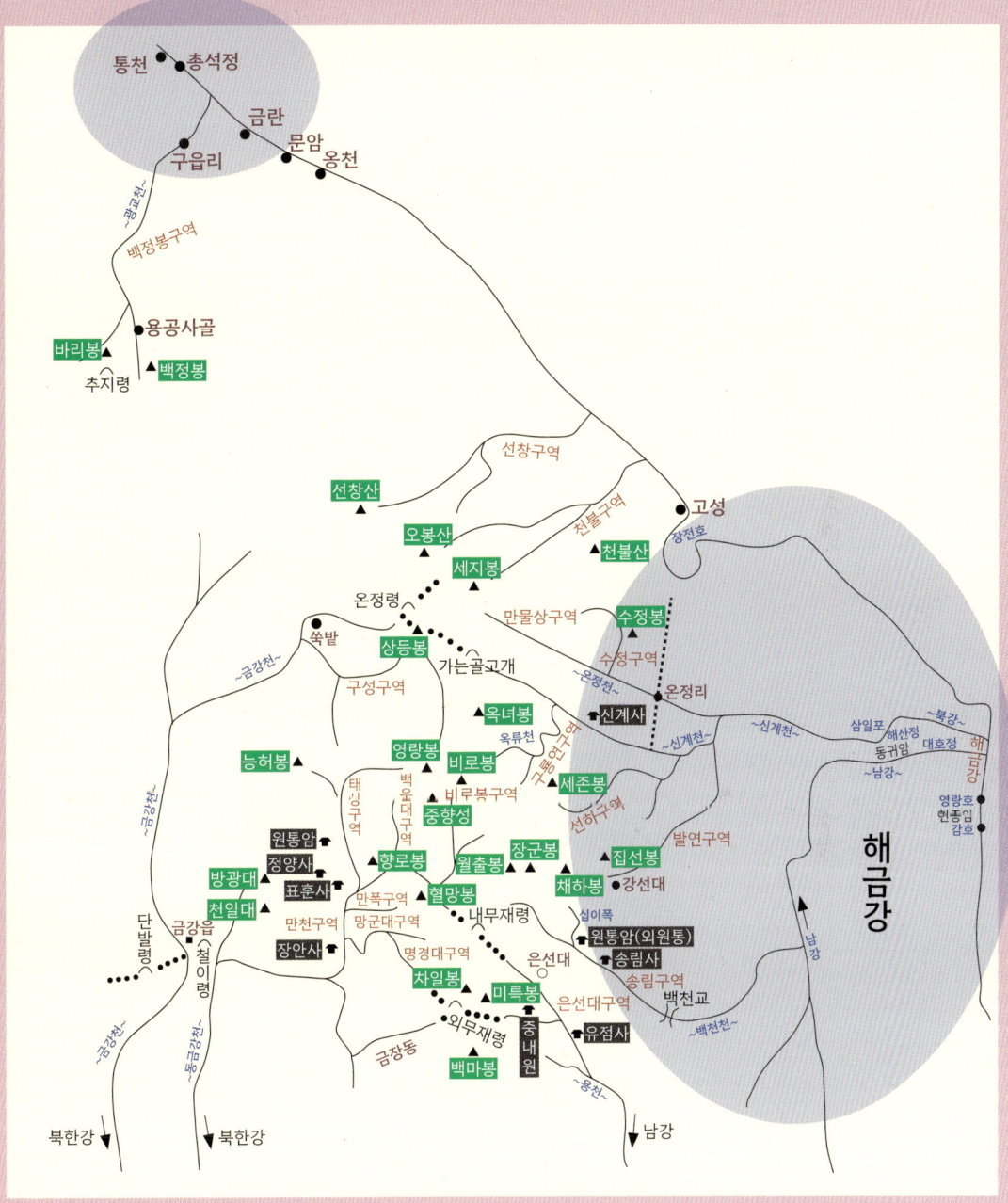

총석정 구역, 총석을 중심으로
펼쳐지는 절경

가장 북쪽 시중대부터 시작하다

총석정 구역은 해안선 1킬로미터를 차지하고 있는 바위묶음인 총석을 중심 삼아 위아래로 길게 펼쳐진 절경을 아우른다. 가장 북쪽인 강원도 통천 흡곡 땅에는 동정호와 사선봉이 자태를 뽐내고 있고 해안가 시중호 인근의 시중대를 거치면 관동팔경의 제1경이기도 한 총석정이 있다. 총석정에 관하여는 이 책과 함께 출간한 『옛 그림으로 본 조선 2-강원』에서 살피고 있다.

총석정 구역에서 총석정을 다루지 않는다고 하여 섭섭할 일은 아니다. 총석정 구역 해안선의 승경은 총석정이 다가 아니기 때문이다. 앞서 말한 시중대는 물론이고, 총석정 맞은편의 환선정의 승경도 빼어나다. 총석정 북쪽에 자리를 잡은 천도와 그 일대의 백구암, 해안선 북쪽 절벽의 신비로운 금란굴, 환선정과 총석정을 지나 남쪽에 이르러 만나는 문암과 옹천까지 발길 닿는 곳마다 절경이요 승경이다.

시중대는 강원도 통천군 흡곡의 시중호 주변에 있다. 시중대라는 이름은 고려시대 때의 관직인 시중侍中에서 비롯했다. 시중은 조선시대 관직으로 보자면 재상 중 하나인 우의정이다. 동해의 호수에 시중대라는 이름이 생긴 까닭이 있다. 어린 조카 단종을 죽이고 왕위에 오른 수양대군의 책사 사우당四友堂 한명회韓明澮, 1415-1487의 이야기다. 강원도 관찰사로 부임한 한명회가 이곳에서 술자리를 갖고 있을 때 왕으로부터 우의정에 임명되었다는 소식을 들었으므로 시중이라는 이름을 얻었다고 한다. 그러니 시중대는 부럽고 자랑스런 이름이 아니다. 왕위 찬탈과 교활한 음모의 역사를 잊어서는 안 된다는 호칭이다.

이곳을 그린 가장 이른 그림은 정선이 1711년에 그린《신묘년풍악도첩》중〈시중대〉다. 화폭 하단을 차지하고 있는 호수 중간에 뾰족한 두 개의 섬이 있는데 조그만 글씨로 '칠보도'七宝島라고 쓰고 호수 왼쪽 언덕 마을에는 '강곡촌'江谷村이라고 썼다. 위로 올라가면 해안가 마을이 있고 그 모래톱 바로 앞에 다시 뾰족한 봉우리 두 개를 그린 뒤 '화학대'花鶴臺라고 썼다. 아마도 꽃과 학이 너울대는 곳이어서 그런 이름을 지었나보다. 화폭 상단의 먼 바다에는 조그만 섬들을 여럿 배치했다. 바다와 호수는 수평선을 반복해 그려 안정감이 넘치는데 봉우리와 언덕은 모두 솟아오르는 수직 구도로 그려 활력을 부여했다. 평온과 활기가 조화를 이루어 빼어난 형상성을 뿜낸다.

김홍도의〈시중대〉는 김홍도가〈청간정〉,〈경포대〉같은 바닷가 호수를 묘사할 때 구도를 선택하는 방식의 전형을 보여준다. 상단에 하늘, 중단에 바다와 호수의 경계, 하단에 호수와 내륙을 배치하는 것이다. 강원도 흡곡현감을 지낸 청류 이의성이 재임 중이던 1826년 무렵에 그린《산수화첩》중〈시중대〉는 오른쪽으로 시선을 옮겨 다른 모습의 풍경을 연출하는 가운데 작은 언덕을 비롯해 여러 경물을 더욱 봉긋하고 귀엽게 묘사해 미감을 살려낸 수작이다. 1745년 강원도 관찰사로 부임한 도계陶溪 김상성金尙星, 1703-1755은 화가를 데리고 다니며 그림을 그리게 하고 이를 묶어《관동십경》이라 했다. 그중 한 점인〈시중대〉는 거인이 양팔을 펴고 선 모습인데 화폭 중단을 가로지르는 해안선에 울긋불긋한 나무가 재미있다.

정선, 〈시중대〉, 《신묘년풍악도첩》, 36.8×26.5, 비단, 1711, 국립중앙박물관.

김홍도, 〈시중대〉, 《해산도첩》, 30.4×43.7, 비단, 1788, 개인.

이의성, 〈시중대〉, 《산수화첩》, 32×44, 종이, 1826년경, 개인.

미상, 김상성 편, 〈시중대〉, 《관동십경》, 31.5×22.5, 비단, 1746, 서울대규장각.

통천 금강의 환선정과 숱한 섬들의 조화, 그리고 금란굴까지

신선을 부르는 정자라는 뜻의 환선정은 총석정 맞은편에서 서로를 마주보고 있다. 그러니까 두 정자 사이로 바다의 금강이 펼쳐지는데 이것을 일러 통천 땅의 해금강, 다시 말해 통천 금강이라 한다. 통천 금강에서 최고의 명승을 총석정으로 지명함에 따라 환선정은 뒤로 밀려났다. 하지만 밀려날 이유가 없다. 두 정자가 서로 쌍을 이룸으로써 통천 금강이 완전한 까닭이다. 19세기의 탁월한 문인 귤산橘山 이유원李裕元, 1814-1888은 「봉래비서」에서 다음과 같이 썼다.

"총석정을 남쪽에서 보면 환선정 아래 누운 바위이고, 환선정을 북쪽에서 보면 총석정 아래 선 바위다."[3]

김홍도가 1788년에 그린《해산도첩》중〈환선정〉은 총석정에서 환선정을 바라본 구도다. 처음에는 환선정에서 총석정을 보고 그린 것으로 해석했지만 총석정에서 바로 앞에 우뚝 선 사선봉을 내려다보고 또 바위의 행렬이 끝나는 곳에 환선정을 배치해두었으므로 이 작품은 총석정에서 사선봉, 환선정을 보는 구도의 그림이다.

많은 실경 작품을 남긴 화가 이의성의《산수화첩》중〈환선정〉은 매우 쾌적하고 또 상쾌한 분위기를 연출하는 데 성공한 작품이다. 바위 기둥을 더욱 단순화하고 매끄럽게 한 까닭도 깔끔하고 시원스러운 기운을 강조하기 위한 장치가 아닌가 싶다.

당대 제일의 화원 김하종이 1815년에 그린《해산도첩》중〈환선구지 망 총석〉은 김홍도와 이의성의〈환선정〉과는 반대의 방향에서 그린 작품이다. 환선정

嗅仙亭

김홍도, 〈환선정〉, 《해산도첩》,
30.4×43.7, 비단, 1788, 개인.

이의성, 〈환선정〉, 《산수화첩》, 32×44, 종이, 1826년경, 개인.

옛터에서 멀리 총석정을 보았다고 해서 화제도 '환선구지 망 총석'이라고 썼다. 이 작품의 탁월한 점은 바위 묘사에 있지만 가장 두드러진 대목은 화폭 하단 왼쪽 끝에 고래 한 마리를 그렸다는 사실이다. 동해바다의 고래는 뜻밖이고 그만큼 경탄스럽다.

《동유첩》중 〈환선정〉은 김홍도의 작품과 같이 총석정에서 환선정을 바라보는 시선으로 구도를 잡았다. 하지만 김홍도의 작품에 있던 정자가 사라지고, 빈 터만 하얗게 그려놓았다. 이와 관련하여 김하종이 자신의 그림 속 화제에 환선구지, 다시 말해 환선정 옛터라고 했으므로 김홍도가 그리던 1788년과 김하종이 그리던 1815년 사이 언젠가 환선정이 사라졌음을 짐작할 수 있다. 복헌 김응환의 〈환선정〉은 바위의 형태가 매우 색다르다. 육지에 사선으로 눕힌 돌기둥 무더기가 마치 인공물처럼 보인다.

통천 금강 일대에는 네 번째라고 해서 십이지의 네 번째를 뜻하는 '묘'卯를 가져와 묘도卯島, 토란잎 같은 우도芋島, 승려 같다 하여 승도僧島, 돌 무더기인 석도石島, 소나무가 무성하여 송도松島, 갈매기의 흰섬 백도白島 등 숱한 섬들이 즐비하다. 그중 천도는 총석정 북쪽에 자리잡고 있다.

세종 때 관직을 세 차례나 거절했던 뛰어난 시인 지월낭池月堂 김극기金克己, 1379-1463는 천도를 다음처럼 묘사했다.

"바닷가 깊은 절벽 위 신선의 섬 솟았는데 암벽 가로질러 굴 구멍이 뚫려 있네. 그 누가 달 속에 집 한 채 짓겠다고 옥도끼로 어지럽게 험한 바위 찍었나."[4]

대사간을 역임한 학산鶴山 윤제홍尹濟弘, 1764-1845 이후은 손가락에 먹을 묻혀 그리는 지두화로 널리 알려진 거장이다. 붓을 살 수 없을 만큼 가난해서 그런 것은 아

김하종, 〈환선구지 망 총석〉, 《해산도첩》, 29.7×43.3, 비단, 1815, 국립중앙박물관.

미상, 이풍익 편, 〈환선정〉, 《동유첩》, 20×26.6, 종이, 1825, 성균관대박물관.

김응환, 〈환선정〉, 《해악전도첩》, 32×42.8, 비단, 1788, 개인.

니었으나 청렴한 성품으로 평생 곤궁했으며 집안에 청백리가 많았다는 사실에 자부심이 큰 인물이었다. 그런 그가 강원도 흡곡 땅에 이르러 천도를 그렸다.

윤제홍의 그림을 자세히 보면 섬과 육지가 연결되어 있음을 알 수 있다. 화폭 하단 오른쪽에 어촌 마을이 번화하게 줄을 지어 있고 앞 나루라는 뜻의 '전진前津'이라는 글자를 써놓았다. 그 위로 사람들의 행렬이 거창하다. 짐을 한가득 짊어진 나귀 일행이 좁은 길을 건너 섬으로 향하고 있고 섬의 평평한 곳에는 무수히 많은 이들이 풍경을 한껏 즐기고 있다.

섬 하단에는 파도 물결이 거세게 일렁이는 굴이 뚫려 있다. 화폭 상단에는 멀리 파도가 거세차고 그 위로 돛단배들이 여러 척 떠다니고 그 위로 글씨가 마치 병풍처럼 펼쳐지는데 모두 손가락으로 쓴 것이다. 근재 안축은 천도의 모습을『동국여지승람』에 다음처럼 묘사했다.

"남북으로 물이 서로 잇따랐는데 서로 부딪쳐 부서져 눈이 날리네. 섬 안에 돌 형상도 기이한 것이 가득, 가닥가닥 일정하게도 깎고 끊겼네."[5]

윤제홍의 그림이 워낙 단순화시켜 실제 모양을 잘 알 수 없는데 비해《금강산도권》중〈천도〉를 보면 그 지형을 잘 알 수 있다. 오른쪽 가상 높은 무더기의 하단에는 동굴이 뚫려 있고 그 왼쪽으로는 두 개의 섬이 늘어서 있어 마치 바다 위의 바위 계곡을 보는 듯하다.

좌의정, 영의정을 거듭 거절했던 귤산 이유원은『임하필기』에 백구암을 통천군 백두진에 있다고 하였다.[6] 통천 금강 일대의 섬 가운데 높이가 낮아 바닷새들의 서식지로 알맞은 곳으로 새들이 무리를 지어 그 주위를 나를 때면 한편의 아름다운 환상곡이 펼쳐지는 듯 장관이다.

윤제홍, 〈천도〉, 《학산구구옹첩》, 58.5×31, 종이, 1844, 개인.

미상, 〈천도〉, 《금강산도권》, 26.7×43.8, 종이, 19세기, 국립중앙박물관.

심사정, 〈해암백구도〉, 28.5×31, 종이, 1738년 이후, 국립광주박물관.

김하종, 〈백구암〉, 《풍악권》, 30.9×49.7, 종이, 1865, 개인.

18세기 전반 겸재 정선과 더불어 어깨를 나란히 한 거장 현재 심사정과 19세기 실경 산수화가 유재 김하종이 바로 이 백구암에 주목했다. 심사정의 〈해암백구도〉는 파도를 맞이하며 자연스레 솟아오른 곡선의 매끄러운 바위와 빈틈없이 앉은 새 그리고 그 바위를 향해 날아드는 거대한 새떼로 쉴 틈 없이 분주한 풍경을 연출했다. 해금강 앞바다에 얕게 솟아오른 여러 개의 바위들이 즐비한데 그 바위에 온통 흰 갈매기인 백구들이 다닥다닥 붙어 있다. 꼼꼼하게 살피지 않으면 새들은 잘 보이지 않는다. 새들까지 주목해서 들여다보고 있노라면 끼룩끼룩 소리가 들려오는 듯도 하다. 출렁이는 물결무늬도 아름답고 푸른 담채 또한 깊고 화려하다.

　　김하종의 《풍악권》 중 〈백구암〉은 심사정의 분위기와 확연히 다르다. 얼핏 보면 출렁이는 물결무늬와 울퉁불퉁 솟아오른 둥근 바위 무더기가 포말과 더불어 물소리를 낼 것만 같은데 가까이 다가가 자세히 보면 바위에 수도 없이 많은 흰 새들이 다닥다닥 붙어 있는 게 보인다. 새들이 부르는 노랫소리가 여기까지 들려오는 것만 같다.

　　금란굴은 통천군 금란리 해안 북쪽 절벽의 굴이다. 옛부터 이곳에는 관음보살이 머물고 있다 하였다. 하여 이곳에 지성을 다하면 푸른 새가 날아오고 관음이 모습을 드러낸다고 하였다. 실로 금란굴의 생김생김은 신비롭다. 높이 10미터에 너비가 3미터나 되고 깊이는 15미터가량이다. 일대의 6각 기둥이 병풍을 두른 듯 아름다운데 마치 승려들의 옷인 가사의 금란金蘭 같다 하여 이곳을 금란굴이라고 불렀다. 그뿐 아니다. 금란굴 천성바위에는 틈 사이에 방울꽃처럼 생긴 식물이 자라고 있는데 오랜 세월 늘어나지도 줄어들지도 또 시들지도 않아 불로초라 하였다. 금빛 난초라는 뜻을 얻어 금란이라고도 불렀다.

　　금란을 둘러싼 두 가지 전설이 있다. 먼저, 보로국 외동 공주가 불치의 병에 걸리자 왕은 해동의 금강에 불로초를 구해오라고 하였다. 명을 받은 이들이 사다

미상, 〈금란굴〉, 《금강산도권》, 26.7×43.8, 종이, 19세기, 국립중앙박물관.

리를 세워 금란을 채취하려는 순간 폭풍우가 불어 이들 일행을 뒤집어버렸는데 물 아래 엎어진 배바위가 그 흔적이라고 한다.[7]

다음, 자신의 딸 진경공주가 중병에 걸리자 옥황상제는 의학에 깊은 선녀 보영을 파견했다. 보영은 헤매다가 벼랑에서 떨어졌는데 마을 청년 장쇠가 구해주었다. 사정을 들은 장쇠는 함께 금란초를 찾기로 약속했다. 장쇠는 어머니와 함께 지극정성으로 보영을 치료해주었고 또 약속대로 금란초를 찾아주었다. 보영이 하늘로 올라가 공주에게 금란초를 달여 먹이자 살아났다. 자초지종을 들은 옥황상제는 보영을 다시 금강산으로 내려보냈고 장쇠와 재회 끝에 둘은 금슬 좋은 부부가 되었다. 금란초가 맺어준 인연이다.

《금강산도권》중〈금란굴〉을 보면 커다란 입을 벌린 고래처럼 거대한 바윗덩어리가 앞으로 달려오는 기세다. 주변 물보라가 화려한데 그 앞에 떠 있는 유람선이 위태롭다. 이 작품이 신기한 것은 화폭 상단 여백의 검은 선이다. 마치 검은 안개가 용이 되어 하늘을 나르는 듯 가로지르고 있다. 실제로 화제에 안개 노을을 의미하는 '연하煙霞'라는 낱말을 써넣고 있음을 보면 석양이 질 무렵 용이 불로초를 물고 하늘을 나르는 장면을 상상하며 그린 게 아닌가 싶다.

금강으로 가는 문암, 용공동구

환선정과 총석정을 구경하고 남쪽으로 내려가다보면 옹천을 앞두고 문암을 만난다. 해안가의 커다란 바위 사이를 갈라놓은 듯 두 개가 나란히 서 있는 모습이 마치 대문 같다고 하여 이 바위를 문암 또는 금강산으로 들어가는 입구란 뜻으로 금강문이라고 이름 붙였다. 문처럼 생긴 문암이 이곳만이 아니라 여러 곳에 있는데 구별을 위해 통천 문암이라 해야겠다.

정선, 〈문암〉, 《관동팔경 8폭 병풍》, 56×42.8, 종이, 1751, 간송미술관.

겸재 정선의 《관동팔경 8폭 병풍》 중 〈문암〉에서 두드러진 것은 바위도 바위지만 엄청난 기세로 바위를 향해 밀어닥치는 파도 물결이다. 따라서 눈길을 끄는 것은 나귀 탄 선비와 등에 짐을 짊어진 상인의 모습이다. 나귀 탄 선비는 위험을 피해 거센 파도의 반대 방향을 향한 채 다만 고개를 돌려 보고 있다. 하지만 상인은 그런 파도 물결에 익숙한 듯 태연히 걸음걸이를 재촉하고 있다. 상인은 이곳을 늘 통행하지만 유람객은 평생 단 한 차례 지나가는 까닭에 그 상황이 두려울 것이다. 아마도 이 선비는 아직 옹천의 두려움을 경험하지 못한 듯하다.

삼일포를 향해 30리가량을 내려가다보면 만나는 옹천은 문암의 파도와는 비교할 수 없는 위험을 안고 있는 독벼랑이다. 농암 김창협은 「동유기」에서 통천 문암에 대해 '색깔은 희고 모양이 꽤 기이하였다. 그리고 화초가 그 위에 수놓은 것처럼 알록달록하였다'고 했다.[8] 정선의 그림이 보여주는 두려움과는 꽤 다른 분위기다. 그럴 만한 까닭이 있다. 김창협은 문암에 이르기 전 이미 옹천의 두려움을 맛보았다. 그 직후라서 문암은 오히려 어여뻐 보였을 게다. 실제로 정선의 문암 꼭대기를 보면 바위 구멍 사이로 소나무며 풀이 숲을 이루고 있음을 볼 수 있다.

백운 심동윤이 그린 《백운화첩》 중 〈금강문〉은 양쪽 바위 기둥을 거대한 기념비와도 같이 그렸다. 꺾인 직선을 거듭 반복해 겹겹의 두터운 돌탑을 만들고 그 선을 따라 옅은 담채를 해서 입체감을 살렸다. 그런데 이곳이 해금강의 바닷가 바로 옆 문암인지 아니면 금강산 안쪽의 금강문인지는 불분명하다.

강원도 통천군의 남서쪽 금강군과의 경계에 있는 높이 645미터 고개 추지령은 남쪽 대관령과 함께 영서 지방과 영동 지방을 연결하는 중요한 통로다. 남대천 상류를 향해 올라가면 추지령이고, 그 가까이에 용공사가 있어 이곳을 용공사골,

심동윤, 〈금강문〉, 《백운화첩》, 32.5×43, 종이, 1822, 관동대박물관.

정선, 〈용공동구〉, 《해악전신첩》, 33.2×24.5, 비단, 1747, 간송미술관.

용공동구라고 한다. 용공사는 신라 흥덕왕 때 승려 와룡이 창건했고 고려 태조 왕건 때 용공사로 이름을 바꾸었다. 조선시대에도 태종부터 효종에 이르기까지 역대 아홉 명의 왕이 어필을 하사하여 위세가 드높았다. 1860년 불에 탔으나 거듭 중건하여 오늘에 이르고 있다.

정선의 《해악전신첩》 중 〈용공동구〉를 보면 화폭 양쪽으로 거대한 바위 절벽이 가로막았는데 가운데가 비좁지만 열려 있다. 마치 신비의 계곡을 뚫고 나가는 것처럼 말이다. 그 사이로 폭포처럼 계곡물이 흘러내린다. 화폭 하단에 거칠게 흐르는 것이 남대천이다. 그 옆 가파른 오르막길 끝의 유람객 일행은 자리를 잡고 앉아 용공사골의 풍치를 즐기고 있다. 뒤따라오는 나귀 두 마리를 보면 용공사와 추지령을 향해 올라가는 도중인가보다. 김창협도 이곳을 넘어 회양을 거쳐 한양으로 귀경하였는데 정선이 이곳을 그린 것을 보면 정선도 김창협과 마찬가지의 경로를 선택했던 것 같다.

까마득한 독벼랑, 옹천

총석정 구역의 가장 남쪽에는 바닷가와 마주하고 있는 아주 가파른 절벽이 있다. 독벼랑이라는 뜻의 옹천이다. 여기에 사람들이 바위를 깎아 두 자 폭의 좁은 길을 만들어놓았는데, 농암 김창협은 「동유기」에 쓰기를 '산석을 뚫어서 거우 말 한 필을 통행하게 하였는데 그 길이는 수백 보였다. 그 아래로 몰아치는 파도소리가 우레 소리 같았다. 말은 몸을 움츠린 채 걸었는데 그럼에도 혹 떨어질까 두려웠다'고 토로했다.[9]

옹천의 벼랑길이 이처럼 워낙 위험하고 두려워 임무를 맡은 관리나 재빨리 가서 먼저 이익을 취하려는 상인 아니고선 웬만해서 다니지 않았다고 한다. 후계后

溪 조유수趙裕壽, 1661-1741는 1711년 겸재 정선이 그린《신묘년풍악도첩》중〈옹천〉을 보고서 '한겨울 눈 내려 얼면 사람과 가축이 미끄러지는데 공식 행차나 물고기와 미역을 짊어진 장사치 아니면 이 길로 잘 다니지 않는다'고 지적하고 '저 사람이 숨죽이고 발꿈치를 끌어 이 험한 곳을 참고 가는 것은 오직 총석정을 보려 함이다. 그러므로 사람이 죽음을 무릅쓰고 명승을 찾는 것은 관리나 장사치 같은 것'이라네라고 하였다.[10] 예나 지금이나 두려움에도 불구하고 아름다움을 향한 의지는 꺾을 수 없는 것인가보다.

고려시대 말인 14세기 일본 왜구의 노략질은 한반도 전역을 무대로 삼고 있었다. 농가를 불사르고 닥치는 대로 재물과 가축을 약탈하며 민간인을 살육했다. 왜구가 통천에서 노략질을 한 다음 고성으로 남하할 때 관군과 농민이 옹천 근방에 매복하고 있다가 옹천 길을 통과하던 왜구를 앞뒤로 공격하여 전멸시켰다.[11] 이 때 옹천의 벼랑길은 왜구가 물속에 빠지는 길이라는 뜻의 왜륜천倭淪遷이란 이름을 얻었다.

1711년 정선이 그린《신묘년풍악도첩》중〈옹천〉을 보면 그 벼랑길이 보인다. 옹천 중턱에는 유람객이 홀로 서 있고 화폭 아래에는 동자가 나귀와 함께 서 있다. 동자와 나귀는 아예 벼랑길로 올라가지 못하고 있다. 나귀가 두려워 버티므로 유람객이 혼자 올라가는 장면이다. 아마 동자가 나귀의 꼬리를 삽고서 잘 구슬려 벼랑길을 주파했을 것이다. 그로부터 36년이 흐른 뒤인 1747년 겸재 정선은 같은 곳을 그렸는데 이번에는 화폭 하단 옹천의 벼랑길 초입부터 유람객이 나귀를 타고 부지런히 들어서고 있고 또 먼저 벼랑길을 따라 올라간 선비 한 사람이 중턱에서 뒤따라오는 일행을 기다리는 듯 여유가 넘친다. 바위 무더기의 형태나 화면의 구성 그리고 붓질의 구사 또한 1711년 작품은 가파르고 날카롭지만 1747년의 작품은 속도감이 없는 건 아니지만 둥글고 완만하여 모든 게 여유롭고 부드럽다.

국립중앙박물관 소장품인〈옹천〉은 1995년 '단원 김홍도' 전시에서 처음 공

정선, 〈옹천〉, 《신묘년풍악도첩》, 26.5×37.5, 비단, 1711, 국립중앙박물관.

정선, 〈옹천〉, 《겸재화》, 19.2×25, 비단, 1747, 개인.

김홍도, 〈옹천〉, 52.6×41.5, 비단, 18세기 후반, 국립중앙박물관.

김응환, 〈옹천〉, 《해악전도첩》, 32×42.8, 비단, 1788, 개인.

김홍도, 〈옹천〉, 《해산도첩》, 30.4×43.7, 비단, 1788, 개인.

정수영, 〈옹천〉, 《해산첩》, 37.2×62, 종이, 1799, 동원 이홍근 기증, 국립중앙박물관.

미상, 이풍익 편, 〈옹천〉, 《동유첩》, 20×26.6, 종이, 1825, 성균관대박물관.

이의성, 〈옹천〉, 《산수화첩》, 32×44, 종이, 1826년경, 개인.

김하종, 〈옹천〉, 《풍악권》, 30.9×49.7, 종이, 1865, 개인.

개된 작품인데 짙은 먹을 거칠게 칠한 바위가 김홍도의 솜씨와 거리가 멀어 논란이 일었다. 게다가 벼랑길의 인물 형상도 김홍도의 인물과 달리 단조로워 김홍도의 작품이 아니라는 견해에 힘을 얻었다. 하지만 김홍도의 작품 여부와 무관하게 옹천의 두려움을 가장 두드러지게 표현한 걸작이다. 마치 산사태가 일어나 쏟아져 내리는 듯한 굉음이 천지를 울리는 느낌이다.

김홍도와 함께 사생 여행을 한 복헌 김응환의 《해악전도첩》 중 〈옹천〉은 그 거칠고 험한 지세를 반영하여 바위와 파도를 힘차고 거센 필치로 그어내렸다.

단원 김홍도의 《해산도첩》 중 〈옹천〉은 커다란 붓질로 매끈하게 밀어버린 정선의 작품과 달리 바위 주름과 풀들을 섬세하게 묘사하여 사실성을 두드러지게 강조했다. 게다가 가파른 오르막길에 조랑말을 타고 가는 일행을 여섯 명이나 그려넣은 국립중앙박물관 소장품 〈옹천〉과 달리 《해산도첩》 중 〈옹천〉에는 벼랑길이 끝나가는 위치에 죽장을 짚은 사람을 배치함으로써 그 위험성을 다른 방식으로 드러내려 했다.

정수영의 《해산첩》 중 〈옹천〉은 이전의 옹천과 크게 다르다. 화제에 옹천을 멀리서 본다는 뜻의 '옹천원조'甕遷遠眺라고 썼기 때문에 이 바위를 옹천이라고 하는 것이지 저 화제가 없다면 아무리 보아도 옹천이 아니다. 육지와 떨어진 위치도 그렇고 생김새도 강아지가 웅크리고 앉은 모양이라 전혀 다른 느낌이다.

그뒤 세기가 바뀐 1825년에 그려진 《동유첩》 중 〈옹천〉과 청류 이의성이 그린 《산수화첩》 중 〈옹천〉은 다시 김홍도가 이루어낸 모습이다. 실제 옹천이야 그대로였겠지만 정수영에 의해 심하게 바뀌었다가 되돌아온 셈이다. 《동유첩》을 그린 화가는 사실성을 더욱 살리려 한 듯 옹천 건너 어촌과 산을 크게 강조했으며 옹천도 굴곡진 주름과 틈 사이에 자라는 나무들을 꼼꼼하게 그려넣었고 벼랑길에 죽장을 짚은 선비 한 사람도 자상하게 묘사했다. 옹천은 어둡고 무겁게 채색을 한데 반해 멀리 어촌을 품고 있는 산은 밝고 환하게 채색해 둘 사이의 차이를 두드러지게 보여주고 있다. 이의성의 그림은 구도에 있어 더욱 김홍도와 비슷한데 가볍고 옅은 것이 훨씬 시원스럽다.

　　19세기 중엽에 접어들어 김하종은 앞선 선배들의 옹천과는 또 다른 모습을 선보이고 있다. 1865년에 그린 《풍악권》 중 〈옹천〉은 해 뜨는 동해바다를 끝없이 크고 넓게 그렸다. 화폭 넓이 4분의 3 이상을 바다에 할당한 것이다. 옹천은 왼쪽 구석에 몰아넣었음에도 옹천이 바다에 밀리지 않는 까닭은 매우 거칠고 강렬한 필법을 구사했기 때문이다. 특히 옹천 위쪽 가파른 곳에 열 그루의 소나무를 워낙 크게 그려 시선을 빼앗는다. 무엇보다도 재미있는 것은 비탈길의 사람들이다. 시동이 나귀를 끌고가는 데 애를 먹고 있으며 두 명의 선비는 걷는 게 아니라 서거나 앉아 동해의 일출 광경을 감상하고 있다. 해 뜨는 순간을 맞이하는 사람을 정면으로 그린 그림은 오직 이 작품 하나뿐이다.

삼일포 구역, 금강산이 한눈에 보이다

해산정, 절정의 전망대

삼일포는 강원도 고성에 있는 호수로, 해금강에 속하면서 또한 관동팔경의 제2경으로 꼽히기도 한다. 신라 때 영랑, 술랑, 남석랑, 안상랑 등 네 명의 화랑이 이곳을 지나가다 절승에 매혹당해 사흘 동안 머무른 곳이기도 하고, 호수 복판의 섬에 있는 정자인 사선정에서 놀았다는 이야기도 전해지는 곳이다.

삼일포와 그 인근의 해산정, 동귀암 등을 그린 옛 그림들이 전해지는데, 이 가운데 삼일포를 그린 그림은 이 책과 함께 출간한 『옛 그림으로 본 조선 2-강원』에서 살피고 있다.

해산정은 삼일포 남쪽에 서 있던 정자다. 서쪽으로 1만 2천 봉우리의 금강산이 한눈에 보인다. 남쪽으로 아름다운 적벽강이, 동쪽으로는 신비로운 해금강이, 북쪽으로는 멋진 삼일포가 한눈에 들어오는 절정의 전망대. 사방팔방이 트인 금강의 또 다른 얼굴이 여기 다 모여 있다.

해산정의 기원은 뛰어난 시인으로 송도삼절의 한 사람인 오산五山 차천로車天

軺, 1556-1615의 아버지 차식車軾이 고성군수로 재임할 때 세운 것이 그 시작이었지만 세월이 흘렀고 지금은 사라졌다.

겸재 정선이 1711년에 그린 《신묘년풍악도첩》 중 〈해산정〉은 각각의 경물에 작은 글씨를 써넣었는데 먼저 왼쪽 하단 바다의 기둥바위에는 '칠성봉'七星峰, 그 위로 흐르는 '남강'南江 가의 거대한 절벽에는 '적벽'赤壁이라고 썼다. 적벽 건너편 정자는 '대호정'帶湖亭이다. 오른쪽 하단부터 보면 '동귀암'東龜岩, '구암'龜岩, '해산정'海山亭 그리고 상단 멀리 날카로운 바위 기둥이 솟아 있는 곳에는 '금강산'이라고 써놓았다. 화폭 하단 왼쪽을 보면 바위 기둥이 여럿 서 있는 게 보인다. 칠성암이라고 부른 바위 기둥이다. 정선은 이 바위 기둥을 마치 해금강에서 금강산을 향해 절을 하는 듯한 모습으로 그렸다. 뒤에서 살필, 1747년에 그린 《해악전신첩》에 실린 〈칠성암〉에서 서로가 서로를 바라보는 모습으로 묘사한 것과는 다른 분위기다.

김홍도의 《해산도첩》 중 〈해산정〉은 그 일대의 관청 및 민간 가옥을 매우 자상하게 묘사하여 사실성을 강조했다. 그런 중에서도 화폭 하단과 중단 오른쪽의 산봉우리에 거북이 형상을 하고 있는 구암을 장엄할 뿐만 아니라 마을을 수호하는 신상처럼 멋지게 형상화하는 재치를 발휘하고 있다.

김홍도와 함께 관동 일대를 다녔던 당대 제일의 도화서 화원 복헌 김응환은 김홍도나 정선과 달리 육지에서 바다를 향한 시선으로 구도를 잡았다. 화폭 왼쪽 중간에 해산정이 우뚝하고 그 양옆으로 거북바위가 지키고 있는데 멀리 여러 개의 바위가 줄 지어 바다를 향해 대오를 갖춰 행진하는 모습이 재미있다.

흡곡현감으로 재임 중에 이 일대를 그린 화가 이의성은 아무래도 김홍도를 매우 좋아했나보다. 《산수화첩》의 실경들이 모두 김홍도의 것을 따라 그린 듯한데 그중 〈해산정〉도 예외가 아니다. 김홍도의 구도를 따르면서도 가벼운 선묘를 통해 세부를 더욱 자상하고 어여쁘게 그려냄으로써 김홍도와는 또 다른 세상을 연출하는 데 성공했다.

유재 김하종도 마찬가지다. 김하종이 1865년에 완성한 《풍악권》 중 〈해산정〉은 앞선 시대의 전형을 따르면서도 경물 하나하나를 훨씬 뚜렷하고 아기자기하게 묘사했다. 물은 푸르고 땅은 붉은색 담채를 칠했고 초가와 나무에 노란색으로 활력을 부여함으로써 화사한 분위기가 더욱 살아났다. 정선의 작품이 서정성이라면 김홍도의 작품은 사실성, 김하종의 작품은 일상성이 묻어 있다.

《동유첩》 중 〈해산도〉는 김홍도의 〈해산정〉을 보고 그린 듯 거의 유사한 구도지만 경물을 따라 좀 진한 담채를 칠해 분위기를 달리 했다.

마찬가지로 《금강산도권》 중 〈해산정〉 또한 김홍도 이래의 구도를 따랐으되 경물의 형태를 한결 단순하고 명쾌하게 묘사하였고 색감에서도 옅지만 초록과 노랑, 갈색을 매우 선명하게 구획해 활기가 넘친다.

《관동십경》 중 〈해산정〉은 다른 작품에서 보기 드물게 거대한 바위 기둥을 등장시켰다. 해안선을 따라 해금강이며 칠성암이 즐비하고 남강변에 지붕만 보이는 대호정 건너편에는 청록과 노랑으로 빛나는 거대한 적벽이 화려하게 자태를 뽐낸다. 그 옆, 그러니까 화폭 오른쪽으로 무수히 많은 바위 기둥에는 '금강산'이라는 글씨를 써넣었다. 화폭 하단 맨 아래엔 양쪽으로 봉우리를 그리고 각각 거북바위를 뜻하는 '구암' 그리고 그 바로 위에 봉긋이 솟은 언덕에 '해산정', 그리고 그 아래 기와를 얹은 가옥에 객사와 민가를 여러 채 그렸다. 이 작품이 아름나운 까닭은 청록과 황금빛 채색에 근거하고 있지만 무엇보다도 붉은 꽃들이 들판에 만발하기 때문이다.

동귀암, 해돋이의 명소

삼일포 남쪽을 동서로 가로지르는 북강 아래 해산정이 있고 그 양쪽으로 두

정선, 〈해산정〉, 《신묘년풍악도첩》, 26.8×37.5, 비단, 1711, 국립중앙박물관.

김홍도, 〈해산정〉, 《해산도첩》, 30.4×43.7, 비단, 1788, 개인.

김응환, 〈해산정〉, 《해악전도첩》, 32×42.8, 비단, 1788, 개인.

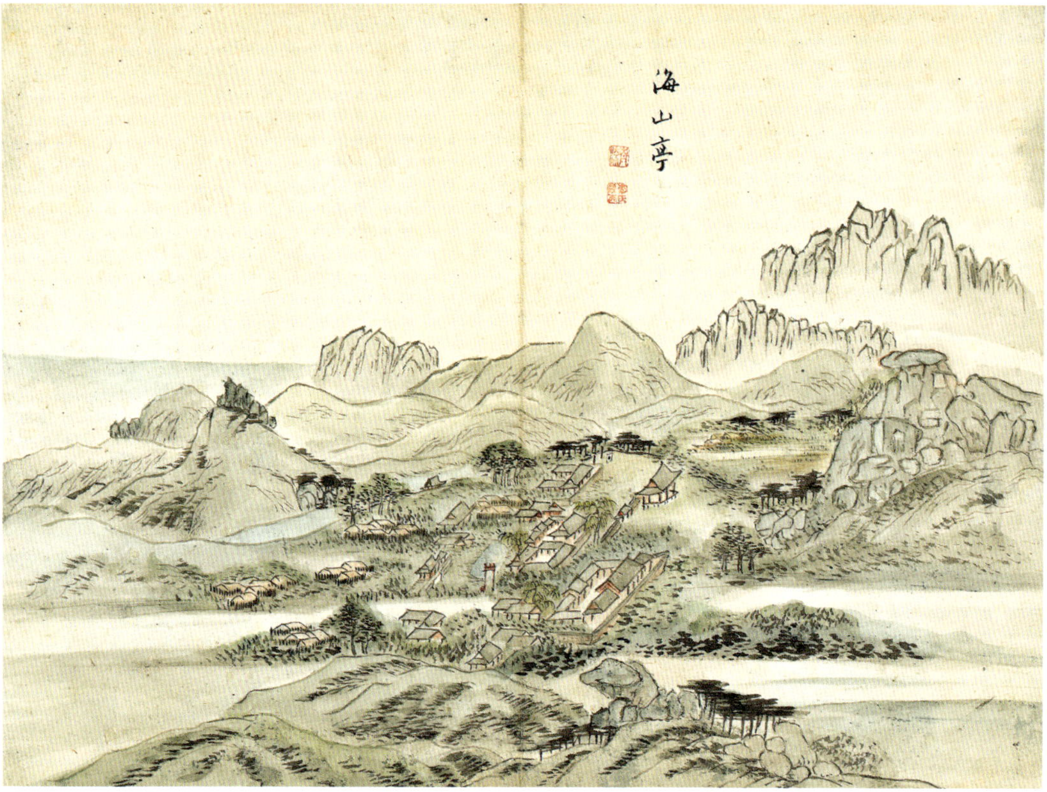

이의성, 〈해산정〉, 《산수화첩》, 32×44, 종이, 1826년경, 개인.

김하종, 〈해산정〉, 《풍악권》, 30.9×49.7, 종이, 1865, 개인.

미상, 이풍익 편, 〈해산정〉,
《동유첩》, 20×26.6, 종이,
1825, 성균관대박물관.

미상, 김상성 편, 〈해산정〉,
《관동십경》, 31.5×22.5, 비단,
1746, 서울대규장각.

미상, 〈해산정〉, 《금강산도권》, 26.7×43.8, 종이, 19세기, 국립중앙박물관.

김윤겸, 〈동귀암〉, 22×37.5, 비단. 18세기, 건국대박물관.

개의 거북바위가 있다. 서쪽 바위는 사방 어느 곳이나 거북이 모양인데 동쪽 바위는 보는 방향에 따라 모양이 변하지만 해산정에 서서 보면 커다란 거북이 또는 자라 모습 그대로다. 바위 앞면에 동귀암, 바위 뒷면에 배일암이라는 글씨가 새겨져 있다. 해돋이를 하기에 좋은 위치에 있음을 알려주고 있다.

18세기 거장 진재 김윤겸이 그린 〈동귀암〉은 삼일포 수변 동쪽에 자리잡은 거북바위를 주제로 삼은 작품이다. 아득함이 깃들어 어딘지 쓸쓸한 서정이 흐른다. 수평의 구도와 더불어 언덕을 비롯한 모든 경물들이 수평으로 펼쳐지고 또한 화폭 하단에 듬성듬성 자리잡은 마을도 가라앉는 느낌을 준다. 이 작품을 더욱 서글프게 만드는 것은 화폭 왼쪽 하단 동귀암 봉우리에 선 사람의 자태다. 홀로 선 인물이 어쩐지 저 멀리 바다 밖에 있는 무엇인가를 간절히 원하고 있는 듯해 외로워 보인다.

해금강 구역,
그 끝없는 신비로움

일찍이 볼 수 없던 이곳만의 해돋이

해금강 구역은 세월에 따라 넓어졌다. 처음에는 고성군 삼일포 동쪽 해안선으로 흘러내리는 북강 하구의 해금강리에 펼쳐진 해만물상부터 남쪽으로 남강 하구 대봉도까지 6킬로미터 길이의 해안선을 가리켰다. 그뒤 남쪽으로 지금 남한 고성군 화진포까지 30킬로미터 길이로 늘어났다. 이곳에는 문암, 능파대, 대호정, 칠성암, 영랑호, 현종암, 비래정, 감호 등 명승이 즐비하다. 모두 북한 땅이라 휴전선이 가로막혀 가볼 수 없는 곳이다. 그나마 화진포를 가볼 수 있으니 다행이라고 해야 할까. 그걸로는 이 안타깝고 섭섭한 마음 감출 수 없다.

남쪽에 살고 있는 우리는 강릉 남쪽 해안의 정동진을 해돋이 명소로 삼고 있지만 이곳 해금강 백사장의 해돋이는 절정의 명승이었다. 농암 김창협은 1671년 9월 1일 새벽 여기에서 해맞이를 했다.

"동쪽 하늘에서 붉은 기운이 희미하게 무리지다가 조금 뒤 빛이 점차 붉어지고 구름 같은 물체가 빛을 받아 오색을 이루었다. 짙고 옅은 색채가 서로 다른 형태를 이루어 경각 간에 만 가지 모습으로 변했다. 이윽고 해가 차츰차츰 바다 속에서 솟아올랐다. 크기가 붉은 구리 접시만 하다가 또 쭈그러들었다. 파도에 묻혀 오랫동안 들락날락하다가 비로소 뛰어 공중으로 올라갔다. 물결이 비로소 금빛처럼 붉었다. 이때 출렁이는 물빛이 마치 수은 빛 같아 만 리가 온통 한 가지 빛깔이 되었다."[12]

그리고 함께 한 사람들 모두가 크게 환호했으며 김창협은 '일찍이 없었던 것'이라고 탄식했다.

고성군 해금강은 옹천을 경계로 북강과 남강 하류의 해안선을 차지하고 있다. 옹천 북쪽 통천군의 총석정 구역이 아니었다면 이곳 고성군 해금강이 관동팔경의 하나였을 것이다. 총석과 구분이 가지 않을 만큼 특별하고 아름답다.

이 지역을 그린 것으로 가장 오래된 작품은 1747년 무렵 정선이 그린 《겸재화》 중 〈해금강〉이다. 넘실대는 파도와 바위 기둥 숲 사이를 유람하는 한 척의 배를 화폭에 담았다.

해금강을 그린 최고의 걸작은 김홍도가 1788년에 그린 《해산도첩》 중 〈해금강 전면〉과 〈해금강 후면〉이다. 엄청난 규모의 기암괴석 사이로 푸른 물결과 하얀 거품이 일어나는데 그 사이를 조그만 배 한 척이 떠다니고 있다. 배에 탄 사람들은 사공과 두 명의 선비 그리고 시동인데 전면에는 시동이 한 명이고 후면에는 시동이 두 명이다. 필선을 'ㄴ'과 'ㄱ' 자 형태로 계속 꺾어침으로서 바위의 생김새를 드러내는 기법을 구사하고 있는데 이런 필법은 처음 나온다. 전면과 후면을 연이어 두고 보면 그 경탄스러운 구도와 필치 그리고 채색에 매료당하지 않을 수 없다. 섬세하고 세밀한 묘사와 은은한 색감이 빚어내는 신비로움이 끝이 없다.

정선, 〈해금강〉, 《겸재화》, 25×19.2, 비단, 1747년경, 개인.

그로부터 10여 년이 흐른 뒤인 1799년 정수영이 그린 《해산첩》 중 〈해금강 입석포〉는 앞선 정선과 김홍도의 그것과는 사뭇 다르다. 바위를 마치 성벽처럼 옆으로 길게 늘어놓은 뒤 화폭 전체는 세상을 뒤덮을 만큼 엄청난 규모의 파도로 꽉 채웠다. 이 그림이야말로 바위가 아니라 물결을 그린 그림 가운데 단연 최고의 작품이다.

1822년 양양부사로 부임한 백운 심동윤이 그린 《백운화첩》 중 해금강 일대를 그린 네 점은 지금껏 볼 수 없던 양식의 작품이다. 바위는 투명한 유리판을 조각조각 맞춰 바다에 세워놓은 듯 장대하다. 어떤 그림은 푸르른 소나무가 솟아올라 어여쁘기도 하고, 또 어떤 그림은 바위가 모두 왼쪽으로 기울어 어디론가 향해 가는 듯 율동미가 돋보이기도 한다. 네 점 가운데 〈해금강 금강문〉은 금강으로 통하는 문을 소재로 삼아 사이를 갈라놓았고 〈해금강 삼선암〉은 세 개의 봉우리를 옆으로 눕혀놓았다. 〈해금강 송도〉는 해금강 앞바다의 솔선, 다시 말해 송도 일대의 여러 바위를 묘사했고 〈용두봉〉은 해안선에서 내륙으로 약간 거슬러 해산정 옆 봉우리인 용두봉을 그렸다. 화폭 오른쪽 하단에 굴처럼 생긴 인공 구조물 사이로 걸어가는 세 사람의 모습이 인상 깊다.

청류 이의성 역시 해금강을 그렸는데 김홍도가 앞쪽과 뒤쪽 두 가지로 나눠 그린 방식을 따라 〈해금강 전면〉과 〈해금강 후면〉 두 점을 그렸다. 구도는 물론 〈해금강 전면〉에 유람선의 위치마저 같은 곳에 배치해 김홍도의 그림을 베껴둔 게 아닐까 싶다. 하지만 〈해금강 후면〉을 보면 김홍도와 달리 유람선을 그려넣지 않았고 또한 김홍도의 지나칠 만큼 섬세한 세부 묘사를 따르지 않았다. 그래서 가볍고 상쾌하다.

유재 김하종은 1815년과 1865년 두 차례에 걸쳐 각각 《해산도첩》과 《풍악권》을 완성했다. 《해산도첩》은 23살의 젊은 나이에 그린 것이고 《풍악권》은 73살의 만년에 그린 것이다. 젊은 날 그린 《해산도첩》 중 〈해금강〉은 바위를 묘사하면

海金剛前面

김홍도, 〈해금강 전면〉,《해산도첩》, 30.4×43.7, 비단, 1788, 개인.

김홍도, 〈해금강 후면〉, 《해산도첩》, 30.4×43.7, 비단, 1788, 개인.

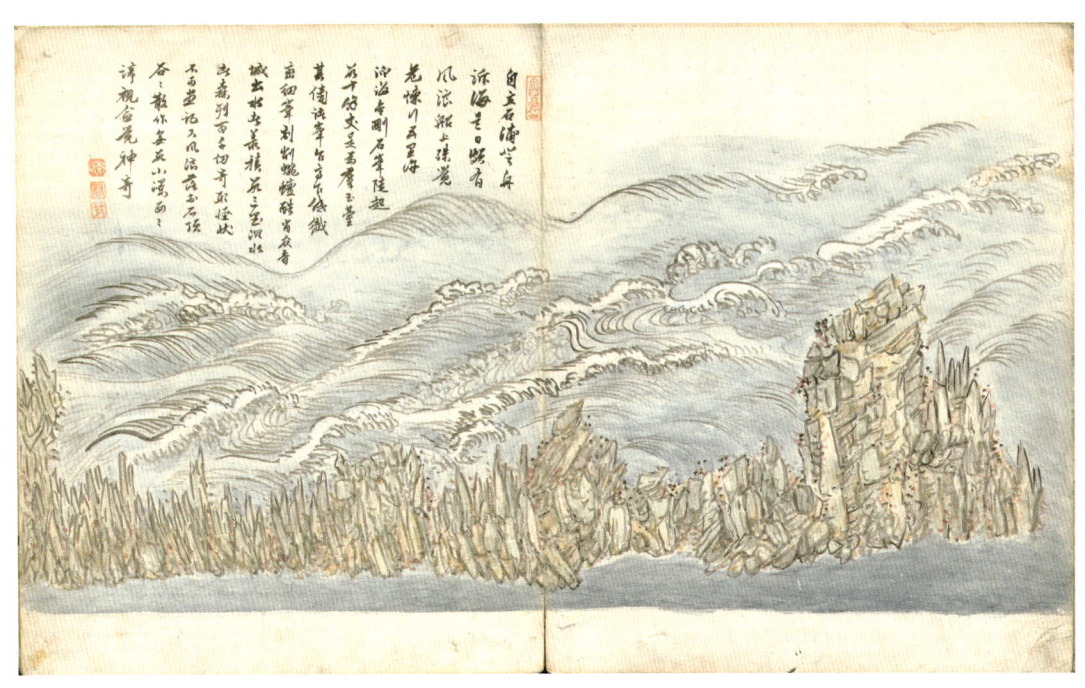

정수영, 〈해금강 입석포〉, 《해산첩》, 37.2×62, 종이, 1799, 동원 이홍근 기증, 국립중앙박물관.

심동윤, 〈해금강 금강문〉, 《백운화첩》, 32.5×43, 종이, 1822, 관동대박물관.

심동윤, 〈해금강 삼선암〉, 《백운화첩》, 32.5×43, 종이, 1822, 관동대박물관.

심동윤, 〈해금강 송도〉, 《백운화첩》, 32.5×43, 종이, 1822, 관동대박물관.

심동윤, 〈용두봉〉, 《백운화첩》, 32.5×43, 종이, 1822, 관동대박물관.

이의성, 〈해금강 전면〉,《산수화첩》, 32×44, 종이, 1826년경, 개인

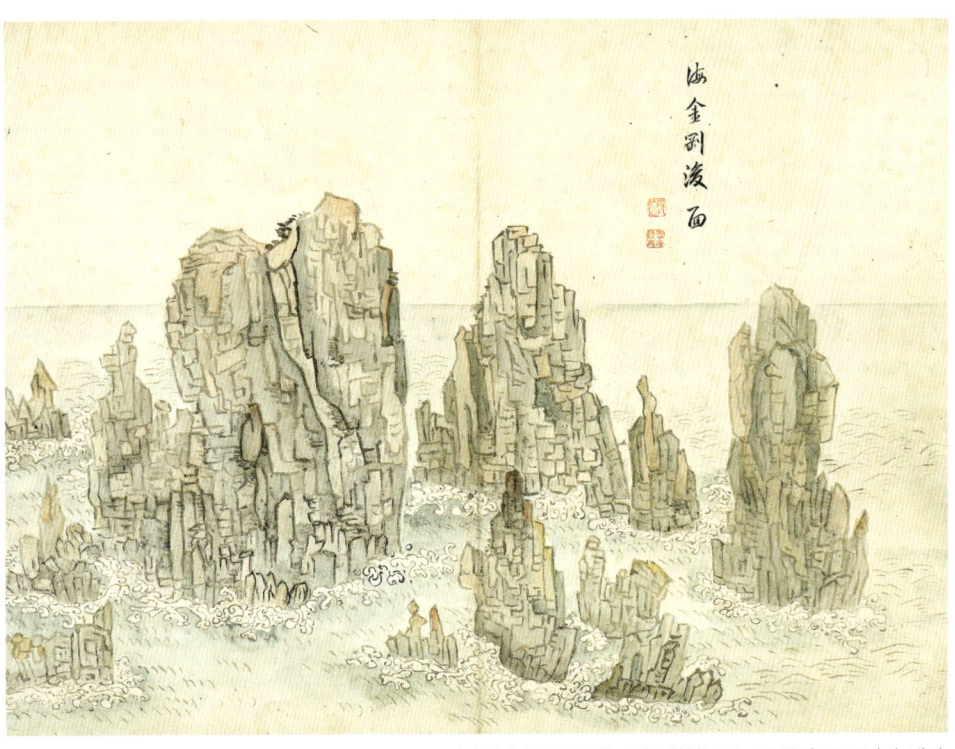

이의성, 〈해금강 후면〉,《산수화첩》, 32×44, 종이, 1826년경, 개인.

김하종, 〈해금강〉, 《해산도첩》, 29.7×43.3, 비단, 1815, 국립중앙박물관.

김하종, 〈해금강〉, 《풍악권》, 30.9×49.7, 종이, 1865, 개인.

김하종, 〈해금강〉 부분, 《해산도첩》.

미상, 이풍익 편,
〈해금강 전면〉 부분.

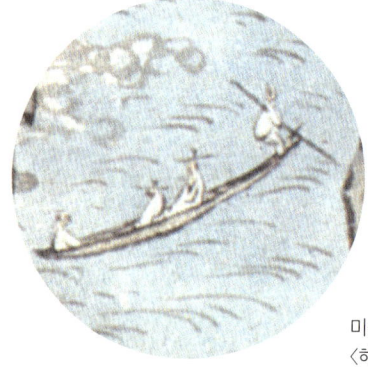

미상, 이풍익 편,
〈해금강 후면〉 부분.

미상, 이풍익 편, 〈해금강 전면〉, 《동유첩》, 20×26.6, 종이, 1825, 성균관대박물관.

미상, 이풍익 편, 〈해금강 후면〉, 《동유첩》, 20×26.6, 종이, 1825, 성균관대박물관.

서 아주 가는 선을 촘촘하게 내리그어 치밀한 맛을 크게 살렸다. 안정된 구도에 채색을 곁들인 바다 빛이 깊은 맛도 북돋아주고 있어 이전의 작품들과 다른 느낌을 준다. 나이 들어 그린 《풍악권》 중 〈해금강〉은 젊은 시절의 구도와 달리 원근을 주어 화폭 오른쪽에 있는 가장 커다란 바윗덩어리를 가까이에, 중앙에 있는 중간 크기의 바윗덩어리를 중간에, 왼쪽에 있는 작은 바위들을 가장 작게 그리고 수평선을 화폭 상단으로 끌어올려놓았다. 필선은 좀 더 자유롭게 구사하여 노경의 여유로움을 더했다. 두 작품 모두 유람선을 띄웠는데 그보다 더 아래쪽 물속에 겨우 떠 있는 바위에 서거나 앉아 풍경을 누리는 인물들을 배치한 것이 아슬아슬하다.

1825년 육완당 이풍익을 수행한 화가가 그린 《동유첩》 중 〈해금강〉은 전면과 후면 두 점으로 이루어졌다. 이 작품은 'ㄱ'자와 'ㄴ'자로 짧게 꺾어치는 필법과 채색 그리고 구도 모든 면에서 김홍도의 〈해금강 전면〉과 〈해금강 후면〉을 거의 그대로 따라 그린 것이다. 심지어 유람선의 위치와 유람객 인원의 숫자와 배치 그리고 바위틈 사이로 자라난 나무들의 위치나 형태까지도 거의 같다. 하지만 김홍도의 것과 이 작품을 비교해보면 전면과 후면이 바뀌었다. 아무래도 유람의 주인인 이풍익이 김홍도의 것처럼 그려달라고 부탁하자 화가가 따라 그리면서 순서를 바꾼 게 아닐까 싶다.

명승으로 꼽히는 기암괴석들, 문암·능파대

해금강 구역에는 숱한 명승들이 흩어져 있는데 문암도 그 가운데 하나다. 삼일포 기슭에 있는 몽천암과 100미터가량 거리를 두고 있는 이 바위는 높이 6미터의 거대한 바위 두 개 위에 넓적한 바위가 가로로 걸쳐 있어 대문처럼 보인다. 그러므로 사람들은 문암이란 이름을 붙였다. 앞서 살핀, 옹천을 앞둔 곳에 있던 문암을 통천 문암이라고도 했듯이 해금강에 있기 때문에 해금강문이라고도 한다.

　겸재 정선이 1711년에 그린《신묘년풍악도첩》중〈문암 관 일출〉은 아침 해 뜰 때 문암에 올라간 기록이다. 네 명의 인물을 그렸는데 선비로 보이는 사람들도 갓을 벗고 태양을 맞이하고 있다. 하지만 1747년에 그린《겸재화》중〈고성 문암〉의 인물들은 문암 아래 너럭 바위에 앉아 솟아오르는 붉은 태양을 맞이하고 있다. 물론 갓은 벗지 않았다. 그러고 보면 문암 위로 올라간 이들은 갓이 위험해서 벗은 것이지 태양에 경배하기 위해 벗은 건 아니다.

　1788년 김홍도가 그린《해산도첩》중〈문암〉은 어떤 문암을 그렸는지 의문이 든다. 앞서 살핀 옹천 북쪽의 문암은 지붕이 없고 이곳 삼일포의 문암은 지붕이 있다. 하지만 김홍도의 이 문암은 지붕이 아니라 거대한 자연석 중앙에 구멍이 뚫린 굴이어서 어느 곳에도 해당하지 않는다. 강원도 해안의 자연은 20세기 이후 도로 개설과 같은 개발에 따라 크게 변화했다. 옹천과 삼일포의 문암 이외에 또 다른 문암이 있었을 것인데 김홍도의 저 굴과 같은 문암은 어딘지 알 길이 없다.

　능파대는 고성군 죽왕면 해안가의 기암괴석이다. 문암천 하구에 모래가 쌓여 어느덧 능파대도 육지와 이어졌다. 빠르고 급하게 흐르는 물길이라는 뜻의 능파凌波는 해석하기에 따라 아름다운 미인의 걸음걸이라고도 한다. 바다 물결이 바위에 철썩이며 부딪히는 모습이 그렇게 보였기 때문에 능파대라 하였다고 하지만 고성 능파대는 기록에 거의 나오지 않는다. 같은 이름으로 삼척 능파대가 널리 알려져 있어서인지도 모르겠다.

　《금강산도권》중〈능파대〉는 기이하다. 누군가의 발자욱이 찍혀 있는 듯 바위에 홈이 숭숭 패여 있다. 그 모습이 신기하기도 하고 또 어찌 보면 흉하기도 하다. 얼핏 바다와 육지 사이를 가로막고 선 방파제처럼 보이는 것도 신묘하다.

정선, 〈문암 관 일출〉, 《신묘년풍악도첩》, 36×38, 비단, 1711, 국립중앙박물관.

정선, 〈고성 문암〉, 《겸재화》, 25×19.2, 비단, 1747, 개인.

門巖

김홍도, 〈문암〉, 《해산도첩》, 30.4×43.7, 비단, 1788, 개인.

미상, 〈능파대〉, 《금강산도권》, 26.7×43.8, 종이, 19세기, 국립중앙박물관.

빼놓을 수 없는 승경,
대호정·칠성암·영랑호·현종암 그리고 감호

대호정은 해금강리 남강 하구 천변에 선 정자다. 그 남강을 가리켜 대호帶湖라고 불렀는데 허리띠를 두른 호수란 뜻이다. 허리띠처럼 주위를 빙 두른 띠가 아니라 수변에 높이 116미터의 적벽산이 있어 그렇게 부른 것이다. 대호정에서 보면 건너편에 적벽산이 바로 보인다. 남강 일대의 많은 전망대를 대표하는 게 바로 이 대호정이다.

김홍도의 《해산도첩》 중 〈대호정〉을 보면 화폭 중앙 하단에 대호정이 있고 강 건너 왼쪽에 적벽산, 오른쪽 멀리 금강산이 보인다. 함께 사생 여행을 한 김응환은 시선을 낮춰 강 건너 적벽산을 부각시켰다. 김응환, 김홍도에 비해 40년가량 흐른 뒤에 청류 이의성이 그린 《산수화첩》 중 〈대호정〉은 김홍도의 섬세한 묘사에서 대범한 묘사로 전환한 결과다. 산과 나무와 강이 모두 밝고 환해졌다. 《금강산도권》 중 〈대호정〉도 김홍도의 작품을 임모하다시피 했지만 이의성처럼 많은 요소를 생략하여 가볍고 재빠른 그림으로 변화했고 그래서 훨씬 선명하다.

칠성암은 고성 해산정 앞바다에 떠 있는 일곱 개의 바위 기둥이다. 배에 술을 싣고 칠성암을 찾아나선 어당 이상수는 그때의 일을 「동행산수기」에 다음과 같이 썼다.

> "여기저기서 물결을 뚫고 우뚝 나선 외로운 봉우리들이 사람을 맞이할 때 절하고 보낼 때 손을 모은다. 이는 마치 기이한 짐승과 이상한 괴물이 다투며 자기 재주를 드러내는 것 같다."[13]

김홍도, 〈대호정〉, 《해산도첩》, 30.4×43.7, 비단, 1788, 개인.

김응환, 〈대호정〉, 《해악전도첩》, 32×42.8, 비단, 1788, 개인.

미상, 〈대호정〉, 《금강산도권》, 26.7×43.8, 종이, 19세기, 국립중앙박물관.

이의성, 〈대호정〉,
《산수화첩》, 32×44
종이, 1826년경,
개인.

이어서 그 바위의 동작을 묘사했는데 '주춤대는 것, 우쭐대는 것이며 저마다 고사리주먹, 죽순 같은 것을 내미는가 하면 작고 머리를 가지런히 갖춘 건 나한, 도 사리고 앉은 것은 세존, 거룩하고 장대한 것은 천왕, 독살스럽게 할퀴려는 놈은 야차夜叉 바위'라고 했다.

정선이 1747년에 그린 《해악전신첩》 중 〈칠성암〉은 바위 기둥을 마치 서로가 서로를 바라보는 일곱 명의 군중처럼 묘사했다. 앞에서 살핀 바 있는, 1711년에 그린 《신묘년풍악도첩》 중 〈해산정〉의 화폭 하단 왼쪽에서는 같은 바위 기둥을 마치 금강산을 향해 절하는 사람의 모습처럼 묘사했는데, 그보다는 〈칠성암〉의 바위 기둥의 모습이 훨씬 정겹다.

영랑호는 고성군 남강 하류에도 있고 속초시 장사동에도 있다. 고성의 영랑호는 휴전선으로 말미암아 가서 볼 수 없는 풍경이다. 영랑호는 신라의 화랑인 영랑과 술랑, 남석랑과 안상랑이 금강산에서 수련을 마치고 수도인 경주에서 열리는 무술대회 참석을 위해 귀환하는 도중 그 아름다움에 넋을 앗겨 오랫동안 머물렀다고 해서 붙은 이름이다. 이후 이곳은 화랑의 수련장으로 인기가 높았다.

단원 김홍도가 1796년에 그린 《병진년 단원절세보》 중 〈영랑호〉는 아무런 제목도 없어 그저 산수로 알려져왔다. 하지만 호수 주변이 아름다운 데다가 멀리 금강산이 보이니 고성 영랑호가 분명하다. 이 작품의 매력은 상단과 하단이다. 상단의 금강산은 오히려 귀엽고 하단은 텅 비워 얼핏 땅처럼 보이지만 물안개가 자욱하게 낀 바다가 아닌가 싶다. 김홍도는 이 작품을 그릴 때 자신의 장기인 세부 묘사의 자상함 대신 선묘를 절제하고 번지기 기법으로 채색을 꾀했다. 복헌 김응환의 《해악전도첩》 중 〈영랑호〉는 김홍도의 작품과 구도를 약간 바꿔 그린 것이다.

청류 이의성의 《산수화첩》 중 〈영랑호〉와 《금강산도권》 중 〈영랑호〉는 김홍도의 〈영랑호〉와 구도가 같다. 하지만 선묘와 색감에서 전혀 다르다. 이의성의

정선, 〈칠성암〉, 《해악전신첩》, 31.9×17.3, 비단, 1747, 간송미술관.

김홍도, 〈영랑호〉, 《병진년 단원절세보》, 26.7×31.6, 종이, 1796, 호암미술관.

김응환, 〈영랑호〉, 《해악전도첩》, 32×42.8, 비단, 1788, 개인.

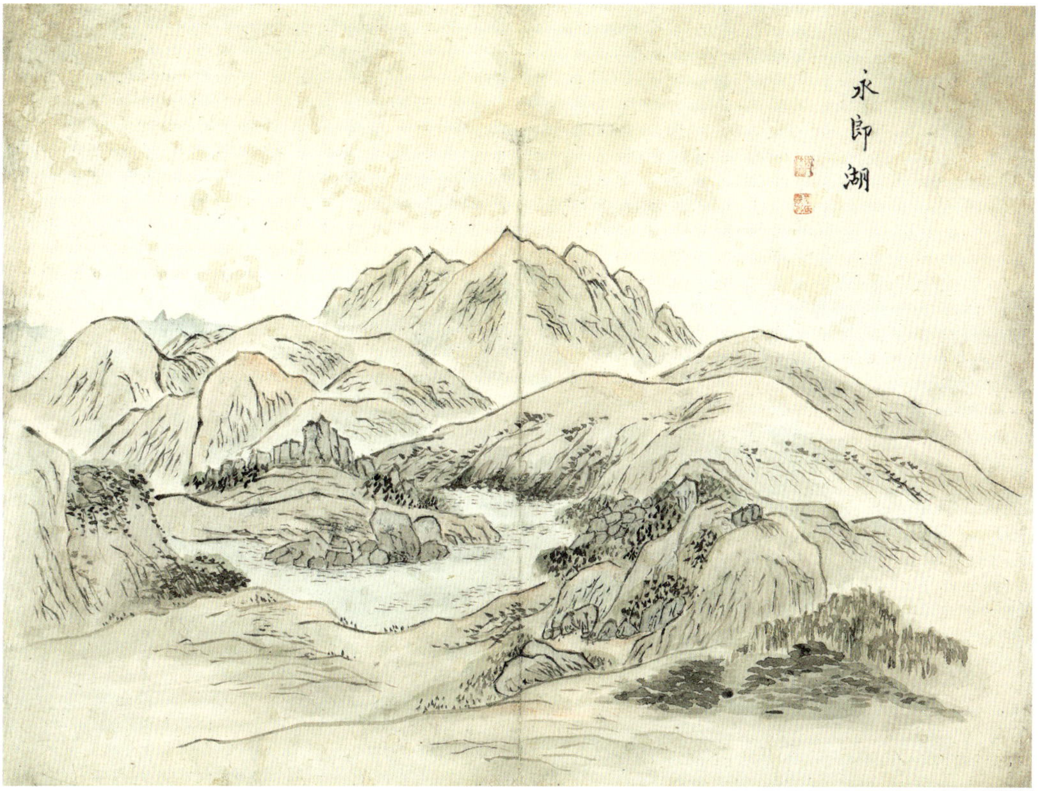

이의성, 〈영랑호〉, 《산수화첩》, 32×44, 종이, 1826년경, 개인.

미상, 〈영랑호〉, 《금강산도권》, 26.7×43.8, 종이, 19세기, 국립중앙박물관.

鞭我寒驅訪永郎湖

미상, 〈영랑호 방문〉, 《금강산도권》, 26.7×43.8, 종이, 19세기, 국립중앙박물관.

김홍도, 〈현종암〉, 《해산도첩》, 30.4×43.7, 비단, 1788, 개인.

김응환, 〈현종암〉, 《해악전도첩》, 32×42.8, 비단, 1788, 개인.

이의성, 〈현종암〉, 《산수화첩》, 32×44, 종이, 1826년경, 개인.

미상, 〈현종암〉, 《금강산도권》, 26.7×43.8, 종이, 19세기, 국립중앙박물관.

김응환, 〈감호〉, 《해악전도첩》, 32×42.8, 비단, 1788, 개인.

미상, 〈감호〉, 《금강산도권》, 26.7×43.8, 종이, 19세기, 국립중앙박물관.

〈영랑호〉는 호수 주변 묘사에 집중하다보니 정작 주인공인 영랑호가 숨어버렸다. 《금강산도권》 중 〈영랑호〉도 그건 마찬가지다. 주변의 산과 언덕을 보면 청색과 녹색, 적색으로 다르게 칠해 현란한 변화를 꾀했다. 같은 화첩에 실린, 영랑호 가는 길을 주제 삼아 그린 〈영랑호 방문〉에서는 영랑호에서 흘러내리는 물줄기를 따라 거슬러 올라가는 일행이 보인다. 물길 저편 모란꽃잎처럼 아름다운 봉우리들이며 말을 타고 가는 유람객의 모습도 활기에 넘친다. 왜 신라의 화랑인 사선랑 일행이 여기서 넋을 앗겼는지 이 작품을 마주하니 비로소 이해할 수 있겠다.

영랑호 동쪽 바다에 높이가 6미터 크기의 바위가 현종암이다. 앞서 유점사에서 인도에서 온 53불이 도착했다가 배가 뒤집히자 종을 뒤집어 그 안에 타고 겨우 살아났다는 전설을 살폈다. 그 종을 타고 가까스로 땅에 닿은 53불은 종에서 내려 금강산으로 들어갔고, 남아 있던 그 종은 굳어서 지금의 현종암이 되었다고 한다. 또는 53불이 해적들의 출몰을 알리기 위해 이곳에 세워놓았다는 전설도 있다. 바위 앞면에 '나무아미타불'이라는 글씨가 새겨져 있다.

김홍도가 1788년에 그린 《해산도첩》 중 〈현종암〉을 보면 화폭 상단에 고성 앞바다가 넓게 펼쳐져 있고 하단에 고래가 입을 벌리고 있는 듯한 바위가 있는데 그게 현종암이다.

복헌 김응환의 《해악전도첩》 중 〈현종암〉은 바위를 더욱 부각시켜 강렬한 인상을 부여한 작품이다. 이의성의 〈현종암〉과 《금강산도권》에 실린 〈현종암〉은 김홍도의 〈현종암〉을 한층 곱고 어여쁘게 단장한 것이다. 현종암의 벌린 입에 김홍도는 색을 칠하지 않았지만 이의성은 노란색을, 《금강산도권》에 그린 화가는 엷은 분홍색을 칠했다. 그런 까닭에 훨씬 환하고 어여뻐졌다.

영랑호 남쪽에 자리한 감호는 둘레가 3킬로미터가량하는 둥근 원형의 호수다. 조선 제일의 유람객이자 명필 봉래 양사언이 살던 비래정이 근처에 자리하고 있다.

금강산 사생 여행을 했던 단원 김홍도가 감호를 그린 그림은 찾을 수 없고, 함께 했던 복헌 김응환이 그린 그림은 전해져 온다. 거칠고 두터운 맛이 살아 있는 필치가 야성의 아름다움을 보여준다. 화폭 왼쪽 하단의 넓은 터에 거대한 다섯 그루 소나무가 두드러져 보인다. 주위에 여러 채의 집을 그렸는데 그중 한 채가 비래정일지도 모르겠다. 《금강산도권》 중 〈감호〉는 김응환의 《해악전도첩》 중 〈감호〉와 구도부터 다르다. 모든 면을 비교해가며 살펴보는 게 좋겠다.

이인문, 〈단발령 망 금강〉 부분, 23×45, 종이, 18세기, 개인.

自主石浦以母
派海意日頗有
风浪船上殊覺
危懼り五里許
泊海金剛石峯陸起
若十餘丈呈奇摩玉筆
甚偉諸峯各宛下俵纖
密細筆剗刲蜿蟺醛省衆奇
峨出水芝蒸積茄三至沘水
去森列百千切奇邪怪狀
不可盡記久風浪盖石石頂
谷々散作無数小溪面々
亭々見之兄伸許

부록

'옛 그림으로 본' 연작을 마치며
주註
주요 참고문헌
인명색인

'옛 그림으로 본' 연작을 마치며

"실경의 숲에서 보낸
나의 서른 해는 이렇게 책이 되어
독자들에게로 향한다.
지난 시간 내내 내가 기뻤듯
여러분들도 앞으로의 시간 내내
이 숲에서 기쁘시길."

옛 그림으로 본 서울
-서울을 그린 거의 모든 그림

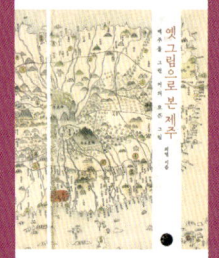

옛 그림으로 본 제주
-제주를 그린 거의 모든 그림

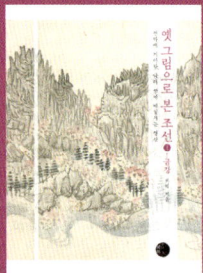

**옛 그림으로 본
조선 1, 금강**
-천하에 기이한, 나라 안에
 제일가는 명산

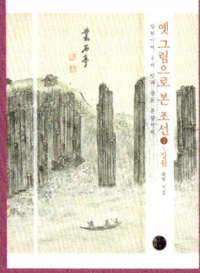

**옛 그림으로 본
조선 2, 강원**
-강원이여, 우리 산과 강의
 본향이여

**옛 그림으로 본
조선 3, 경기·충청·전라·경상**
-과연 조선은 아름다운 실경의 나라

'옛 그림으로 본' 연작을 이로써 마친다. 『옛 그림으로 본 서울』과 『옛 그림으로 본 제주』에 이어 『옛 그림으로 본 조선 1-금강』, 『옛 그림으로 본 조선 2-강원』, 『옛 그림으로 본 조선 3-경기, 충청, 전라, 경상』에 이르기까지 다섯 권을 세상에 내놓았다. 두려움이 앞선다. 이런 일이 있을 거라고 단 한 번도 상상하지 못했기 때문에 그러하다.

실경의 숲에서 서른 해를 보냈다. 우리에게는 실경이 없노라 배웠다. 어찌 그럴 수 있을까, 싶어 무작정 실경을 찾아나섰다. 참으로 오랜 세월이 흘렀다.

그 세월 동안 내가 깨우친 건 이 나라 조선은 실경의 나라요, 실경의 천국이라는 점이다. 조선에 불었던 유람 열풍이 그것을 가능케했다. 이름난 산하를 찾아 훌쩍 떠나는 탐승 열풍이 일어난 건 18세기였다. 이에 호응해 유명한 명승지를 그린 그림을 방 안에 걸어두고 누워서 유람하는 와유臥遊가 커다란 인기를 끌었다. 화가들마다 앞을 다퉈 금강과 관동, 단양을 향해 발걸음을 재촉했다. 토대가 마련되자 빼어난 화가들이 혜성처럼 나타났다.

조선 리얼리즘의 창시자 겸재 정선과 조선 리얼리즘의 완성자 단원 김홍도는 물론이오 신실경화의 기수 진재 김윤겸과 표암 강세황부터 맑고 투명한 감각의 소유자이며 온갖 개성으로 넘치는 지우재 정수영, 학산 윤제홍, 유재 심하중, 정류 이의성을 비롯한 거장들이 길을 나섰다. 이들만이 아니었다. 각 지역에서 자신들만의 화풍을 구사한 토박이 화가들도 빠지지 않았다. 참으로 넘치듯 풍요로운 실경의 탄생이 줄을 이어나갔다. 이로써 조선은 실경의 나라, 실경의 천국이 되었다.

홀로 실경의 숲을 헤매는 동안, 이 방대한 실경의 유산을 두고도 우리에게는 없다고 했던 암흑 같던 20세기가 지나갔다. 어느 순간부터 기다렸다는 듯 숱한 실경화가 제 모습을 차곡차곡 드러냈다. 쉼없이 이어지는 등장의 순간들을 마주할 때마다 나는 그저 하나씩 행낭에 채워넣었다. 그때마다 유능한 연구자들이 나서서 누가 어디를 왜 언제 그린 것인지를 추적하여 마침내 밝혀내곤 했다.

나는 무엇을 했는가. 한 점 그림이 나타나면 그림을 향해 나아갔다. 이제 막 세상에 존재를 알린 옛 그림을 배관하는 일은 쉽지 않았다. 그때마다 인연의 끈을 찾아야 하니 그러했고, 나를 두고 주로 20세기 미술사 또는 근대미술사를 공부하는 이라고 하여 더욱 그러했다. 1990년대에 접어들면서 여러 갈래의 인연이 생겨났다. 이전보다 조금씩 가까이 다가갈 수 있는 길이 열리는 듯했다. 여기에 더해 3대 수장 기관인 간송미술관, 호암미술관, 국립박물관 등이 지니고 있던 옛 그림들을 공개하기 시작했다. 그러자 상업 화랑들에서도 손에 쥐고 있던 옛 그림들을 내놓았다. 보고 느끼고 다가설 수 있는 문들이 여기저기에서 열리는 듯했다.

나의 실경 공부는 이동주 선생의 글로부터다. 그러나 잊을 수 없는 순간이 있다. 1981년 군복무 중의 일이었다. 용인 군사령부 정훈부 서가에서 유준영의 논문 「곡운구곡도로 본 17세기 실경도 발전의 일례」가 실린 『정신문화』제8호를 발견한 것이 첫 번째다. 감동에 벅차 있을 무렵 두 번째 일이 생겼다. 파주 임진강 넘어 백학면 전방사단으로 복귀 명령이 떨어져 며칠 동안 휴가를 얻었다. 바로 그해 10월 18일부터 일주일 동안 서울 성북구 간송미술관에서 '진경산수'전이 열렸다. 시내버스 1번 종점 성북동에서 내린 뒤 걸어들어간 미술관은 절간처럼 조용했다. 전시장은 오롯이 나 혼자만의 차지였다. 강렬한 기억이었다.

10여 년이 지난 뒤인 1992년 2월, 국립중앙박물관에서는 '겸재정선'전이, 같은 해 10월, 간송미술관에서는 '겸재 진경 산수'전이 연이어 열렸다. 외진 곳에 있던 나는 전시는 가보지 못한 채 도록만을 구해 아쉬움을 달랬다. 돌이켜보면 실경에 관해 공부를 하리라 마음먹은 것이 이때로부터다. 공부를 제대로 시작한 건 그로부터 몇 해 뒤였다. 1995년 국립중앙박물관에서 열린 '탄신250주년기념특별전 단원 김홍도전'에서 『해산도첩』을 만났다. 이동주 선생의 「김단원이라는 화원」을 통해 들어보기만 했던 단원의 화첩을 처음으로 실견했다. 역사상 최초로 일반에게 공개된 그때, 단원 김홍도의 환생을 마주하는 듯하던 그날의 감격을 잊지 못한다.

할 수 있는 한 온갖 발품을 팔며 그림들을 보러 다녔다. 우연히 글을 쓸 수 있는 지면을 얻었다. 하나은행에서 발행하는 사보 『하나은행』에 2002년부터 그림 한 점씩을 골라 언제, 어디서, 누가, 왜 그렸는지를 소개하기 시작했다. 이후로도 글을 쓸 수 있는 지면이 여기에서 저기로 이어졌다. 그림 이야기를 쓰는 일은 즐거웠다.

나의 즐거움은 그림 이야기에 그치지 않았다. 그림의 소재이자 대상인 땅에 대한 이야기를 하는 것이야말로 글 쓰는 기쁨이었다. 그림을 보되 그림을 넘어 그림 속의 땅, 산, 강, 들의 내력을 보려 했다. 그것은 곧 거기서 살아간 사람들과 마을의 내력이었다.

실경화를 이야기할 때면 온통 그 땅과 사람의 역사에 빠져들었다. 어릴 때부터 지도를 펼쳐두고 지명을 찾는 놀이를 즐겼다. 근교의 산이며 강을 빼놓지 않고 다녔다. 중학생 때 청담 이중환의 『택리지』와의 만남은 행운이었다. 선인들이 남겨둔 고전을 통해 땅의 이치와 사람의 향기를 배웠다. 그런 모든 순간들이 씨앗이 되고 잎을 틔우고 꽃을 피우고 마침내 '옛 그림으로 본' 연작으로 열매를 맺었다고 할 수 있겠다.

처음 시작한 것이 2020년, 『옛 그림으로 본 서울』로부터였다. 구슬이 서 말이라도 꿰어야 보배라는 말을 떠올렸다. 오랜 시간 나의 행낭에 어지럽게 쌓여 있던 것들이 책이 되어 독자들을 만났다. 뜻밖에 독자들로부터 큰 호응을 받았고, 그 힘으로 이듬해 『옛 그림으로 본 제주』를 낼 수 있었고, 나선 걸음 끝에 금강과 강원을 넘어 경기·충청·전라·경상에 이르렀다. 북녘의 땅은 어떻게 할 것인가, 하는 질문이 꼬리표처럼 이어진다. 내가 아닌 다른 이의 몫으로 남겨야 하겠다. 자연에는 완성이란 존재하지 않는다. 하물며 사람의 일에 완성이란 당치 않다.

실경의 숲에서 보낸 나의 서른 해는 이렇게 책이 되어 독자들에게로 향한다. 지난 시간 내내 내가 기뻤듯 여러분들도 앞으로의 시간 내내 이 숲에서 기쁘시길.

2024년 봄,
최열

주註

책을 펴내며 | 신성한 땅, 금강의 기운

1) 이중환 지음, 이익성 옮김, 『택리지』, 을유문화사, 1971.
2) 이중환 지음, 이익성 옮김, 『택리지』, 을유문화사, 1971.

서장_그리운 그곳, 우리 금강산

1) 성제원, 「유금강산기」, 『동주선생집』, 1531.; 『금강산유람록』 1, 민속원, 2016.
2) 성제원, 「유금강산기」, 『동주선생집』, 1531.; 『금강산유람록』 1, 민속원, 2016.
3) 성제원, 「유금강산기」, 『동주선생집』, 1531.; 『금강산유람록』 1, 민속원, 2016.
4) 이중환 지음, 이익성 옮김, 『택리지』, 을유문화사, 1971.
5) 사회과학원력사연구소, 『금강산의 역사와 문화』, 평양, 과학백과사전출판사, 1984.
6) 김금원, 「호동서락기」, 『금원집』, 1850.; 김소원 지음, 『김금원』, 원주시, 2014.; 의유당 외 지음, 김경미 옮김, 『여성, 오래전 여행을 꿈꾸다』, 나의시간, 2019.
7) 일연, 「혜성가」, 『삼국유사』.
8) 김부식, 「신라본기 진흥왕」, 『삼국사기』.
9) 허초희, 『허난설헌 시집』; 허경진 옮김, 『허난설헌 시집』 증보판, 평민사, 1999.
10) 안축, 「관동별곡」, 『근재집』; 한국고전번역원 한국고전종합DB.
11) 이곡, 「금강산 정양암」, 『가정집』, 1349.; 한국고전번역원 한국고전종합DB.; 『금강산유람록』 1, 민속원, 2016.
12) 이색, 「금강산가」, 『목은시고』, 『목은집』; 한국고전번역원 한국고전종합DB.; 『금강산유람록』 1, 민속원, 2016.
13) 이색, 『목은시고』, 『목은집』; 한국고전번역원 한국고전종합DB.; 『금강산유람록』 1, 민속원, 2016.
14) 이만부, 「금강산기」, 『식산집』, 1727.; 『금강산유람록』 7, 민속원, 2019.
15) 이만부, 「금강산기」, 『식산집』, 1727.; 『금강산유람록』 7, 민속원, 2019.
16) 이상수, 「동행산수기」, 『어당집』, 1850년경.; 한국고전번역원 한국고전종합DB.; 김동주 편역, 『금강산유람기』, 전통문화연구회, 1999.
17) 이상수, 「동행산수기」, 『어당집』, 1850년경.; 한국고전번역원 한국고전종합DB.; 김동주 편역, 『금강산유람기』, 전통문화연구회, 1999.
18) 이상수, 「동행산수기」, 『어당집』, 1850년경.; 한국고전번역원 한국고전종합DB.; 김동주 편역, 『금강산유람기』, 전통문화연구회, 1999.
19) 이상수, 「동행산수기」, 『어당집』, 1850년경.; 한국고전번역원 한국고전종합DB.; 김동주 편역, 『금강산유람기』, 전통문화연구회, 1999.

20) 김창협, 「동유기」, 『농암집』, 1675. ; 한국고전번역원 한국고전종합DB. ; 김동주 편역, 『금강산유람기』, 전통문화연구회, 1999.
21) 김금원, 「호동서락기」, 『금원집』, 1850. ; 김소원 지음, 『김금원』, 원주시, 2014. ; 의유당 외 지음, 김경미 옮김, 『여성, 오래전 여행을 꿈꾸다』, 나의시간, 2019.
22) 김금원, 「호동서락기」, 『금원집』, 1850. ; 김소원 지음, 『김금원』, 원주시, 2014. ; 의유당 외 지음, 김경미 옮김, 『여성, 오래전 여행을 꿈꾸다』, 나의시간, 2019.
23) 이곡, 「동유기」, 『가정집』, 1349. ; 한국고전번역원 한국고전종합DB. ; 『금강산유람록』 1, 민속원, 2016.
24) 미상, 화제 정선, 〈금강전도〉.
25) 최완수, 『겸재 정선』 3, 현암사, 2009.
26) 허필, 화제 허필, 〈헐성루 망 만이천봉〉.
27) 정수영, 화제 정수영, 《해산첩》.

01_한양을 떠나 금강을 향하여

1) 사회과학원력사연구소, 『금강산의 역사와 문화』, 평양, 과학백과사전출판사, 1984.
2) 이동항, 「해산록」, 1791, 『지암선생문집』.
3) 『세조실록』 1466년 2월 20일 - 윤3월 27일.
4) 이만부, 「금강산기」, 『식산집』, 1727. ; 『금강산유람록』 7, 민속원, 2019.
5) 이정귀, 「유금강산기」, 『월사집』, 1603. ; 한국고전번역원 한국고전종합DB. ; 『금강산유람록』 1, 민속원, 2016.
6) 남효온, 「유금강산기」, 『추강집』, 1485. ; 한국고전번역원 한국고전종합DB. ; 『금강산답사기』, 혜안, 1998. ; 『금강산유람록』 1, 민속원, 2016.
7) 김창협, 「동유기」, 『농암집』, 1675. ; 한국고전번역원 한국고전종합DB. ; 김동주 편역, 『금강산유람기』, 전통문화연구회, 1999.
8) 이만부, 「금강산기」, 『식산집』, 1727. ; 『금강산유람록』 7, 민속원, 2019.
9) 김금원, 「호동서락기」, 『금원집』, 1850. ; 김소원 지음, 『김금원』, 원주시, 2014; 의유당 외 지음, 김경미 옮김, 『여성, 오래전 여행을 꿈꾸다』, 나의시간, 2019.
10) 이정귀, 「유금강산기」, 『월사집』, 1603. ; 한국고전번역원 한국고전종합DB. ; 『금강산유람록』 1, 민속원, 2016.
11) 성제원, 「유금강산기」, 『동주선생집』, 1531. ; 『금강산유람록』 1, 민속원, 2016.
12) 성제원, 「유금강산기」, 『동주선생집』, 1531. ; 『금강산유람록』 1, 민속원, 2016.
13) 남효온, 「유금강산기」, 『추강집』, 1485. ; 한국고전번역원 한국고전종합DB. ; 『금강산답사기』, 혜안, 1998; 『금강산유람록』 1, 민속원, 2016.
14) 이만부, 「금강산기」, 『식산집』, 1727. ; 한국고전번역원 한국고전종합DB. ; 『금강산유람록』 7, 민속원, 2019.

15) 이상수, 「동행산수기」, 『어당집』, 1850년경.; 한국고전번역원 한국고전종합DB.; 김동주 편역, 『금강산유람기』, 전통문화연구회, 1999.
16) 『북강원편람』, 강원도, 1999.; 『북강원편람』 증보판, 강원도, 2008.
17) 강원도 문화유산과, 『북강원도사』 1, 금강산권역 1-2, 강원도사편찬위원회, 2020.
18) 이하곤, 『두타초』; 한국고전번역원 한국고전종합DB.
19) 김창협, 「동유기」, 『농암집』, 1675.; 한국고전번역원 한국고전종합DB.; 김동주 편역, 『금강산유람기』, 전통문화연구회, 1999.
20) 김창협, 「동유기」, 『농암집』, 1675.; 한국고전번역원 한국고전종합DB.; 김동주 편역, 『금강산유람기』, 전통문화연구회, 1999.
21) 김창협, 「동유기」, 『농암집』, 1675.; 한국고전번역원 한국고전종합DB.; 김동주 편역, 『금강산유람기』, 전통문화연구회, 1999.
22) 「회양도호부」, 『신증동국여지승람』, 1530.; 『국역 신증동국여지승람』 1-6, 민족문화추진회, 1970.
23) 김금원, 「호동서락기」, 『금원집』, 1850.; 김소원 지음, 『김금원』, 원주시, 2014.; 의유당 외 지음, 김경미 옮김, 『여성, 오래전 여행을 꿈꾸다』, 나의시간, 2019.
24) 성제원, 「유금강산기」, 『동주선생집』, 1531.; 『금강산유람록』 1, 민속원, 2016.

02_내금강, 우아미의 향연

1) 사회과학원력사연구소, 『금강산의 역사와 문화』, 평양, 과학백과사전출판사, 1984.
2) 김창협, 「동유기」, 『농암집』, 1675.; 한국고전번역원 한국고전종합DB.; 김동주 편역, 『금강산유람기』, 전통문화연구회, 1999.
3) 허균, 「풍악기행」, 『성소부부고』; 한국고전번역원 한국고전종합DB.
4) 김상엽, 『소치 허련』, 돌베개, 2008.
5) 사회과학원력사연구소, 『금강산의 역사와 문화』, 평양, 과학백과사전출판사, 1984.
6) 김창협, 「동유기」, 『농암집』, 1675.; 한국고전번역원 한국고전종합DB.; 김동주 편역, 『금강산유람기』, 전통문화연구회, 1999.
7) 김창협, 「동유기」, 『농암집』, 1675.; 한국고전번역원 한국고전종합DB.; 김동주 편역, 『금강산유람기』, 전통문화연구회, 1999.
8) 이만부, 「금강산기」, 『식산집』, 1727.; 한국고전번역원 한국고전종합DB.; 『금강산유람록』 7, 민속원, 2019.
9) 김창협, 「동유기」, 『농암집』, 1675.; 한국고전번역원 한국고전종합DB.; 김동주 편역, 『금강산유람기』, 전통문화연구회, 1999.
10) 이중환 지음, 이익성 옮김, 『택리지』, 을유문화사, 1971.
11) 이상수, 「동행산수기」, 『어당집』, 1850년경.; 한국고전번역원 한국고전종합DB.; 김동주 편역, 『금강산유람기』, 전통문화연구회, 1999.

12) 김창협, 「동유기」, 『농암집』, 1675.; 한국고전번역원 한국고전종합DB.; 김동주 편역, 『금강산유람기』, 전통문화연구회, 1999.
13) 김창협, 「동유기」, 『농암집』, 1675.; 한국고전번역원 한국고전종합DB.; 김동주 편역, 『금강산유람기』, 전통문화연구회, 1999.
14) 이정귀, 「유금강산기」, 『월사집』, 1603.; 한국고전번역원 한국고전종합DB.; 『금강산유람록』 1, 민속원, 2016.
15) 김창협, 「동유기」, 『농암집』, 1675.; 한국고전번역원 한국고전종합DB.; 김동주 편역, 『금강산유람기』, 전통문화연구회, 1999.
16) 허균, 「풍악기행」, 『성소부부고』; 한국고전번역원 한국고전종합DB)
17) 김창협, 「동유기」, 『농암집』, 1675.; 한국고전번역원 한국고전종합DB.; 김동주 편역, 『금강산유람기』, 전통문화연구회, 1999.
18) 이상수, 「동행산수기」, 『어당집』, 1850년경.; 한국고전번역원 한국고전종합DB.; 김동주 편역, 『금강산유람기』, 전통문화연구회, 1999.
19) 김금원, 「호동서락기」, 『금원집』, 1850.; 김소원 지음, 『김금원』, 원주시, 2014.; 의유당 외 지음, 김경미 옮김, 『여성, 오래전 여행을 꿈꾸다』, 나의시간, 2019.
20) 사회과학원력사연구소, 『금강산의 역사와 문화』, 평양, 과학백과사전출판사, 1984.
21) 김창협, 「동유기」, 『농암집』, 1675.; 한국고전번역원 한국고전종합DB.; 김동주 편역, 『금강산유람기』, 전통문화연구회, 1999.
22) 성제원, 「유금강산기」, 『동주선생집』, 1531.; 『금강산유람록』 1, 민속원, 2016.
23) 사회과학원력사연구소, 『금강산의 역사와 문화』, 평양, 과학백과사전출판사, 1984.
24) 허균, 「풍악기행」, 『성소부부고』; 한국고전번역원 한국고전종합DB.
25) 성제원, 「유금강산기」, 『동주선생집』, 1531.; 『금강산유람록』 1, 민속원, 2016.
26) 성제원, 「유금강산기」, 『동주선생집』, 1531.; 『금강산유람록』 1, 민속원, 2016.
27) 사회과학원력사연구소, 『금강산의 역사와 문화』, 평양, 과학백과사전출판사, 1984.
28) 성제원, 「유금강산기」, 『동주선생집』, 1531.; 『금강산유람록』 1, 민속원, 2016.
29) 이만부, 「금강산기」, 『식산집』, 1727.; 한국고전번역원 한국고전종합DB.; 『금강산유람록』 7, 민속원, 2019.
30) 성제원, 「유금강산기」, 『동주선생집』, 1531.; 『금강산유람록』 1, 민속원, 2016.
31) 김금원, 「호동서락기」, 『금원집』, 1850.; 김소원 지음, 『김금원』, 원주시, 2014.; 의유당 외 지음, 김경미 옮김, 『여성, 오래전 여행을 꿈꾸다』, 나의시간, 2019.
32) 성제원, 「유금강산기」, 『동주선생집』, 1531.; 『금강산유람록』 1, 민속원, 2016.
33) 성제원, 「유금강산기」, 『동주선생집』, 1531.; 『금강산유람록』 1, 민속원, 2016.
34) 성제원, 「유금강산기」, 『동주선생집』, 1531.; 『금강산유람록』 1, 민속원, 2016.
35) 이만부, 「금강산기」, 『식산집』, 1727.; 한국고전번역원 한국고전종합DB.; 『금강산유람록』 7, 민속원, 2019.
36) 정향교 역해, 『율곡 선생의 금강산 답사기』, 이화문화출판사, 2001.

03_외금강, 강경한 장엄미

1) 김병연, 「만물상」; 김병연 지음, 허경진 옮김, 『김립시선』, 평민사, 2010.
2) 이상수, 「동행산수기」, 『어당집』, 1850년경.; 한국고전번역원 한국고전종합DB.; 김동주 편역, 『금강산유람기』, 전통문화연구회, 1999.
3) 사회과학원력사연구소, 『금강산의 역사와 문화』, 평양, 과학백과사전출판사, 1984.
4) 사회과학원력사연구소, 『금강산의 역사와 문화』, 평양, 과학백과사전출판사, 1984.
5) 이상수, 「동행산수기」, 『어당집』, 1850년경.; 한국고전번역원 한국고전종합DB.; 김동주 편역, 『금강산유람기』, 전통문화연구회, 1999.
6) 사회과학원력사연구소, 『금강산의 역사와 문화』, 평양, 과학백과사전출판사, 1984.
7) 사회과학원력사연구소, 『금강산의 역사와 문화』, 평양, 과학백과사전출판사, 1984.
8) 성제원, 「유금강산기」, 『동주선생집』, 1531.; 『금강산유람록』 1, 민속원, 2016.
9) 김창협, 「동유기」, 『농암집』, 1675.; 한국고전번역원 한국고전종합DB.; 김동주 편역, 『금강산유람기』, 전통문화연구회, 1999.
10) 사회과학원력사연구소, 『금강산의 역사와 문화』, 평양, 과학백과사전출판사, 1984.
11) 김창협, 「동유기」, 『농암집』, 1675.; 한국고전번역원 한국고전종합DB.; 김동주 편역, 『금강산유람기』, 전통문화연구회, 1999.
12) 사회과학원력사연구소, 『금강산의 역사와 문화』, 평양, 과학백과사전출판사, 1984.
13) 김창협, 「동유기」, 『농암집』, 1675.; 한국고전번역원 한국고전종합DB.; 김동주 편역, 『금강산유람기』, 전통문화연구회, 1999.
14) 이만부, 「금강산기」, 『식산집』, 1727.; 한국고전번역원 한국고전종합DB.; 『금강산유람록』 7, 민속원, 2019.
15) 사회과학원력사연구소, 『금강산의 역사와 문화』, 평양, 과학백과사전출판사, 1984.
16) 김창협, 「동유기」, 『농암집』, 1675.; 한국고전번역원 한국고전종합DB.; 김동주 편역, 『금강산유람기』, 전통문화연구회, 1999.

04_해금강, 기이한 절경의 바다

1) 사회과학원력사연구소, 『금강산의 역사와 문화』, 평양, 과학백과사전출판사, 1984.
2) 김금원, 「호동서락기」, 『금원집』, 1850.; 김소원 지음, 『김원』, 원주시, 2014.; 의유당 외 지음, 김경미 옮김, 『여성, 오래전 여행을 꿈꾸다』, 나의시간, 2019.
3) 이유원, 「봉래비서」, 『임하필기』; 한국고전번역원 한국고전종합DB.
4) 김극기, 「흡곡 천도」, 『신증동국여지승람』 1530,; 『국역 신증동국여지승람』 1-6, 민족문화추진회, 1970.
5) 안축, 『신증동국여지승람』 1530.; 『국역 신증동국여지승람』 1-6, 민족문화추진회, 1970.
6) 이유원, 『임하필기』; 한국고전번역원 한국고전종합DB.
7) 사회과학원력사연구소, 『금강산의 역사와 문화』, 평양, 과학백과사전출판사, 1984.

8) 김창협, 「동유기」, 『농암집』, 1675. ; 한국고전번역원 한국고전종합DB. ; 김동주 편역, 『금강산유람기』, 전통문화연구회, 1999.
9) 김창협, 「동유기」, 『농암집』, 1675. ; 한국고전번역원 한국고전종합DB. ; 김동주 편역, 『금강산유람기』, 전통문화연구회, 1999.
10) 조유수, 『후계집』 ; 한국고전번역원 한국고전종합DB.
11) 사회과학원력사연구소, 『금강산의 역사와 문화』, 평양, 과학백과사전출판사, 1984.
12) 김창협, 「동유기」, 『농암집』, 1675. ; 한국고전번역원 한국고전종합DB. ; 김동주 편역, 『금강산유람기』, 전통문화연구회, 1999.
13) 이상수, 「동행산수기」, 『어당집』, 1850년경. ; 한국고전번역원 한국고전종합DB. ; 김동주 편역, 『금강산유람기』, 전통문화연구회, 1999.

주요 참고문헌

— 문집

강이천, 『중암고』(重菴稿) (한국고전번역원 한국고전종합DB)
김수증, 『곡운집』(谷雲集) (한국고전번역원 한국고전종합DB)
김시습, 『매월당집』(梅月堂集) (한국고전번역원 한국고전종합DB)
김정희, 『완당전집』(阮堂全集) (한국고전번역원 한국고전종합DB)
김창협, 『농암집』(農巖集) (한국고전번역원 한국고전종합DB)
남효온, 『추강집』(秋江集) (한국고전번역원 한국고전종합DB)
박상, 『눌재선생속집』(訥齋先生續集)』, 『눌재집』(訥齋集) (한국고전번역원 한국고전종합DB)
민인백, 『태천집』(苔泉集) (한국고전번역원 한국고전종합DB)
성제원, 『동주선생집』(東洲先生集), 경인문화사, 1997.
안축, 『근재집』(謹齋集) (한국고전번역원 한국고전종합DB)
오도일, 『서파집』(西坡集) (한국고전번역원 한국고전종합DB)
이곡, 『가정집』(稼亭集) (한국고전번역원 한국고전종합DB)
____, 「동유기」, 『금강산유람록』 1, 민속원, 2016.
이규경, 『오주연문장전산고』(五洲衍文長箋散稿) (한국고전번역원 한국고전종합DB)
이동항, 『지암선생문집』(遲庵先生文集), 경인문화사.
이만부, 『식산집』(息山集) (한국고전번역원 한국고전종합DB)
이상수, 『어당집』(峿堂集) (한국고전번역원 한국고전종합DB)
이색, 『목은집』(牧隱集) (한국고전번역원 한국고전종합DB)
이승휴, 『동안거사집』(動安居士集) (한국고전번역원 한국고전종합DB)
이유원, 『임하필기』(林下筆記) (한국고전번역원 한국고전종합DB)
이이, 『율곡전서』(栗谷全書) (한국고전번역원 한국고전종합DB)
이정귀, 『월사집』(月沙集) (한국고전번역원 한국고전종합DB)
이하곤, 『두타초』(頭陀草) (한국고전번역원 한국고전종합DB)
이황, 『퇴계집』(退溪集) (한국고전번역원 한국고전종합DB)
정약용, 『다산시문집』(茶山詩文集) (한국고전번역원 한국고전종합DB)
조유수, 『후계집』(后溪集) (한국고전번역원 한국고전종합DB)
허균, 『성소부부고』(惺所覆瓿藁) (한국고전번역원 한국고전종합DB)
허목, 『미수기언』(眉叟記言) (한국고전번역원 한국고전종합DB)

— 화첩

미상, 『금강산도권』, 연대 미상, 국립중앙박물관.
미상, 김상성 편, 『관동10경』, 1746, 서울대학교규장각.
미상, 이풍익 편, 『동유첩』, 1825, 성균관대학교박물관.

— 번역서

강세황 지음, 김종진 외 옮김, 『표암유고』, 지식산업사, 2010.
_____, 김종직, 변영섭, 정은진, 조송식 옮김, 「유금강산기」, 『표암유고』, 지식산업사, 2010.
_____, 박동욱, 서신혜 옮김, 『표암 강세황 산문전집』, 소명출판, 2008.
강세황, 「유금강산기」, 『금강산유람록』 10, 민속원, 2019.
경상대학교 경남문화연구원, 『금강산유람록』 1-10, 민속원, 2019.
국립수목원 편저, 『국역유산기』 4 강원도, 한국학술정보, 2015.
김금원(의유당) 외 지음, 김경미 옮김, 『여성, 오래전 여행을 꿈꾸다』, 나의시간, 2019.
김동주 편역, 『금강산 유람기』, 전통문화연구회, 1999.
_____, 「동유기」, 『금강산유람기』, 전통문화연구회, 1999.
_____, 「동행산수기」, 『금강산유람기』, 전통문화연구회, 1999.
_____, 「어가동순록」, 『금강산유람기』, 전통문화연구회, 1999.
_____, 「유금강산기」, 『금강산유람기』, 전통문화연구회, 1999.
_____, 「풍악산시」, 『금강산유람기』, 전통문화연구회, 1999.
김병연 지음, 허경진 옮김, 『김립시선』, 평민사, 2010.
김부식 지음, 『역주 삼국사기』, 한국정신문화연구원, 1997.
김시습, 『매월당집』 1-5, 세종대왕기념사업회, 1977-1980.
김용곤 외 옮김, 「동유기」, 『조선시대 선비들의 금강산 답사기』, 혜안, 1998.
_____, 「유금강산기」, 『조선시대 선비들의 금강산 답사기』, 혜안, 1998.
김창협, 「동유기」, 『금강산유람록』 1, 민속원, 2016.
남효온 외 지음, 김용곤 외 옮김, 『조선시대 선비들의 금강산답사기』, 혜안, 1998.
윤석달, 이남호 편저, 『금강기행문선』, 작가정신, 1999.
이만부, 「금강산기」, 「금강산총기」, 「우서금강산기후」, 『금강산유람록』 7, 민속원, 2019.
이이, 『율곡전서』, 한국정신문화연구원, 1987.
이정귀, 「유금강산기」, 『금강산유람록』 1, 민속원, 2016.
이중환 지음, 이익성 옮김, 『택지』, 을유문화사, 1971.
일연 지음, 강인구 옮김, 『역주 삼국유사』 1-5, 이회문화사, 2002-2003.
정항교 역해, 『율곡선생의 금강산 답사기』, 이화문화출판사, 2001.
최정훈, 장용경, 『금강산 그 든든한 힘』, 도서출판이토, 1998.
한산거사 지음, 송신용 교주, 『한양가』, 정음사, 1949.
허균, 『성소부부고』 1-5, 민족문화추진회, 1982-1985.
허초희 지음, 허경진 옮김, 『허난설헌 시집』 증보판, 평민사, 1999.

— 총류

『강원도사』 전통문화편, 강원도, 1995.
『강원도사』 1 자연인문환경, 강원도, 2010.
『강원도사』 6 조선후기, 강원도, 2012.

『고성군지』, 고성군지편찬위원회, 2020.
『관동지』1-3, 강원도, 2007.
『국역 신증동국여지승람』1-7, 민족문화추진회, 1969-1970.
『북강원도사』1, 금강산권역1, 2, 강원도사편찬위원회, 강원도 문화유산과, 2020.
『북강원편람』, 강원도, 1999.
『북강원편람』증보판, 강원도, 2008.
『열성어제』(列聖御製), 『선원보감』1-3, 선원보감편찬위원회, 계명사, 1989.
『통천군지』, 통천군지편찬위원회, 통천군민회, 1995.

― 사전

오세창, 『근역서화징』, 계명구락부, 1928.
김영윤, 『한국서화인명사서』, 한양문화사, 1959.
유복열, 『한국회화대관』, 문교원, 1969.
『한국역대서화가사전』, 국립문화재연구소, 2011.

― 도록

『간송문화』1-87, 한국민족미술연구소, 1971-2014.
『겸재 정선』, 국립중앙박물관, 1992.
『겸재정선전』, 대림화랑, 1988.
『겸재 정선』, 국립중앙박물관, 2009.
『겸재 정선』, 겸재정선기념관, 2009.
『경기도박물관 명품선』, 경기도박물관, 2004.
『고려조선도자회화명품전』, 진화랑, 2004.
『9인의 명가비장품전』, 공화랑, 2003.
『국민대학교박물관 소장유물도록』, 국민대학교박물관, 2006.
『규장각 그림을 펼치다』, 서울대학교 규장각한국학연구원, 2015.
『단원 김홍도』, 국립중앙박물관, 1992.
『단원 김홍도』, 삼성문화재단, 1995.
『단원 김홍도 논고집』, 삼성문화재단, 1995.
『동유첩』, 성균관대학교박물관, 1994.
『동유첩』, 성균관대학교 출판부, 2005.
『동환선생수집문화재』, 국립중앙박물관, 1981.
『동환선생수집문화재 회화』, 국립중앙박물관, 1984.
『명품도록』, 서울대학교 규장각한국학연구원, 2000.
『몽유금강』, 일민미술관, 1999.
『산수화』, 국립광주박물관, 2004.

『서울대학교박물관 소장 한국전통회화』, 서울대학교박물관, 1993.
『서울역사박물관』, 서울역사박물관, 2002.
『선문대학교박물관 명품도록』2, 선문대학교출판부, 2000.
『소장품 도록』, 관동대학교박물관, 2004.
『소장품 도록』, 부산박물관, 2005.
『18세기의 한국미술』, 국립중앙박물관, 1993.
『아름다운 금강산』, 국립중앙박물관, 1999.
안휘준, 『국보 10 회화』, 예경산업사, 1984.
『우리 강산을 그리다』, 국립중앙박물관, 2019.
『우리 땅, 우리의 진경』, 국립춘천박물관, 2002.
『조선시대 기록화의 세계』, 고려대학교박물관, 2001.
『조선시대 선비의 묵향』, 고려대학교박물관, 1996.
『조선시대회화명품전』, 공창화랑, 진화랑, 1990.
『조선시대회화명품집』, 진화랑, 1995.
『진경산수화』, 국립광주박물관, 1991.
최순우 편, 『한국미술전집 12 회화』, 동화출판공사, 1973.
『표암 강세황』, 예술의전당 서예박물관, 2003.
『표암 강세황』, 국립중앙박물관, 2013.
『한국근대회화백년』, 국립중앙박물관, 1987.
『한국근대회화선집1 안중식』, 금성출판사, 1990.
『한국의 미1 겸재 정선』, 중앙일보사, 1977.
『한국의 미1 겸재 정선』 개정판, 중앙일보사, 1983.
『한국의 미21 단원 김홍도』, 중앙일보사, 1985.
『한국의 미12 산수화』 하, 중앙일보사, 1985.
『한국회화-국립중앙박물관 소장 미공개회화특별전』, 국립중앙박물관, 1977.
『호림박물관명품선집』2, 호림박물관, 1999.
『호암미술관명품도록』, 삼성미술문화재단, 1984.
『호암미술관명품도록』2, 삼성문화재단, 1996.
『화원』, 삼성미술관Leeum, 2011.

— 지도

『고지도를 통해 본 강원지명연구』, 국립중앙도서관, 2019.
김정호, 『대동여지도』, 경희대 전통문화연구소 편, 『대동여지도 원도』, 백산자료원, 1991.
＿＿＿, 『청구도』 상·하, 민족문화추진회, 1971.
『대동여지도색인』, 경희대 전통문화연구소, 1976.
『영남대학교박물관 소장 한국의 옛지도』 도판편·자료편, 영남대학교 박물관, 1998.
『이찬 기증 우리 옛지도』, 서울역사박물관, 2006.

이찬, 『한국의 고지도』, 범우사, 1991.
『해동지도』 상*하*해설색인, 서울대학교 규장각, 1995.

— 단행본

고연희, 『조선후기 산수기행예술연구』, 일지사, 2001.
권혁진, 『김시습 호탕하게 유람하다』, 산책, 2018.
김기석 외, 『금강산 관광 돌아보고 내다봄』, 진인진, 2018.
김기영, 『금강산 기행가사 연구』, 아세아문화사, 1999.
김소원 지음, 『김금원』, 원주시, 2014.
박은순, 『금강산도연구』, 일지사, 1997.
_____, 『금강산 일만이천봉』, 보림출판사, 2005.
박해훈, 『한국의 팔경도』, 소명출판, 2017.
사회과학원력사연구소, 『금강산의 역사와 문화』, 평양, 과학백과사전출판사, 1984.
손영우, 『겸재 정선 연구』, 대유학당, 2018.
신명호*김혁*최재복, 『1485년, 금강산에서』, 지식공작소, 1998.
안장리, 『우리 경관 우리 문학』, 평민사, 2000.
_____, 『한국의 팔경문학』, 집문당, 2002.
유홍준 엮음, 『금강산』, 학고재, 1998.
유홍준, 『나의 북한 문화유산답사기 하 금강예찬』, 중앙M&B, 2001.
이경순, 『금강산 가는 길』, 대한민국역사박물관, 2020.
이동주, 『우리 옛그림의 아름다움』, 박영사, 1975.
이석우, 『겸재 정선, 붓으로 조선을 그리다』, 북촌, 2016.
이민희, 『근대의 금강산과 강원도, 그 기록의 지평』, 소명출판, 2022.
이성현, 『노론의 화가, 겸재 정선』, 들녘, 2020.
이태호, 『옛 화가들은 우리 땅을 어떻게 그렸나』, 생각의 나무, 2010.
_____, 『조선미술사기행 1: 금강산』, 다른세상, 1999.
_____, 이영수, 『금강산을 그리다』, 마로니에북스, 2023.
이혜순 외, 『조선 중기의 유산기 문학』, 집문당, 1997.
임병목, 『금강산』, 열화당, 2012.
장진성, 『단원 김홍도』, 사회평론, 2020.
전영률 외, 『금강산』, 실천문학사, 1989.
정인갑 개편, 『천하명승 금강산』, 민족출판사, 1988.
정인갑, 『보고 싶은 금강산』, 덕수출판사, 1998.
_____, 『알고 싶은 금강산』, 덕수출판사, 1998.
진준현, 『우리땅 진경산수』, 보림출판사, 2004.
최강현 역주, 『금강산한시선집』1-2, 신성출판사, 2002.
최상익 엮어 옮김, 『조선시대 금강산유기』, 강원대학교출판부, 2000.

최완수, 『겸재 정선』, 범우사, 1993.
＿＿＿, 『겸재 정선』1-3, 현암사, 2009.
＿＿＿, 『겸재를 따라가는 금강산 여행』, 대원사, 1999.
최완수 외 지음, 『진경시대』1-2, 돌베개, 2014.
한관수, 『세계의 명산 금강산』, 호영, 1998.
허영환, 『겸재 정선』, 열화당, 1978.

― 논문

김현지, 「조선중기 실경산수화 연구」, 홍익대학교 대학원 석사학위논문, 2001.
김현정, 「19세기 조선 기행사경도 연구」, 홍익대학교 대학원 석사학위논문, 2005.
박정애, 「지우재 정수영의 산수화 연구」, 『미술사학연구』 제235호, 미술사학연구회, 2002.
박희연, 「근대 한국의 기행사생화 연구」, 이화여자대학교 대학원 미술사학과 석사학위논문, 2010.
송준화, 「조선후기 문인화가의 실경산수화에 관한 연구」, 홍익대학교 교육대학원 석사학위논문, 1995.
유준영, 「겸재 정선의 금강전도 고찰」, 『고문화』 제18권, 한국대학박물관협회, 1980.
＿＿＿, 「금강전도의 도상과 상징」, 『미술사학』 5호, 미술사학연구회, 1993.
이경순, 「조선후기 사족의 산수유람기에 나타난 승려 동원과 불교전승 비판」, 『한국사상사학』 제45집, 한국사상사학회, 2013.
이경순, 「조선후기 승려의 금강산 유람록 연구」, 『불교학연구』 제73호, 불교학연구회, 2022.
이상균, 「조선시대 유람문화 연구」, 강원대학교 사학과 박사학위논문, 2010.
이영수, 「민화 금강산도에 관한 고찰」, 홍익대학교 대학원 미술사학과 석사학위논문, 1995.
＿＿＿, 「19세기 금강산도 연구」, 명지대학교 대학원 미술사학과 박사학위논문, 2016.
이태호, 「조선후기의 진경산수화 연구-정선 진경산수화풍의 계승과 변모를 중심으로」, 『한국미술사논문집』 1, 한국정신문화연구원, 1984.
정치영, 「금강산유기를 통해 본 조선시대 사대부들의 여행 관행」, 『문화역사지리』 제15권 3호, 문화역사지리학회, 2003.
＿＿＿, 「조선시대 사대부들의 교통수단」, 『문화역사지리』 제25권 2호, 문화역사지리학회, 2013.

― 기타

마에다 히로시(前田寬), 『금강산』, 조선철도협회, 1931. [일본어]
우종수, 『금강산 가이드』, 수문출판사, 1992.
이인원, 『금강산대관』, 한국어린이심장협회, 1986.
『금강산』, 금강산협회, 1940. [일본어]
『금강산 백 배 즐기기』, 중앙M&B, 1998.
『북한판 금강산』, 드라이브사, 1989.
『조선 금강산』, 일지출상행, 1933. [일본어]

인명 색인

ㄱ

강세황 53, 68, 70, 71, 75, 78, 79, 95, 103, 112
경순왕 227
관허자 57
궁예 94
기황후 124
김극기 415
김금원 22, 29, 31, 68, 89, 108, 180, 262, 402
김병연 283
김부식 22
김유성 43, 59
김윤겸 69, 160, 170, 181, 195, 205, 212, 216, 219, 238, 242, 253, 252, 451
김응환 43, 47, 53, 68, 71, 70, 95, 112, 130, 133, 140, 143, 147, 167, 176, 181, 190, 195, 205, 211, 212, 216, 219, 221, 228, 230, 234, 238, 253, 252, 255, 261, 269, 280, 284, 285, 299, 303, 305, 309, 316, 318, 321, 330, 332, 336, 337, 355, 363, 369, 375, 383, 389, 393, 395, 399, 415, 441, 444, 476, 480, 491, 490
김창협 27, 70, 82, 85~87, 89, 93, 103, 108, 113, 123, 143, 146, 157, 168, 177, 179, 188, 368, 381, 382, 395, 399, 427, 430, 452
김창흡 32, 94
김하종 70, 101, 113, 130, 133, 140, 143, 147, 157, 167, 185, 190, 200, 204, 205, 219, 221, 237, 242, 255, 285, 299, 309, 316, 321, 337, 355, 363, 378, 391, 411, 415, 423, 442, 445, 455
김홍도 43, 53, 56, 68, 71, 70, 73, 75, 76, 95, 101, 103, 112, 130, 133, 140, 143, 146, 147, 176, 190, 200, 205, 212, 216, 219, 221, 230, 234, 242, 253, 255, 284, 285, 318, 321, 323, 337, 336, 367, 369, 375, 378, 389, 391, 395, 405, 411, 415, 431, 441, 442, 444, 445, 453, 455, 468, 469, 476, 480, 490, 491

ㄴ

나옹 124, 137, 140, 143, 147, 211
남석랑 169, 443, 480
남효온 69, 71, 89, 91, 137
노영 28, 29, 160
뇌옹 211

ㄷ

단종 72, 108, 405
담무갈 23, 28, 29, 41, 160

ㅁ

마의태자 73, 108, 227, 228, 243, 246, 264
무왕 157
무학 143
문무왕 157, 205
문수 211, 212

ㅂ

법흥왕 124
보운 299

ㅅ

서경덕 386
선조 180
성제원 14, 71, 90, 109, 227, 244, 249, 261, 264, 265, 366
세조 72, 88, 108
손세기 7
손창근 7
숙종 130
술랑 169, 443, 480
심동윤 72, 287, 297, 427, 455
심사정 72, 75, 76, 79, 170, 181, 195, 219, 423

ㅇ

안상랑 169, 443, 480
안축 23, 419
양사언 169, 176, 302, 352, 491
엄치욱 73, 337
영랑 169, 443, 480
영원 237, 238
원효 157
유리왕 381
유정 143
윤제홍 73, 74, 415, 419
의상 205
이건필 56, 74
이건희 7, 112
이곡 24, 31, 74, 78
이동항 87
이만부 25, 26, 74, 88, 89, 91, 147, 244, 249, 265, 383
이방운 52, 73, 75
이상수 26, 27, 75, 91, 161, 180, 284, 331, 476
이색 24, 25, 74
이유원 411, 419
이의성 75, 285, 309, 323, 337, 363, 395, 405, 411, 441, 442, 444, 455, 476, 480, 490
이이 70, 76, 82, 266
이인문 76, 101, 112, 113, 355
이인상 76, 305, 332, 391
이정 → 나옹
이정귀 77, 88, 90, 169
이중환 4, 16, 161, 160
이풍익 113, 468
이하곤 94
이홍근 7, 78
일연 22

ㅈ

정명공주 180
정선 31, 32, 37, 41, 47, 52, 72, 77, 78, 85, 86, 93, 95, 109, 112, 113, 124, 130, 160, 170, 181, 188, 249, 253, 269, 332, 336, 369, 387, 405, 423, 427, 430, 431, 441, 444, 445, 453, 455, 469, 480
정수영 47, 52, 78, 130, 153, 176~178, 190, 219, 221, 238, 242, 246, 255, 305, 321, 332, 336, 352, 441, 455
정충엽 78, 137, 161
정황 78, 130, 181
조유수 431
지공 137, 143
진표 124

ㅊ

차천로 443
최북 43, 79, 147, 161
최완수 37
최해 23

ㅌ

태조 왕건 28, 29, 157, 160
태조 이성계 29

ㅍ

표훈 146

ㅎ

한명회 405
함무금 88, 169
허균 79, 124, 179, 244
허초희 23
허필 41, 52, 79, 212
효소왕 253
휴정 143

이 책을 둘러싼 날들의 풍경

한 권의 책이 어디에서 비롯되고, 어떻게 만들어지며,
이후 어떻게 독자들과 이야기를 만들어가는가에 대한 편집자의 기록

2002년. 이 책의 저자 미술사학자 최열이 하나은행 사보 『하나은행』에 조선 실경에 관한 연재를 시작하다. 2006년 삼성문화재단에서 펴내는 『문화와 나』에 조선 실경에 관한 연재를 이어가다. 이 연재를 통해 관동팔경, 단양팔경, 서울, 제주를 비롯한 조선 팔도 전역의 승경지를 대상으로 삼은 수많은 실경도를 알리다.

2009년. 『서울아트가이드』에 새로운 연재를 시작했으며 특히 2013년 『FORBES KOREA』에 관동팔경을 연재하다. 이 밖에도 여러 매체와 지면에 관련 주제를 담은 글을 지속적으로 싣다.

2017년. 이제 막 다니던 회사를 그만두고 독립 후 출판사를 시작할 계획을 가지고 있던 편집자는 저자가 지난 수십 년 동안 조선 팔도의 옛 그림에 대해 꾸준히 연구해왔으며, 2002년부터는 그 가운데 일부를 여러 지면을 통해 연재해왔음을 떠올리고, 저자에게 그 글을 묶어 책을 펴낼 것을 제안하다. 다만 우선 서울에 관한 책을 한 권으로 출간한 뒤 시간을 두고 나머지 지역을 모두 묶어 따로 출간하자는 계획을 전하다.

2018년 9월. 편집자는 첫 권으로 '서울'에 관한 책을 먼저 만들되 서울을 그린 옛 그림의 집성본이자 결정판을 만들어 세상에 내보이고 싶다는 뜻을 품다.

2018년 12월. 본격적인 원고의 검토 및 책의 편집에 들어가다. '서울'에 관한 책을 준비하며 출간 후 독자들의 관심이 있어야만 서울을 제외한 나머지 전역의 그림을 묶은 또 한 권의 책의 출간이 가능한 현실의 무거움을 홀로 간직하다.

2020년 4월 5일. 혜화1117의 여덟 번째 책 『옛 그림으로 본 서울-서울을 그린 거의 모든 그림』을 출간하다. 출간 이후 독자들의 뜨거운 관심을 받다. 이 관심으로 인해 후속권을 낼 수 있는 동력이 만들어지다.

2020년 5월. 서울에 이어 후속권의 출간을 확정하다. 임시 제목을 '옛 그림으로 본 조선'으로 정하고 서울을 제외한 나머지 전역의 실경을 한 권에 담기로 하다. 『옛 그림으로 본 서울』의 판형과 디자인 등을 맞춰 일관성을 부여하기로 방향을 정하다.

2020년 9월. 저자로부터 연재 원고를 먼저 받은 뒤 뒤이어 책에 수록할 이미지 파일을 받다. 편집자는 이어지는 추석 연휴 동안 원고와 그림을 통해 조선 팔도를 순례하는 안복을 누리다. 전체 원고와 이미지를 살핀 뒤 편집자는 그 방대한 분량을 책 한 권에 담는 것이 무리라는 것을 깨닫다. 그리하여 우선 '제주'에 관한 그림과 글을 묶은 책을 만든 뒤 이후 나머지를 묶어 출간하는 것으로 계획을 세우다. 국내에서 최초로 출간하는 '제주에 관한 거의 모든 그림을 집대성한 책'으로 만들기 위해 제주를 그린 옛 지도는 물론 제주를 거쳐간 인물들의 관련 도판을 최대한 수록하기로 하다.

2020년 10월. 책의 구성안을 1차 확정한 뒤 그에 맞춰 편집 체계에 맞춰 정리를 시작하다. 『옛 그림으로 본 서울』 출간 후 1년이 되는 시기에 맞춰 2021년 4월 5일 『옛 그림으로 본 제주』를 출간하기로 하다. 이 날은 혜화1117이 출판사를 시작한 지 만 3년이 되는 날이기도 하여 기념의 의미를 담기로 하다. 아울러 2022년 4월 5일 서울과 제주 이외 지역의 그림을 집대성한 『옛 그림으로 본 조선』의 출간을 홀로 기약하다.

2020년 12월. 한 해의 정리를 위해 파일 정리를 하던 중 원고 및 도판 폴더를 전체 삭제하는 실수를 하다. 3개월 동안의 작업이 수포로 돌아가다. 눈앞이 캄캄해졌으나 누구를 탓할 수도 없는 상황이라 마음을 다잡

는 것 외에 다른 도리가 없다. 저자에게 상황을 전달하다. 우선 제주에 관한 부분의 원고와 이미지 파일 일체를 다시 받고, 원점에서 작업을 시작하다. 다른 지역의 원고 및 이미지 등은 추후에 받기로 하다.

2021년 4월 26일. 혜화1117의 열세 번째 책 『옛 그림으로 본 제주-제주를 그린 거의 모든 그림』 초판 1쇄본을 출간하다. 4월 5일 출간일을 맞출 수는 없었으나 더 늦어지지 않은 것을 다행으로 여기다. 2020년에 출간한 『옛 그림으로 본 서울』에 이어 많은 독자들로부터 환영을 받다. 특히 제주 지역 동네책방에서 출간 전부터 두 손을 번쩍 들어 이 책을 반겨주다.

2021년. 출간 이후 여러 차례 이루어진 독자와의 만남에서 다른 지역의 실경을 담은 책의 출간 여부를 묻는 질문이 계속 이어지다. 편집자는 전작들의 출간으로 인해 높아진 독자들의 기대치를 충족시켜야 한다는 책임감과 명실상부 조선 실경의 총합을 책에 담아내고 싶다는 욕심을 동시에 품게 되다. 이를 위해서는 그동안 저자가 연재해온 글을 묶어서 내기보다 이를 바탕으로 삼되 완전히 새로운 구성으로 시작해야 할 필요에 직면하다. 이는 곧 그동안 써온 원고에서 출발하는 것이 아닌, 전면적으로 새로운 작업을 전제하는 것으로, 결정하는 순간 감당해야 할 엄청난 작업의 양 앞에 저자의 고민이 길어지다. 고민의 핵심은 체력적으로 과연 감당할 수 있을까, 하는 것으로 이를 짐작한 편집자는 그저 저자의 결심만을 기다리는 상황에 처하다. 새로운 구성이 어렵다면 기존의 원고들을 최대한 묶어서라도 책을 만들고 싶었던 편집자는 2020년 12월 실수로 삭제해버린 나머지 지역의 원고와 이미지 파일을 다시 보게 해달라고 저자에게 요청하다. 그 요청에 저자는 조금 더 생각해보자는 회신을 거듭하다. 편집자는 재촉해서 될 일이 아니라는 것을 깨닫고 저자의 결심이 설 때까지 기다려 보기로 하다. 그러나 이런 마음과 달리 이후로 저자를 만날 때마다 후속권에 대한 압박이 입 밖으로 새어나오다.

이런 편집자에게 저자는 그동안 연구해온 바를 새롭게 정리하는 일도 큰일이겠으나, 서울과 제주를 제외한 나머지 지역을 그린 조선 실경을 묶어 한 권으로 만드는 것이 가능할까 하는 근본적인 어려움을 밝히다. 또한 현실적으로 각 지역을 그린 그림들을 오늘날의 행정 구역과 비교하여 놓고 볼 때 찾을 수 없는 그림들이 많고, 있는 그림들이라 할지라도 서술의 범위를 어디까지 할 것인가에 대한 고민을 전하다. 편집자는 언제나 그렇듯 저자가 이 어려움과 고민에 대한 해결의 방안을 만들어 제안해줄 것으로 믿고 기다리기로 하다. 어느덧 해가 저물고 새해가 밝아오다. 2022년 4월 출간은 기약할 수 없게 되다. 부디 2023년 4월에는 출간할 수 있기를 편집자는 홀로 소망하다.

2022년. 이런 와중에 『옛 그림으로 본 서울』은 독자들의 꾸준한 사랑을 받아 쇄를 거듭하다. 쇄를 거듭할 때마다 뒤늦게 발견한 새로운 그림들에 관한 내용을 추가하고 보완하는 작업을 저자도 편집자도 게을리하지 않다. 후속권을 향한 독자들의 기대도 여전하여, 만날 때마다 다른 이야기를 나누는 사이사이에 저자도 편집자도 후속권에 대한 이야기를 빼놓을 수 없게 되다. 그런 와중에 일본 마이니치신문사 서울 특파원 오누키 도모코 기자가 이중섭 화가와 그의 아내에 관해 쓴 책의 한국어판을 혜화1117에서 출간하기로 하다. 이에 맞춰 저자의 주요 저작 중 하나인 『이중섭 평전』을 만든 편집자는 과거의 인연을 들어 저자에게 화가 이중섭의 편지화에 관한 새 책의 출간을 제안하다. 이에 응한 저자는 이로써 옛 그림 연작에 대한 고민은 당분간 미뤄둔 채 당분간 이중섭 편지화 원고 집필에 매진하기로 하다.

2022년 12월. 저자가 제4회 혜곡 최순우 상을 수상하다. 시상식장에서 『옛 그림으로 본 서울』을 주제로 수상 기념 강연을 하다. 편집자는 시상식에서 저자의 강연을 들으며 『옛 그림으로 본 조선』을 꼭 출간하겠다는 다짐을 거듭하다. 다시 또 해가 저물고 새해가 밝아오다. 2023년 4월 출간은 기약할 수 없게 되다.

2023년 2월 6일. 저자로부터 이중섭 화가의 편지화에 관한 새 책의 원고를 받다. 새 책의 원고를 마무리하면서 저자는 그동안 고민해온 『옛 그림으로 본 조선』 작업에 관하여 이야기를 꺼내다. 저자의 이야기를 들으며 편집자는 저자가 30여 년 동안 모아놓은 조선실경의 그림들과 관련 텍스트들의 분량이 엄청나고, 이를 토대로 집필을 시작한다면 한 권의 분량으로는 감당할 수 없겠다는 생각을 하다. 분량을 줄여 한 권으로 펴낸다면 오히려 출간을 하지 않는 편이 낫겠다고 생각하다. 그럴 바에야 조선실경의 총집성이라는 목표를 설정하여 지역별로 권을 나눠 출간하는 것이 좋겠다고 여기다. 그리하여 금강산을 그린 그림으로 한 권, 강원도를 그린 그림으로 한 권, 한강 이남인 경기도·충청도·전라도·경상도를 묶어 한 권으로 하여 전체 세 권을 동시에 출간하기로 마음을 먹다. 대표이자 편집자이자 영업자이자 관리부 업무까지 혼자 다 하는 1인 출판사에서 과연 감당할 만한 일이겠느냐는 근심 가득한 저자의 눈길을 애써 외면하며, 감당할 수 있다고 큰소리를 치다. 저자는 어디 한 번 해보자고, 드디어 오랜 고민의 마침표를 찍다. '이제 무조건 앞을 향해 간다'고 편집자는 반은 떨리고 반은 설레는 마음으로 출간을 기정 사실화하다. 책의 판형 및 체제는 기본적으로 『옛 그림으로 본 서울』과 『옛 그림으로 본 제주』와 동일하게 하여 '옛 그림으로 본' 연작으로서의 흐름을 이어가기로 하다. 저자는 집필을 시작하기로 하고, 편집자는 당분간 화가 이중섭의 편지화에 관한 책을 잘 만드는 것에 집중하기로 하다.

2023년 8월. 『이중섭, 편지화』를 출간하다. 저자와 혜화1117에서 펴낸 저자의 네 번째 책으로, 출판사를 처음 시작할 때부터 지금까지 이어져온 인연에 새삼스럽게 감사하다. 아울러 저자와 처음 편집자로 만든 책이 이중섭 화가의 평전임을 떠올릴 때 이 책의 출간이 갖는 의미는 더욱 각별해지다. 새 책을 만드는 동안 저자의 원고 집필이 이어지다. 집필을 시작하자 그동안 볼 수 없던 새로운 그림들이 곳곳에서 저자 앞에 등장하다. 분량은 갈수록 늘어나나 새로운 그림이 등장할수록 책의 완성도는 높이지게 마련이니 저자와 편집자가 더불어 즐거워하다. 뒷일은 뒤에 가서 고민하기로 하고, 무조건 원고를 마무리하는 데 전념하기로 하다.

2023년 10월 19일. 『옛 그림으로 본 조선』(전3권)의 출간 계약서를 작성하다. 2024년 4월에는 출간을 하는 것으로 저자와 편집자가 결의하다. 저자는 거의 칩거에 가까운 일상을 유지하며 원고의 집필에 전념하다. 디자이너 김명선에게 이후 작업할 내용에 관해 미리 고지하여 일정에 차질이 생기지 않도록 준비하다.

2023년 12월 12일. 『옛 그림으로 본 조선』의 첫 번째 원고인 금강편의 원고가 당도하다. 편집자는 바로 화면 초교를 시작하다. 수십 년 동안 집필해온 원고의 묶음과는 달리 비교적 짧은 시간에 집중적으로 다시 정리한 원고라는 점, 기존에 출간한 책의 체제에 맞춰 집필되었다는 점으로 인해 비교적 빠른 속도로 교정을 진행하다.

2023년 12월 25일. 『옛 그림으로 본 조선』의 두 번째 원고인 강원편의 원고가 당도하다. 역시 편집자는 바로 화면 초교를 시작하다. 다시 또 해가 저물고 새해가 밝아오다. 2024년 4월 출간은 기약할 수 있게 되다.

2024년 1월 18일. 『옛 그림으로 본 조선』의 세 번째 원고인 경기, 충청, 전라, 경상의 원고가 당도하다. 이로써 세 권의 원고 집필의 마침표를 찍다. 화면 초교를 시작하다.

2024년 1월 29일. 전체 구성 및 체제의 일관성을 확인한 뒤 디자이너 김명선에게 드디어 『옛 그림으로 본 조선』의 첫 번째 원고인 금강편부터 본문의 조판 작업을 의뢰하다.

2024년 2월. 금강편에 이어 강원편, 그리고 경기·충청·전라·경상편의 1차 조판이 순차적으로 완료되고, 본격적인 교정에 착수하다. 편집자와 디자이너의 손을 거친 교정용 파일이 저자에게 순차적으로 전해지고,

동시다발적으로 세 권에 관한 교정 작업이 이루어지다. 교정을 보면서 이전에 미처 생각하지 못했던 여러 요소에 대한 아이디어가 더해지다. 저자는 금강과 강원과 전국 주요 행정 지역을 표시하는 손지도를 그려야 했으며, 설악산과 오대산, 화천의 곡운구곡의 주요 위치를 표시하는 손지도를 더하여 그려야 했으며, 조선시대 여러 지역을 유람한 선비와 화가들을 소개하는 별도의 원고를 추가로 집필해야 하다. 여기에 원고를 쓸 때는 발견할 수 없던 그림들이 여기저기에서 새롭게 등장하여 추가 원고를 거듭 써야 하는 일이 이어지다. 세 권의 표지에 사용할 그림의 후보를 미리 정해두다.

2024년 3월. 겨울이 지나고 바야흐로 봄이 되었으나 책 세 권을 동시에 진행하는 일에 빠져 계절이 바뀌는지, 눈이 오는지, 비가 오는지, 미세먼지가 창궐하는지를 느낄 새도 없이 시간을 보내다. 그러는 동안 점차 원고는 책의 꼴을 갖춰가다. 책의 출간을 앞두고 펀딩 프로젝트를 진행하는 와디즈와 함께 새로운 마케팅 방안을 논의하다. 편집자는 2020년 4월 『옛 그림으로 본 서울』 출간을 앞두고, 1인 출판사를 시작한 뒤 가장 큰 판형과 분량의 책을 펴내는 일에 대한 떨림과 불안으로 잠 못 이루던 그때를 떠올리다. 그때로부터 만 4년이 지난 뒤 어느덧 그때의 책보다 훨씬 더 두꺼운 분량을, 그것도 세 권이나 동시에 펴내게 되었음을 새삼스럽게 직시하다. 출판 산업이 갈수록 어려워지고 있다고 온 세상이 아우성치고 있는 듯하나 그럼에도 불구하고 홀로 지켜온 작은 영토가 조금씩 넓어지고, 조금은 더 단단해진 듯하다는 소회를 품게 되다. 그러나 출간을 앞두고 그때의 불안과는 다른 차원의 불안과 떨림으로부터 여전히 자유롭지 못하다는 것 또한 부인하지 않기로 하다.

2024년 4월. 애초에 4월 출간이면 좋겠으나 국회의원 선거일인 4월 10일 이후 출간하는 것이 좋을 듯하여 모든 작업을 끝낸 뒤 선거가 끝난 뒤 바로 출간을 하기로 계획했으나 어디까지나 계획에 그치다. 예정보다 편집에 시간이 오래 걸려 4월 출간은 5월로 미뤄지다. 표지의 시안을 입수하다. 여러 후보 가운데 비교적 순조롭게 의견의 일치를 보아 큰 방향을 정하다. 그러는 동안 점차 책의 꼴을 더욱 더 갖춰가다. 책의 제목 및 부제 등을 정하다. 라이프디자인 펀딩 플랫폼 와디즈에서 책 출간 이후 와디즈 이용자들을 위한 별도의 이벤트를 제안해오다. 관련하여 출간 전 이벤트 시작을 고려했으나, 우선 출간에 집중하고 이후 새로운 독자층에게 알리는 쪽으로 일정을 정하다. 출간 전후로 이벤트의 형식 및 내용을 의논하고, 이후 상황은 2쇄 이후 기록을 더하기로 하다. 와디즈 펀딩 사은품과는 별도로 전체 세 권을 동시 출간하는 것을 기념하여 구매 독자를 위한 별도 사은품을 구상하다. 몇 가지 방안을 두고 고민한 결과 조선 정조 임금께 진상한 단원 김홍도의 《해산도첩》 중 24점을 골라 별도의 화보집을 꾸리기로 하다. 이를 위해 저자가 그림을 고르고 앞뒤의 설명글을 쓰다. 의도한 것은 아니었으나 일정은 예정보다 지체되어 결국 5월 5일을 전후한 연휴 내내 디자이너와 저자와 편집자가 책상 앞에 붙어 일을 하게 되다. 저자와 디자이너가 이미지의 보정 작업을 위해 이틀 꼬박 나란히 앉아 책에 수록한 모든 그림을 점검하고 살피는 과정을 거치다.

2024년 5월 7일. 인쇄 및 제작에 들어가다. 표지 및 본문의 디자인은 김명선이, 제작 관리는 제이오에서(인쇄 : 민언프린텍, 제본 : 책공감, 용지 : 표지-아르떼210그램, 본문-뉴플러스100그램 백색, 백색 모조 80그램, 면지-화인페이퍼 110그램),기획 및 편집은 이현화가 맡다.

2024년 5월 25일. 혜화1117의 스물일곱 번째에서 스물아홉 번째 책 『옛 그림으로 본 조선』(전3권) 초판 1쇄본이 동시에 출간되다. 여기에 더해 별도의 화보집 『왕이 사랑한 화가, 김홍도와 떠나는 금강산 유람』을 함께 출간하다. 출간 이후 여러 언론사의 주목을 받다. 그 가운데 저자 인터뷰를 포함하여 주요하게 다룬

기사들을 꼽아보다.

『연합뉴스』, 우리에게 실경이 없었다고?…"조선은 실경의 나라, 실경의 천국"
『한겨레』, 「책&생각」 조선 실경화의 정수, "꽃 보듯 편하게 보세요"
『중앙일보』 『중앙선데이』, 관념적 산수화? 조선은 실경의 나라였다
『조선일보』, 우리 山水를 모시듯 성실히 그린 조선의 화가들
『국민일보』, '실경화 천국' 조선… 지금은 없는 풍경, 옛그림으로 만난다
『한겨레21』, 누가 조선 화가의 후예 아니랄까봐…
『경향신문』, 내가 사는 이곳을 그린 옛 그림, 어떤 게 있을까?

2024년 5월 28일. 온라인서점 '예스24' 메인 화면, '오늘의 책'에 선정되다. 출간을 기념하여 한시적으로 『왕이 사랑한 화가, 김홍도와 떠나는 금강산 유람』 화보집을 증정하는 이벤트를 시작하다.

2024년 6월 13일 오후 7시. 혜화1117의 첫 걸음부터 한결같은 응원을 보내주는 '책방이음' 조진석 님과 혜화1117에서 만든 거의 모든 책의 독자로 언제나 지지를 보내주는 '송석복지재단' 박민정 님의 도움으로 '송석복지재단'에서 '옛 그림으로 본' 연작 완간 기념 특별 강연회를 열다. 최열 선생님과 가까이 지내는 몇몇 연구자들이 자리에 함께하다. 아울러 혜화1117의 저자 선생님들 가운데 로버트 파우저, 김상엽, 한미화, 신수경, 홍지석 선생과 번역자 최재혁 선생 등이 참석하여 더불어 축하의 인사를 나누다. 편집자는 축하의 의미를 더하기 위해 미리 준비한 떡을 돌리고, 강연 끝에는 케이크의 촛불을 함께 끄며 참석자들과 더불어 선생께 축하의 박수를 건네다. 편집자는 이로써 『옛 그림으로 본 서울』을 시작으로 다섯 권에 이르는 방대한 여정을 마무리한 최열 선생님께 경의를 표하게 된 것을 뿌듯하게 여기다.

2024년 6월 18일. 교보문고 온라인 웹진 CASTing에 "자연과 하나가 된 인간이 그린, 우리 땅의 옛 풍경 『옛 그림으로 본 조선』 최열"이라는 제목으로 저자 인터뷰 기사가 실리다.

2024년 7월. '미술사학자 최열의 30년 연구 집대성, 옛 그림으로 본 연작'이라는 제목으로 와디즈 펀딩을 시작하다. 편집자로서는 처음 해보는 시도여서 여러모로 서툰 점이 많았으나 뜻밖에도 모두 479명이 참여하는 이례적인 성과를 거두다. 8월 27일 펀딩을 마감하다. 9월 초, 펀딩에 참여한 독자분들을 위해 금강산 포스터, 옛그림 연작 엽서, 최열 선생의 친필 서명 등을 준비하여 함께 발송하다. 여기에 아래와 같은 감사의 인사를 포함하다.

감사한 마음을 전합니다

미술사학자 최열 선생님의 '옛 그림으로 본' 연작 도서 펀딩에 참여해주신 독자분께 깊은 감사의 말씀 드립니다.

'혜화1117'은 2018년 봄, 첫 책을 낸 뒤 이제 7년 차에 접어든 1인 출판사입니다. 편집자로 일한 지 30여 년이 되어가는데 출판사 운영은 전혀 다른 것이어서 여전히 여러모로 조심스럽기만 합니다.

저자이신 최열 선생님은 워낙 저명한 분이라 훨씬 규모 있는 출판사에서 안정된 시스템의 도움을 받을 수 있음에도 불구하고 오래전 편집자로 처음 만난 그때부터 제가 출판사를 시작한 뒤 지금까지 한결같이 성원해주고 계십니다. 그런 선생님의 책이기에 저는 더욱이 이 분의 30여 년 노정이 깃들어 있는 '옛 그림으로 본' 연작을 제대로 예우해드리고 싶었습니다. 작은 출판사라는 약한 존재감, 미숙한 시스템이라는 좁은 우물 밖으로 이 책을 알리고 싶었습니다.

그런 마음으로, 난생 처음 와디즈를 통해 책을 알려야겠다고 생각했습니다. 워낙 낯선 일이라 제게는 용기가 필요한 일이기도 했습니다. 기대하면서도 불안한 마음이 없지 않았습니다. 그런데 시간이 지날수록 펼쳐지는 뜻밖의 풍경에, 보내주신 뜨거운 성원에 많이 놀라며 뭉클하기도 했습니다.

'혜화1117'이라는 낯선 이름에 외면하지 않고 이 책의 의미와 가치를 눈여겨봐주신 분들의 각별한 응원에 힘입어 앞으로도 책을 만드는 이 길 위에서 성실하게 한 권 한 권 만들어나가겠습니다.

다가오는 추석 연휴 즐겁고 편안하게 보내시기 바라며 다시 한 번 깊은 감사의 말씀 드립니다.

2024년 9월
'혜화1117' 편집자 이현화 드림

2024년 7월~8월. 예스24 동네책방 콜라보 프로그램을 통해 용인 북살롱벗(7월 27일), 대구 물레책방(7월 29일), 부산 무사이 책방(8월 10일) 등에서 최열 선생님의 북토크가 이루어지다. 이런 자리에는 보통 때라면 편집자가 동행하곤 했으나 이후 출간을 앞둔 또다른 책의 작업 등의 일정이 촉박하여 저자 홀로 일정을 소화하다.

2024년 8월 28일. 출간을 기념하여 진행한 『왕이 사랑한 화가, 김홍도와 떠나는 금강산 유람』 화보집 증정 이벤트를 종료하고 정식 판매를 시작하다.

2024년 9월. '옛 그림으로 본' 연작 완간으로 인해 판매가 늘어난 『옛 그림으로 본 서울』(7쇄), 『옛 그림으로 본 제주』(3쇄)의 증쇄를 진행하다. 와디즈 앵콜 펀딩을 이전 펀딩과 동일하게 진행, 누적 펀딩액 1억 원에 도달하는 놀라운 성과를 거두다.

2024년 12월. 2024년 세종도서 교양 부문에 『옛 그림으로 본 조선 1-금강』이 선정되다.

2025년 2월 5일. 초판 2쇄본을 출간하다. 편집자는 함께 출간한 『옛 그림으로 본 조선 2-강원』, 『옛 그림으로 본 조선 3-경기, 충청, 전라, 경상』의 증쇄를 기원하다. 이후 기록은 3쇄본 이후 추가하기로 하다.

책 중심 문화공간 혜화1117

서울과 제주를 그린 현전하는 거의 모든 그림의 집결集結,
닿을 수 없는 땅, 금강
관동팔경으로부터 설악산과 오대산을 거쳐 영동과 영서의 땅까지
실경의 나라, 실경의 천국 우리 땅의 산과 강과 마을을 그린
조선실경 정수精髓의 총합總合,
미술사학자 최열, 그가 쌓은 안목의 집성集成으로
우리 앞에 조선의 옛 풍경을 펼치다

옛 그림으로 본 서울 - 서울을 그린 거의 모든 그림
최열 지음 · 올컬러 · 436쪽 · 값 37,000원

"모처럼 좋은 책을 한 권 읽었습니다. 평생 한국 미술사에 매달려온 미술사학자 최열 선생의 『옛 그림으로 본 서울』, 125점의 조선시대 그림이 최고의 해설과 함께 수록되어 있으니, 저자로서도 출판사로서도 역작이라고 할 만합니다." _ 문재인, 대한민국 제19대 대통령 SNS에서

옛 그림으로 본 제주 - 제주를 그린 거의 모든 그림
최열 지음 · 올컬러 · 480쪽 · 값 38,500원

제주에 관한 현전하는 거의 모든 그림의 집결, 미술사학자 최열의 안목의 집성! 조선의 변방, 육지와는 다른 풍광과 풍속의 제주, 그곳의 그림을 바탕으로 풀어낸 풍경과 사람과 문자향의 향연. 출간 전 바로 그곳, 제주의 독자들로부터 뜨겁게 환영 받은 책.

옛 그림으로 본 조선 1, 금강 - 천하에 기이한, 나라 안에 제일가는 명산
최열 지음 · 올컬러 · 528쪽 · 값 40,000원
* 2024년 세종도서 교양 부문 선정

옛 그림으로 본 조선 2, 강원 - 강원이여, 우리 산과 강의 본향이여
최열 지음 · 올컬러 · 400쪽 · 값 35,000원

옛 그림으로 본 조선 3, 경기·충청·전라·경상 - 과연 조선은 아름다운 실경의 나라
최열 지음 · 올컬러 · 592쪽 · 값 45,000원

이중섭, 편지화 - 바다 건너 띄운 꿈, 그가 이룩한 또 하나의 예술
최열 지음 · 올컬러 · 양장본 · 320쪽 · 값 24,500원

"생활고를 이기지 못해 아내 야마모토 마사코와 두 아들을 일본으로 떠나보낼 수밖에 없던 이중섭은 가족과 헤어진 뒤 바다 건너 편지를 보내기 시작했다. 그 편지들은 엽서화, 은지화와 더불어 새로이 창설한 또 하나의 장르가 되었다. 이 책을 쓰면서 현전하는 편지화를 모두 일별하고 그 특징을 살폈음은 물론이다. 그러나 가장 중요한 것은 그의 마음과 시선이었다. 이를 파악하기 위해 나 자신을 이중섭 속으로 밀어넣어야 했다. 사랑하지 않으면 보이지 않고 느낄 수 없는 법이다. 나는 그렇게 한 것일까. 모를 일이다. 평가는 오직 독자의 몫이다." _ 최열, '책을 펴내며' 중에서

이중섭, 그 사람 - 그리움 너머 역사가 된 이름
오누키 도모코 지음 · 최재혁 옮김 · 컬러 화보 수록 · 380쪽 · 값 21,000원

"마이니치신문사 특파원으로 서울에서 일하다 이중섭과 야마모토 마사코 부부에 대한 취재를 시작한 지 7년이 지났습니다. 책을 통해 일본의 독자들께 두 사람의 이야기를 건넨 뒤 이제 한국의 독자들을 만나게 되었습니다. 이중섭 화가와 마사코 여사 두 분이 부부로 함께 지낸 시간은 7년 남짓입니다. 남편이 세상을 떠나고 70년 가까이 홀로 살아온 이 여성은 과연 어떤 생애를 보냈을까요? 사람은 젊은 날의 추억만 있으면, 그걸 가슴에 품은 채로 그토록 오랜 세월을 견딜 수 있는 걸까요? 그런 생각을 하면서 읽어주시길 기대합니다."
_ 오누키 도모코, 『이중섭, 그 사람』 '한국의 독자들께' 중에서

미술사 입문자를 위한 대화
- 미술사란 무엇이며, 어떻게 읽고 보아야 하는가에 관한 후배의 질문 선배의 생각

최열, 홍지석 지음 · 300쪽 · 값 18,000원

미술사 기본 정보에서부터 우리 미술사의 지난 100년을 주제로 평생 한국미술사에 헌신해온 미술사학자 최열과 소장학자 홍지석이 나눈 미술사에 관한 매우 입체적이고 종합적인 대화.

조선시대 사가기록화, 옛 그림에 담긴 조선 양반가의 특별한 순간들
박정혜 지음·누드사철양장제본·올컬러·712쪽·값 62,000원

한국 미술사 최고 권위자 박정혜 선생의 30여 년 탐구의 집성, 그림으로 기록한 조선 시대 일상 문화, 그 문화를 이끈 문화 지형도! 환갑 잔치, 결혼 60주년 기념 혼례식, 동기동창 모임, 관직의 이력, 가문의 온갖 영광, 조상의 업적, 평생도에 담긴 양반의 일생……조선시대 그림 속에 펼쳐지는 조선 양반가의 생생한 일상 풍경, 그동안 외부에 거의 공개되지 않던 국내외 소장품 대거 수록!

* 2023년 제36회 우현학술상 수상

조선시대 궁중기록화, 옛 그림에 담긴 조선 왕실의 특별한 순간들
박정혜 지음·누드사철양장제본·올컬러·880쪽·값 70,000원

사진기가 없던 시절, 조선 왕실에서 남긴 총천연색 기념물! 궁중기록화의 시작부터 숙종 대, 영·정조 대를 거쳐 대한제국 시기까지, 그림으로 기록한 조선 왕조의 공식 행사와 왕실의 매우 디테일한 일상, 단언컨대, 지금껏 그 누구도 이루지 못한, 한국 미술사의 독보적 장르의 완성! 30여 년 축적의 결과로 우리 앞에 등장한 기록화 탐구의 역사 그 자체!

동아시아 미술, 젠더Gender로 읽다 - 한중일 여성을 생각하는 11개의 시선
고연희 엮음·유미나, 고연희, 지민경, 유순영, 유재빈, 이정은, 조인수, 서윤정, 김수진, 김소연, 김지혜 지음
올컬러·456쪽·값 40,000원

젠더Gender 라는 화두를 들고 21세기에서 출발, 예술의 시대와 지역, 매체를 타임슬립! 거침없이 자유롭게 전복적으로! 하나의 시대, 고정된 지역, 일정한 매체의 좁고 깊은 세계를 건너, 광폭의 합종연횡을 통해 마침내 획득한 예술의 새로운 독법! 한중일 여성을 바라보는 11개의 시선, 대한한국 미술사의 중추, 11명 저자들의 빛나는 연대의 결과, 이들이 따로 또 같이 만들어낸 새로운 성취!

* 2023년 세종도서 교양 부문 선정

화가 하인두 - 한국 추상미술의 큰자취
김경연, 신수경 지음·올컬러·372쪽·값 23,000원

전후 한국 화단에 추상미술을 들여놓은, 한국 추상미술의 큰 자취, 화가 하인두 최초의 평전. 약 6년여에 걸쳐 집성한 그의 일대기, 한국 현대미술사의 의미 있는 기록의 탄생.

도시는 왜 역사를 보존하는가
- 정통성 획득부터 시민정신 구현까지, 역사적 경관을 둘러싼 세계 여러 도시의 어제와 오늘

로버트 파우저 지음 · 올컬러 · 336쪽 · 24,000원

도시독법 - 각국 도시 생활자의 어린 날의 고향부터 살던 도시 탐구기

로버트 파우저 지음 · 올컬러 · 444쪽 · 26,000원

"우리 도시의 나아갈 방향에 대한 글로벌한 시각과 통찰을 갖게 하는 책!
수준 높은 한글 구사 능력으로 한국 저술의 지평을 넓힌 저자, 로버트 파우저 교수에게
경의를 표한다"_문재인, 대한민국 제19대 대통령

"『도시독법』과 『도시는 왜 역사를 보존하는가』. 저자가 같은 날 출간했고, 내용상 짝을 이루는 책이어서 함께 추천합니다. 저자 로버트 파우저 교수는 미국인이지만 한국을 사랑해서 십수 년 간 한국에서 살면서 서울대 국어교육과 교수로 재직했고, 일본의 대학에서 한국어 교수로 재직하기도 했습니다. 이 책은 번역서가 아니라 그가 한글로 쓴 책인데, 웬만한 한국인들이 따라가지 못할 정도로 수준 높은 한글 구사 능력이 놀랍습니다. 이 책들은 도시가 어떻게 형성되고 위기를 극복하며 발전해 왔는지, 무엇을 보존하고 재생하며 더 나은 도시로 나아가야 할 것인지 관점을 제공해 줍니다. 세계적인 도시들과 함께 그가 거주했거나 경험한 부산, 서울, 대전, 전주, 대구, 인천, 경주 등 한국의 도시들을 다루고 있어서, 우리의 도시들을 어떻게 보존하면서 발전시켜 나가야 할 것인지 글로벌한 시각과 통찰을 갖게 해줍니다. 그는 원주민을 배제하는 전면철거식 재개발을 반대하고, 소규모 맞춤형 재생사업을 통해 역사와 문화, 공동체적 가치를 보존해 나가야 한다고 제안합니다. 한옥 생활을 오래 했을 만큼 한옥을 사랑해서, 서울 서촌의 한옥 보존 운동에 깊이 참여하여 성과를 거두기도 했습니다. 한국을 제2의 고향으로 여길 만큼 사랑하고, 한국 저술의 지평을 넓혀준 저자에게 경의와 감사를 표합니다." _문재인 전 대통령 추천사 전문

외국어 전파담 [개정판] - 외국어는 어디에서 어디로, 누구에게 어떻게 전해졌는가

로버트 파우저 지음 · 올컬러 · 392쪽 · 값 23,000원

고대부터 현대에 이르기까지 역사 전반을 무대로 외국어 개념의 등장부터 그 전파 과정, 그 이면의 권력과 시대, 문명의 변화 과정까지 아우른 책. 미국인 로버트 파우저 전 서울대 교수가 처음부터 끝까지 한글로 쓴 이 책은 독특한 주제, 다양한 도판 등으로 독자들의 뜨거운 관심을 받았다. 2018년 출간 후 개정판에 이른 뒤 현재까지 꾸준히 사랑을 받아 스테디셀러로 자리를 확고하게 잡았다.

외국어 학습담 - 외국어 학습에 관한 언어 순례자 로버트 파우저의 경험과 생각

로버트 파우저 지음 · 올컬러 · 336쪽 · 값 18,500원

"영어가 모어인 저자가 다양한 외국어의 세계를 누비며 겪은 바는 물론 언어학자이자 교사로서의 경험을 담은 책. 나이가 많으면 외국어를 배우기 어렵다는 기존 통념을 비틀고, 최상위 포식자로 군림하는 영어 중심 학습 생태계에 따끔한 일침을 놓는다. 나아가 미국에서 태어난 백인 남성이라는 자신의 위치에 대한 비판적인 인식은 특히 눈길을 끈다."
_김성우, 응용언어학자, 『단단한 영어 공부』『유튜브는 책을 집어삼킬 것인가』저자

* 2021년 교보문고 9월 '이 달의 책' * 2022년 세종도서 교양 부문 선정
* 2023년 일본어판 『僕はなぜ一生外国語を学ぶのか』 출간

4·3, 19470301-19540921 - 기나긴 침묵 밖으로
허호준 지음 · 컬러 화보 수록 · 양장본 · 400쪽 · 값 23,000원

"30년간 4·3을 취재해온 저자가 기록한 진실. 1947년 3월 1일부터 1954년 9월 21일까지 제주에서 일어난 국가의 시민 학살 전모로부터 시대적 배경과 세계사와 현대 한국사에서의 4·3의 의미까지 총체적인 진실을 드러내는 책.
건조한 문체는 이 비극을 더 날카롭게 진술하고, 핵심을 놓치지 않는 문장들은 독서의 몰입을 도와 어느새 4·3에 대한 통합적인 이해가 자리 잡힌다. 이제 이 빼곡하게 준비된 진실을 각자의 마음에 붙잡는 일만 남았다. 희망 편에 선 이들이 만들 수 있는 가장 큰 힘이다."
_ 알라딘 '편집장의 선택' 중에서

*2023년 세종도서 교양 부문 선정 *대만판 번역 출간 예정

호텔에 관한 거의 모든 것 - 보이는 것부터 보이지 않는 곳까지
한이경 지음 · 올컬러 · 348쪽 · 18,500원

미국 미시간대와 하버드대에서 건축을, USC에서 부동산개발을 공부한 뒤 약 20여 년 동안 해외 호텔업계에서 활약한, 현재 메리어트 호텔 한국 총괄PM 한이경이 공개하는 호텔의 A To Z. 호텔 역사부터 미래 기술 현황까지, 복도 카펫부터 화장실 조명까지, 우리가 궁금한 호텔의 모든 것!

웰니스에 관한 거의 모든 것 - 지금 '이곳'이 아닌 나아갈 '그곳'에 관하여
한이경 지음 · 올컬러 · 364쪽 · 값 22,000원

호텔에 관한 완전히 새로운 독법을 제시한 『호텔에 관한 거의 모든 것』의 저자 한이경이 내놓은 호텔의 미래 화두, 웰니스!
웰니스라는 키워드로 상징되는 패러다임의 변화는 호텔이라는 산업군에서도 감지된다. 호텔이 생긴 이래 인류가 변화를 겪을 때마다 엄청난 자본과 최고의 전문가들이 일사불란하게 그 변화를 호텔의 언어로 바꿔왔다. 거대한 패러다임의 변화에 따라 이미 전 세계 호텔 산업은 이에 발맞춰 저만치 앞서 나가고 있다. 이는 달리 말하면 호텔을 관찰하면 세상의 변화를 먼저 읽을 수 있다는 의미이기도 하다. 또 달리 말하면 변화를 따라가지 못하면 도태된다는 뜻이기도 하다."
_ 한이경, 『웰니스에 관한 거의 모든 것』 중에서

동네책방 생존탐구 - 출판평론가 한미화의 동네책방 어제오늘 관찰기+지속가능 염원기
한미화 지음 · 272쪽 · 값 15,000원

"책방을 꿈꾸거나 오래 하고 싶은 이들에게 시의적절한 책! 동네책방을 사랑하는 분들께 20여 년 넘게 책 생태계를 지켜본 저자의 애정과 공력 가득한 이 책의 일독을 권한다."
_ 김기중, 삼일문고 대표

* 한국출판문화산업진흥원 2020년 '10월의 추천도서' * 대한출판문화협회 2020년 '한국도서해외전파사업 기증 도서'
* 2022년 일본어판 『韓国の街の本屋の生存探究』 출간

유럽 책방 문화 탐구
한미화 지음 · 올컬러 · 408쪽 · 값 23,000원

개별적 존재로서의 자생과 지속가능의 모색을 넘어 한국의 서점 생태계의 미래를 위한 책방들의 고군분투를 살핀 『동네책방 생존탐구』의 저자이자 꼬박 30년을 대한민국 출판계에 몸 담아온 출판평론가 한미화가 유럽의 전통과 현재를 잇는 책방 탐방을 통해 우리 동네책방의 오늘과 미래를 그려본 유의미한 시도!

경성 백화점 상품 박물지 - 백 년 전 「데파트」 각 층별 물품 내력과 근대의 풍경
최지혜 지음 · 올컬러 · 656쪽 · 값 35,000원

백 년 전 상업계의 일대 복음, 근대 문명의 최전선, 백화점! 그때 그 시절 경성 백화점 1층부터 5층까지 각 층에서 팔았던 온갖 판매품을 통해 마주하는 그 시대의 풍경!

* 2023년 『한국일보』 올해의 편집 * 2023년 『문화일보』 올해의 책 * 2023년 『조선일보』 올해의 저자
* 2024년 세종도서 교양 부문 선정

딜쿠샤, 경성 살던 서양인의 옛집 - 근대 주택 실내 재현의 과정과 그 살림살이들의 내력
최지혜 지음 · 올컬러 · 320쪽 · 값 18,000원

백 년 전, 경성 살던 서양인 부부의 붉은 벽돌집, 딜쿠샤! 백 년 후 오늘, 완벽 재현된 살림살이를 통해 들여다보는 그때 그시절 일상생활, 책을 통해 만나는 온갖 살림살이들의 사소하지만 흥미로운 문화 박물지!

백 년 전 영국, 조선을 만나다 - '그들'의 세계에서 찾은 조선의 흔적
홍지혜 지음 · 올컬러 · 348쪽 · 값 22,000원

19세기 말, 20세기 초 영국을 비롯한 서양인들은 조선과 조선의 물건들을 어떻게 만나고 어떻게 여겨왔을까. 그들에게 조선의 물건들을 건넨 이들은 누구이며 그들에게 조선은, 조선의 물건들은 어떤 의미였을까. 서양인의 손에 의해 바다를 건넌 달항아리 한 점을 시작으로 그들에게 전해진 우리 문화의 그때 그 모습.

우리가 사랑한 소녀들 - 캔디부터 삐삐까지, 다시 만난 '어린 나'의 그녀들
최현미, 노신회 지음 · 올컬러 · 324쪽 · 값 16,500원

"소녀 시절이 내게도 있었나 싶을 때 어린 시절 동경했던 그녀들을 다시 만나는 기쁨을 누리게 하는 책." _ 한미화, 출판칼럼니스트

"어린 시절 만난 최고의 여성 캐릭터에게 바치는 팬레터! 여성이라는 약속을 따라 우리가 오래 전부터 연대했음을 알게 하는 책" _ 김지은, 아동문학평론가

나의 집이 되어가는 중입니다 - 1936년 지어진, 작은 한옥 수선기
황우섭 사진, 이현화 글 · 올컬러 · 256쪽 · 값 16,000원

"어떤 집을 지을까보다 어떻게 살까를 고민한 흔적의 기록, 재료의 살갗이 살아 숨쉬는 듯한 사진, 이 시대에 맞는 한옥 한 채의 탄생" _ 김동욱, 경기대 명예교수

"아름다운 한옥 한 채, 기억과 기록으로 집을 삼다" _ 황두진, 건축가

* EBS '건축탐구 집-도시한옥의 진화', '지식채널e - 내가 만든 우주' 방영

내 고양이 박먼지 - 아기 고양이와 함께 자란 어른 사람의 31개월 그림일기
박정은 지음 · 컬러 화보 · 320쪽 · 값 16,500원 · 컬러링 도안

처음 만난 날 밤새 울던 아기 고양이에게 솜틸이 먼지 뭉치 같아 '박먼지'라는 이름을 붙여준 뒤로 서로 익숙해지고 존중해가며 서로 성장해 가는, 사랑스럽지만 뭉클한 이야기.

이 망할 놈의 현대미술 - 현대미술에 관한 조영남의 자포자기 100문 100답
조영남 지음 · 280쪽 · 값 15,000원

"미술작품 대작代作 사건으로 꼼짝 못하는 동안 '사람들이 현대미술에 대해 잘못 알고 있다'고 생각했습니다. 그래서 누구나 쉽게 읽을 수 있는 책을 써보자' 마음먹었습니다. 아마도 현대미술에 관한 제 책의 끝판이 될 것 같습니다. 두루 고맙습니다." _ 조영남, '책을 펴내며' 중에서

보컬그룹 시인 李箱과 5명의 아해들 - 조영남의 시인 이상 띄우기 본격 프로젝트
조영남 지음 · 올컬러 · 312쪽 · 값 20,000원

"이 책은 시인 이상李箱이 피카소, 말러, 니체, 아인슈타인 같은 세계 최고 대가들과 동격이 될 만큼 천재라고 세상에 우기는 것이다. 평생 픽션을 멀리 했는데 픽션을 쓰게 됐다. '이를 어쩌지?' 싶지만 '뭘 어째? 다시는 책도 못 쓸 텐데.' 그런 맘으로 내놓는다. 조수를 시켜서 쓴 대작代作이 아니다. 몇 쪽만 보면 알 것이다." _ 조영남, '책을 펴내며' 중에서

옛 그림으로 본 조선 1-금강

2024년 5월 25일 초판 1쇄 발행
2025년 2월 5일 초판 2쇄 발행

지은이 최열

펴낸이 이현화

펴낸곳 혜화1117 **출판등록** 2018년 4월 5일 제2018-000042호

주소 (03068)서울시 종로구 혜화로11가길 17(명륜1가)

전화 02 733 9276 **팩스** 02 6280 9276 **전자우편** ehyehwa1117@gmail.com

블로그 blog.naver.com/hyehwa11-17 **페이스북** /ehyehwa1117

인스타그램 / hyehwa1117

ⓒ 최열

ISBN 979-11-91133-22-6 04910
ISBN 979-11-91133-21-9[세트]

이 책에 실린 모든 내용의 무단 전재와 복제를 금합니다. 이 책의 전부 또는 일부를 재사용하려면 반드시 서면을 통해 저자와 출판사 양측의 동의를 받아야 합니다.

책값은 뒤표지에 있습니다.

잘못된 책은 구입하신 곳에서 바꿀 수 있습니다.

No part of this book may be reprinted or reproduced without permission in writing from the publishers.
Publishers : HYEHWA1117 11-gagil 17, Hyehwa-ro, Jongno-gu, Seoul, 03068, Republic of Korea.
Email. ehyehwa1117@gmail.com